2017 年
上海国际金融中心
建设蓝皮书

主 编 吴大器

副主编 张学森 肖本华

上海人民出版社

前　言

　　天高气爽，群贤毕至。2017 年注定是中国改革开放发展征途上具有里程碑价值的年份。中国共产党第十九届全国代表大会胜利召开，吹响了中华民族新的历史长征的进军号。上海作为推进国家战略的重要区域，各个方面也都取得了振奋人心的业绩。上海国际金融中心建设，也伴随着上海改革开放发展的步伐阔步前进。2017 年，《上海国际金融中心建设蓝皮书》也已完整走过第一个生肖期，即将迎来第二个生肖轮的第一年 2018 年。我想，2017 年蓝皮书，能带给大家可以期待的数据信息，还有全新的观点、逻辑推论和建言、对策，同样也会带给大家"蓝皮书"所有作者的智慧和热情，因为时代在进步，中国上海金融中心在成长。

　　2017 年的"蓝皮书"延续既往体例，分为三编构架。第一编是"2016 年上海国际金融中心建设概览与分析"，相应更新 2016 年发展的基本数据，可以作为年鉴比较收录。藉此，我们可以得出如下基本印象。2016 年，上海金融整体保持着向好发展的态势，人民币"入篮"带来 2016 年年终我国金融国际化的井喷效应。上海金融开放持续深化，金融生态环境不断优化，防范金融风险工作循序强化，上海在国际金融中心的排名与地位得到固化，一系列数据和科学比较得出的结论，为 2017 年上海的改革与发展夯实了基石。同时，我们组织对 2016 年的金融支付进行了比较系统的趋势型分析。

　　蓝皮书的第二编是"金融发展和国家战略联动的专项研究"，2017 年的研究命题是根据和针对上海金融中心与国家战略联动发展的热门和重点关注程度，以及研究团队系列成果质量而确定的。两个专项研究均为省部级的研究项目。

　　第六章"上海金融中心建设中的吸收国际间接投资政策研究"，把研究视角聚焦到新形势下我国吸收外资中的外商投资模块,按照问题导向对我国长期形成的且未有效管理和加以重视的外商间接投资的现实状况进行长达半年的调研、访谈和国际比较鉴别。研究从全球价值链为基本特征的经济全球化切入,诠释了全区价值链深化背景下国际间接投资已成为一种发展趋势,通过在上海层面广泛深入的调研,形成以外商投资政策创新促进我国占据全球价值链深化过程中的有利地位的观点,研究着重对中国吸收国际间接投资的主要形式进行了系统的全面介绍并作了政策评估,对我国吸收国际间接投资政策创新进行了认真的思考。提出了把资本项目开放和利率汇率市场化的持续推进作为我国吸收国际间接投资政策创新基础的界定。本项研究综合提出了四个方面的政策创新建议。这些建议包括建立有效的外商间接投资统计体系,建立统一的外商间接投资监管体系,依托自贸区探索上海国际金融中心建设先创先试的制度和解决 VIE 问题的基本路径。从特定视角看,这项研究选题占有信息充分,论据有力,建议有的放矢,体现了高质量的水准,特别是尽快把外商间接投资纳入吸收外资政策创新研究视野的建议,突出阐述了两个要点:第一,把外商间接投资纳入外资政策创新视野是全球价值链微笑曲线的中国元素,中国创新外商投资模式的需要。第二,当务之急是改革外商投资统计制度。这已经引起国家有关方面的高度重视,再一次体现了应用型建议的重要价值。

第二编的第七章"区块链思维下上海科技创新中心的系统集成建设研究",是区块链研究团队在 2016 年完成"区块链与上海国际金融中心建设"专项研究,并获得上海市决策咨询成果奖项后承担的 2017 年上海市软科学研究计划项目,并实现了国家战略的上海金融中心、上海科创中心和区块链技术的研究链联动和衔接。专项研究把重心聚焦在区块链思维体系建设,辩证认识区块链技术的发展和上海科创中心区块链应用试验等方面,经过近九个月的研究形成的相应成果体现在:第一,研究首创提出并初步完善了区块链思维体系,形成区块链思维的核心观点,强调区块链技术发展与完善需要一个过程,区块链思维体系要把引领区块链技术相应层次、类别的导则规范建设放到首要位置,要对区块链技术发展的过度商业化、市场化予以鲜明遏制等。为保障区块链技术科学发展,形成区块链的引领思维体系作了相应的尝试。第二,研究首次对上海科创中心进行的区块链技术的现状进行了比较系统的调研与梳理,比较系统地对贵州进行的大数据及区块链实践作了归纳,提出了上海推广区块链技术亟待科学正视的若干环节,形成区块链技术的应用与发展亟待全社会系统重视的结论。第三,研究丰富充实了区块链思维体系的基础构架,搭建了区块链技术系统发展的思维引导体系,包括技术标准和行业联盟的衔接体系,技术法规和标准指挥的适配体系,技术研发和应用产品的延伸体系,风险管理和边际预警的协同体系等,组成系统支持的结构,使区块链技术发展阶段进程的长期性及其风险防范,以及自我扬弃的阶段特点得以体现。第四,对建设上海科创中心区块链应用试验区作了方向上、应用场景上、重点应用试验内容上和三年行动计划方面的建议。研究成果既紧扣区块链技术,也注重思维引导技术的方向,既立足上海科创中心的发展,又衔接已有的国家战略推进区块链的联动前行,一定程度上体现了软科学项目的软型特征,形成了相应的研究特点。

2017 年的专项研究编初步形成了研究团队可贵的经验。第一,建立了开放交融、学科交叉的固定研究队伍机制,研究队伍由学校中青年骨干与行业专业研究人员和政府咨询机构人员组成,涵盖经济、管理、技术多学科且少有重复,优势互补。第二,形成了研究内容质量的保障约束机制,研究过程突出四个约束,即注重一手调研,在深入上下功夫;注重突出问题,在解决上下功夫;注重国际借鉴,在有效上下功夫;注重应用建议,在操作上下功夫;并明确相应的导向要求,从而保证了研究方向与目标的如期实现。第三,建设了研究过程学习、交流的系统集成机制,根据相应专项研究的内容,计划期间和研究人员所长,研究项目都由项目主持人制定出整个研究周期的学习计划,分别制定相应研究人员按月主讲相应项目的国际、国内案例,并组织项目组全体成员学习研讨,通过学习提升研究悟性。同样,项目的交流环节也会由项目主持人确定上海和全国相关地区的调研交流安排,确定专人提供调研交流专题报告与学习计划进行系统集成,在研修中优化,并完善下一安排的学习交流计划。通过学习交流环节的"系统集成",形成"学习中提升,调研后学习,学习再升华、交流出实招"的良性互动式优化,进一步激发起对"应用科研"的探索欲望。为未来的应用型专项研究提供了相应的程序型做法。

2017 年的蓝皮书的第三编是"上海国际金融中心建设专项建议",根据蓝皮书已有体系,每年的蓝皮书都会汇集这一年中在上海立信会计金融学院为主建设的开放性决策咨询平台上受到上海市政府相关领导批示的建言献策专报的主要内容。此编对已经提交的相应专报作了梳理。其中,既有加快上海自贸区金融发展步伐的方向性建言,也有对上海自贸区负面清单管理模式和先创先试"投贷联动"支持"一带一路"建设的举措性建言,既有加快上海政务云建设的建议;也有加快建设上海金融综合监测预警平台的建议,既有着眼浦东,加大金融服务工作力度,促进全改政策落到实处的系列月报综述和建议,也有实地学习国内大数据及区块链经济的调研专报建言。初步形成了服务上海国际金融中心建设的决策咨询建言系列,也整体反映了蓝皮书的质量水准,体现出如下基本特点:第一,建言献策专报的视角含宏观、中观、微观兼容,方向、模块、举措并存,符合决策咨询的基本方向。第二,建言献策专报的范围,已逐步覆盖上海的广义金融,并与特定期间上海相应的关注热点、重点适应。第三,建言献策专报的特点、风格突出方向、应用、可操作,聚焦与辐射都力求在三个突出中上水平。我们有理由相信,蓝皮书的建言献策编必将继续产生更多更好的建言。

明天,中国共产党第十九次全国代表大会即将召开,上海国际金融中心正以从未有过的信心,阔步走向2018年。

吴大器

2017.10.17

目 录

Contents

Part 2 A Special Study of Financial Openness and Combination of National Strategies

第一编

2016 年上海国际金融中心建设概览与分析

2016 年,上海金融业改革创新持续深化,不断加快上海自贸试验区金融开放创新步伐,金融基础设施不断完善,制度创新深度推进,要素定价能力和话语权显著提升;金融机构体系日益健全,金融业务创新不断加快;金融对外开放继续扩大,国际化程度稳步提高,上海已经成为外资金融机构在华的主要集聚地;金融发展环境持续优化,配套服务功能明显改善。根据上海金融业联合会发布的数据,2016 年上海金融业整体保持增长态势,景气度稳中有升。景气指数为 1 218 点,较 2015 年末增长 0.6%。从指数贡献度来看,受更多金融机构落户上海影响,金融机构贡献度最大,金融生态环境贡献度次之。

第一章　2016 年上海金融市场的发展

　　2016 年,上海金融市场方面,整体发展趋缓,金融市场景气指数为1 193,较 2015 年末下降 17.1%。全年金融市场交易总额达 1 364.66 万亿元,同比减少 6.7%。上海证券交易所总成交金额 283.87 万亿元,同比增长 6.6%;上海期货交易所总成交金额 84.98 万亿元,同比增长 33.7%;中国金融期货交易所总成交金额 18.22 万亿元,同比减少 95.6%;银行间市场总成交金额 960.15 万亿元,同比增长 36.3%。上海黄金交易所总成交金额 17.44 万亿元,同比增长 61.7%;全年保险公司原保险保费收入 1 529.26 亿元,同比增长 35.9%。

Chapter 1　Development of Shanghai Financial Markets in 2016

　　Year 2016 saw a slow development trend in Shanghai financial market, with a Macro Financial Climate Index(MFI) of 1193, a 17.1% drop over that at the end of 2015. The aggregate transaction turnover of Shanghai financial markets amounted to CNY 1364.66 trillion, a drop of 6.7% over previous year. The aggregate transaction turnover of various securities traded in Shanghai Stock Exchange amounted to CNY 283.87 trillion, a rise of 6.6%. The aggregate transaction turnover of Shanghai Futures Exchange amounted to 84.98 trillion, a rise of 33.7% on a year-to-year basis. The aggregate transaction turnover of China Financial Futures Exchange amounted to CNY 18.22 trillion, i.e. a drop of 95.6%. The aggregate transaction turnover of the inter-bank market amounted to CNY 960.15 trillion, which grew 36.3% from previous year. The aggregate transaction turnover of Shanghai Gold Exchange amounted to CNY 17.44 trillion, a growth of 61.7% on year-on-year basis. The aggregate original insurance premium amounted to CNY 1 529.26 billion, which grew 35.9% on year-on-year basis.

第一节　2016 年信贷市场

2016 年,上海市货币信贷运行平稳,本外币各项存款总量突破 11 万亿元,非金融部门存款增速较高,对存款总量拉动作用明显,非银行业金融机构存款有所减少;本外币各项贷款持续增长,贷款总量逼近 6 万亿元,实体经济信贷有效需求回暖,服务业贷款与小微企业贷款明显多增。个人住房贷款增速减缓,年末余额同比增长 41.2%,增速较年内最高点回落 2.4 个百分点,12 月个人住房贷款增量创新低,表明调控新政促进房产市场和住房信贷稳健发展的效果显著。

至 2016 年末,全市中外资金融机构本外币各项存款余额 110 510.96 亿元,比年初增加 6 750.32 亿元,同比增长 6.5%,增速同比下降 7.9 个百分点;贷款余额 59 982.25 亿元,比年初增加 6 595.04 亿元,同比增长 12.4%,增幅同比提高 2.3 个百分点(见表 1-1)。

表 1-1　2016 年上海市中外资金融机构本外币存贷款情况

指　　　标	绝对值 (亿元)	比年初增减额 (亿元)
各项存款余额	**110 510.96**	**6 750.32**
♯住户存款	25 112.99	1 728.23
非金融企业存款	45 105.14	7 062.38
广义政府存款	14 611.70	1 213.74
非银行业金融机构存款	21 737.43	−3 628.09
各项贷款余额	**59 982.25**	**6 595.04**
♯住户贷款	16 201.60	4 483.63
非金融企业及机关团体贷款	39 357.72	26.74
非银行业金融机构贷款	333.90	28.82
♯人民币个人消费贷款	15 038.05	4 286.82
♯住房贷款	11 141.86	3 376.05
汽车消费贷款	2 596.32	726.57

数据来源:2016 年上海市国民经济和社会发展统计公报。

一、各项存款增速企稳,非金融部门存款大幅增长

上海市中资金融机构本外币存款增加 6 212.2 亿元,同比少增 7 960.8 亿元;外资金融机构本外币存款增加 544.3 亿元,同比多增 1 412.7 亿元。全年存款变化主要呈以下四个特点:

一是人民币存款同比少增,外汇存款明显多增。2016 年末,全市人民币各项存款余额同比增长 5%,同比下降 9.1 个百分点,较 6 月末回升 5.3 个百分点。当年全市新增人民币存款 4 897.4 亿元,同比少增 7 512.5 亿元;其中第四季度新增 3 968.8 亿元,为前三季度增量的 4.2 倍,同比多增 2 044.5 亿元。分部门看,非金融部门人民币存款全年新增 9 100.7 亿元,同比多增 3 992.5 亿元;非银行业金融机构人民币存款减少 4 203.3 亿元,同比多减 1.15 万亿元。全年外汇存款增加 213 亿美元,是上年度增量的 2.2 倍,为外汇存款增加最多的一年。其中第四季度新增 66.6 亿美元,同比多增 78.9 亿美元。按部门分,非金融部门外汇存款增加 215.2 亿美元,同比多增 102.8 亿美元;非银行业金融机构外汇存款减少 2.2 亿美元,同比少减 11.9 亿美元。

二是非金融企业存款增长加速,财政性存款有所减少。2016 年末,上海市本外币非金融企业存款余额同比增长 20.6%,较年初提高 8 个百分点。全年新增本外币非金融企业存款 7 965.5 亿元,同比多增 3 524.4 亿元,其中第四季度增加 3 414.4 亿元,是前 3 季度平均增量的 2.2 倍,同比多增 1 034.5 亿元。其中境内非金融企业本外币存款增加 7 062.4 亿元,同比多增 2 734.4 亿元。按存款产品分,境内企业的本外币活期存款、协定存款和通知存款分别增加 2 230.2 亿元、2 393.2 亿元和 1 288.8 亿元,同比分别少增 788.5 亿元、多增 2 184.9 亿元和 658.3 亿元;本外币定期存款和结构性存款分别增加 460.1 亿元和 145.2 亿元,同比分别多增 940.6 亿元和 100.1 亿元。境外企业本外币存款新增 903.1 亿元,同比多增 790 亿元。

受"营改增"政策降低企业税负和年末税款划缴等因素的影响,金融机构财政性存款全年减少 293.6 亿元,同比多减 782.5 亿元。

三是个人存款增幅放缓,新增存款两极分化。2016 年末,上海市本外币个人存款余额同比增长 7%,较年初和 6 月末分别提高 5.7 个和 1.1 个百分点。全年新增本外币个人存款 1 722.1 亿元,同比多增 1 096.1 亿元。其中,第四季度个人存款仅增加 83.3 亿元,同比多增 228.8 亿元。从存款结构分,本外币个人活期存款增加 1 307.5 亿元,同比少增 22.4 亿元;个人大额存单增加

536.9 亿元,同比多增 250.1 亿元,也高出同期企业大额存单增量 77 亿元;而本外币个人定期存款和结构性存款分别减少 55.4 亿元和 69.1 亿元,同比分别少减 335.7 亿元和 529.6 亿元。

四是非银行业金融机构存款大幅下降。境内非银行业金融机构本外币存款全年减少 3 628.1 亿元,同比多减 1.28 万亿元,主要是特殊目的载体(SPV)和证券公司本外币存款分别减少 2 598.8 亿元和 1 764.7 亿元,同比分别多减 7 146.6 亿元和 3 798.3 亿元。全市本外币境外同业存款减少 558.3 亿元,同比少减 1 366.8 亿元,其中第四季度减少 81.4 亿元,同比少减 464.7 亿元。

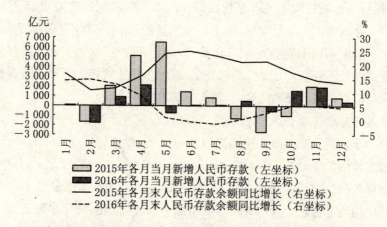

图 1-1　2015—2016 年上海市金融机构人民币存款增长变化

数据来源:中国人民银行上海总部。

二、各项贷款增长平稳,信贷结构不断优化

上海市中资金融机构本外币各项贷款增加 6 845.1 亿元,同比多增 1 777.1 亿元;外资金融机构本外币各项贷款减少 175.5 亿元,同比多减 34.4 亿元。全年贷款变化主要有以下五个特点:

一是人民币贷款增速反弹,外汇贷款持续较快增长。2016 年末,全市金融机构人民币贷款余额同比增长 12.3%,增速同比上升 1.3 个百分点。全年新增人民币贷款 5 894.3 亿元,同比多增 1 142.7 亿元,其中第四季度增加 1 598.9 亿元,环比和同比分别多增 1 044.5 亿元和 978.1 亿元。分部门看,非金融企业人民币贷款增加 1 424.3 亿元,同比少增 985.1 亿元,其中第四

季度新增 389.1 亿元,同比多增 776.6 亿元。全年新增外汇贷款 48.9 亿美元,同比多增 77.7 亿美元;其中第四季度增加 55.2 亿美元,环比和同比分别多增 9.4 亿美元和 126.3 亿美元。按部门分,非金融企业外汇贷款增加 36.9 亿美元,同比多增 77.1 亿美元,个人和非银行业金融机构外汇贷款分别减少 7.6 亿美元和增加 19.6 亿美元,同比分别多减 9.2 亿美元和多增 9.8 亿美元。

二是境内非金融企业经营性贷款和境外企业贷款需求旺盛。金融机构本外币非金融企业贷款年末余额同比增长 4.9%,较年初回落 1.5 个百分点。金融机构全年新增非金融企业贷款 1 975 亿元,同比少增 437.3 亿元。其中,境内非金融企业本外币贷款增加 26.7 亿元,同比少增 1 944.4 亿元;境外企业贷款新增 1 948.3 亿元,同比多增 1 507 亿元。按贷款结构分,境内非金融企业本外币经营性贷款增加 1 120.9 亿元,同比少增 461.4 亿元;而本外币固定资产贷款减少 2 054.2 亿元,同比多减 1 068 亿元;票据融资减少 264 亿元,同比多减 1 172 亿元,主要是直贴减少 255.4 亿元,同比多减 682 亿元。

三是境内企业贷款主要投向服务业和小微企业,较好支持地方经济转型升级。上海市金融机构发放的境内企业贷款(不含票据融资)重点向第三产业和小微企业倾斜,较好支持经济发展结构升级。从行业划分看,新增境内非金融企业本外币贷款主要投向租赁商务业和批发零售业,分别增加 1 455.3 亿元和 351.7 亿元,同比分别多增 342 亿元和少增 208.1 亿元;而投向房地产业、水利环境和公共设施管理业、建筑业和制造业的本外币贷款分别减少 608.2 亿元、419.4 亿元、203.4 亿元和 203.4 亿元,同比分别多减 812.1 亿元、88.3 亿元、180.7 亿元和少减 260.7 亿元。从借款企业规模看,境内的微型企业贷款增速最高,小型企业贷款增量最多。年末境内微型企业本外币贷款余额同比增长 15.2%,同比提高 7.4 个百分点,也高出同期全部境内企业贷款增幅 12 个百分点。境内小型和微型企业本外币贷款全年分别新增 784.4 亿元和 190.6 亿元,同比分别多增 597.6 亿元和 144.6 亿元。境内大型和中型企业本外币贷款全年分别增加 336.2 亿元和减少 203.6 亿元,同比分别多增 371.4 亿元和多减 1 350.1 亿元。

四是商用房开发贷款平稳增长。全年本外币房地产开发贷款减少 764.2 亿元,同比多减 704 亿元。按贷款投向分,本外币地产开发贷款和住房开发贷款全年分别减少 417.7 亿元和 473.7 亿元,同比分别多减 113.3 亿元和

420.6亿元;而本外币商用房开发贷款新增207.7亿元,同比少增91.1亿元。

五是个人住房贷款增速回落,年末贷款月增量创新低。随着房地产调控效果不断显现,个人贷款增速和增量占比明显回落。2016年末全市本外币个人贷款余额同比增长36.7%,增速环比下降0.2个百分点。全年新增本外币个人贷款4 498亿元,同比多增2 466.9亿元;其中第四季度增加1 206亿元,同比多增441.9亿元,占当季全部贷款增量的55%,比重较前三季度回落20个百分点。从贷款投向分,本外币个人住房贷款全年新增3 352.4亿元,同比多增1 812.8亿元。分季度看,第一至第四季度个人住房贷款分别增加917.3亿元、1 015.5亿元、747.7亿元和671.9亿元,贷款季度增量呈"∧"走势,其中12月新增个人住房贷款154.7亿元,创近14个月个人住房贷款月增量新低,环比和同比分别少增101.2亿元和51.7亿元。全年本外币个人汽车消费贷款增加726.6亿元,同比多增381.1亿元;本外币个人其他消费贷款增加181.7亿元,同比多增36.9亿元。

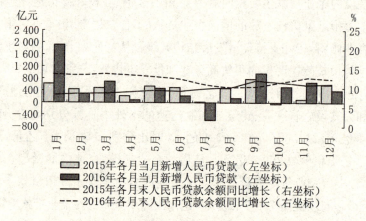

图1-2 2015—2016年上海市金融机构人民币贷款增长变化

数据来源:中国人民银行上海总部。

三、同业资产企稳回升,债券投资大幅增长

2016年末,全市金融机构人民币存放同业、拆放同业和买入返售三项资产余额分别为4 756.7亿元、2 956.3亿元、746.5亿元,较年初分别增加592.4亿元、678.4亿元和减少633.7亿元。年末,上述三项同业资产余额较年初增

加 637 亿元,结束 2015 年以来的下降趋势。具体来看,受监管部门对同业业务规范趋于严格和细致,加上商业银行总体资金面趋于宽松,全市金融机构买入返售业务呈快速收缩的态势。同时,前两年迅猛增长的股权投资也呈放缓态势,全年金融机构股权投资增加 1 888.3 亿元,同比少增 928.7 亿元。但是,债券投资大幅增长,全年金融机构债券投资增加 1 564.6 亿元,同比多增 1 050.6 亿元。

同业负债大幅下滑。2016 年末,上海市银行业人民币同业负债余额为 32 753.5 亿元,同比下降 7.4%;比年初减少 2 622.6 亿元,同比多减 9 730.3 亿元。一方面,股市低迷导致大量资金流出,证券公司、基金公司及登记结算公司在上海各银行的同业存款均显著下降。其中,证券公司存放客户交易结算资金累计减少 1 116.2 亿元,同比多减 2 556.1 亿元。另一方面,受 MPA 考核的约束,银行主动降低同业负债占比。根据上海银监局数据,12 月末,全市银行业同业负债在全部负债中占 25.3%,占比较年初下降 3.8 个百分点。

四、贷款利率有所下降,存贷利差小幅收窄

2016 年 12 月,上海市金融机构贷款加权平均利率为 5.05%,较上年末下降 18 个基点。其中,新增贷款中执行基准利率下浮的占比为 54.6%,比年初提高 12 个百分点。各项定期存款加权平均利率为 1.96%,较上年末上升 6 个基点。以贷款加权利率与定期存款利率之差计算,12 月上海市金融机构利差为 3.09 个百分点,较上年同期下降 0.24 个百分点。

表 1-2　2016 年上海市金融机构人民币贷款各利率区间占比 单位:%

月　　份		1 月	2 月	3 月	4 月	5 月	6 月
合　　计		100.0	100.0	100.0	100.0	100.0	100.0
下　　浮		42.6	45.9	45.7	41.3	41.5	50.8
基　　准		16.3	17.9	15.1	16.9	18.5	16.2
上浮	小　　计	41.1	36.2	39.1	41.7	40.0	33.0
	(1.0—1.1]	13.6	10.0	12.9	10.0	12.3	10.6
	(1.1—1.3]	13.0	10.8	11.3	13.5	12.2	10.8
	(1.3—1.5]	5.6	6.0	6.5	8.2	5.5	4.3
	(1.5—2.0]	8.6	9.0	7.9	9.5	9.7	7.1
	2.0 以上	0.4	0.4	0.6	0.5	0.4	0.2

(续表)

月　　份	7 月	8 月	9 月	10 月	11 月	12 月
合　　计	100.0	100.0	100.0	100.0	100.0	100.0
下　　浮	46.0	45.1	47.0	49.4	51.9	54.6
基　　准	16.9	15.4	15.4	11.8	13.4	11.7

		7 月	8 月	9 月	10 月	11 月	12 月
上浮	小　计	37.2	39.5	37.6	38.8	34.7	33.7
	(1.0—1.1]	10.7	9.9	10.0	8.7	8.3	9.1
	(1.1—1.3]	11.8	11.1	12.0	13.0	11.3	10.9
	(1.3—1.5]	5.7	6.9	5.7	5.5	4.8	4.5
	(1.5—2.0]	8.7	11.4	9.6	11.4	10.0	9.0
	2.0 以上	0.3	0.2	0.2	0.3	0.3	0.3

数据来源：中国人民银行上海总部。

五、银行理财产品平稳较快增长

2016 年,全国银行业金融机构在沪发行理财产品 5.5 万支,累计募集资金 19.2 万亿元,较上年多募集 2.8 万亿元,兑付资金 18.6 万亿元,较上年多兑付 3.2 万亿元。2016 年末,上海市存续理财产品共计 2 万支,本外币理财资金余额 2.9 万亿元,同比增长 32.9%,占全国理财资金余额的 10%。

2016 年,全国 68 家信托公司在沪发行资金信托产品 1 928 支,累计募集资金 2.2 万亿元,较上年少募集 7 307 亿元,兑付资金 2 万亿元,较上年少兑付 3 544 亿元。2016 年末,上海市存续资金信托计划共计 3 996 支,本外币资金信托余额 2.2 万亿元,同比增长 8%,占全国资金信托余额的 12.9%。

六、金融机构不良贷款率有见顶迹象,盈利压力有所显现

随着风险的逐步暴露与处置,上海市不良贷款率和不良贷款额开始出现双降。2016 年末,上海市金融机构不良贷款余额 404.1 亿元,比上年末减少 76 亿元;不良贷款率为 0.68%,比上年末下降 0.23 个百分点,远低于同期全国 1.81% 的水平。同时,年末逾期 90 天以上贷款与不良贷款的比例为 95.8%,较年初下降 5.1 个百分点,较 6 月末下降 11.4 个百分点,表明贷款质量向下迁徙的情况有所改善。2016 年,全市金融机构实现净利润 1 506.2 亿元,同比增长 9%,增速同比下降 8.5 个百分点。存贷利差收窄对贷款业务收入产生直接冲击。对此,商业银行通过产品创新吸引客户,全面拓宽非息收入来源。2016

年全市金融机构中间业务收入同比增长 26.8％,增速同比提高 9.1 个百分点。

七、涉外收支活跃度下降,市场购汇压力有所减弱

2016 年,上海涉外收支总额 11 454.9 亿美元,同比减少 17.2％,增速较上年同期下降 47.1 个百分点。其中,收入 4 018.7 亿美元,同比减少 25.4％;支出 7 436.2 亿美元,同比减少 11.9％。收支逆差 3 417.5 亿美元,同比增长 11.9％。其中,上海跨境人民币收支总额 3 566.7 亿美元,同比减少 27.8％,在涉外收支总额中占比 31.1％,同比下降 4.6 个百分点。2016 年,在沪银行结售汇总额 6 156.2 亿美元,同比减少 15.4％,增速较上年同期下降 44.2 个百分点。其中,结汇 1 630 亿美元,同比减少 20.6％;售汇 4 526.2 亿美元,同比减少 13.4％;结售汇逆差 2 896.2 亿美元,同比减少 8.7％。结汇意愿保持低位,购汇压力有所减弱。全年上海地区外汇收入结汇率 59.3％,同比下降 4.3 个百分点;外汇支出购汇率 88.1％,同比下降 5.8 个百分点。

第二节　2016 年货币市场

2016 年,货币市场资金总体宽松,融资成本有所下降。因中国人民银行多次通过公开市场操作温和注入流动性,并通过降低逆回购中标利率引导市场利率下探,商业银行资金面总体宽松,市场利率整体处于低位。但因宏观审慎评估考核,银行减少对非银金融机构的同业资金融出;加上 11、12 月人民银行减少净投放,市场利率水平较 2015 年下半年有小幅提升。

一、货币政策简要回顾

2016 年,根据稳健并灵活适度的货币政策基调要求,人民银行明显加大主动调控市场的力度,在常规货币政策工具的基础上,积极运用多种货币政策工具,维持市场松紧适度。

在传统货币政策工具使用方面,人民银行仅在 2016 年 3 月 1 日下调存款准备金 50 个基点,除此之外再未进行降准、降息等政策操作。人民银行在第二季度货币政策执行报告也对降准降息货币政策效果进行分析,结论是为避免强化公众预期,要慎用此类货币政策工具。从实践上看,人民银行更多地运用了结构性货币政策工具调控市场流动性,2016 年 2 月 18 日开始人民银行

建立了公开市场每日操作常态化机制,提高了流动性管理的精细化程度。2016 年三季度人民银行建立并实施中期借贷便利常态化操作机制。截至 2016 年 12 月 15 日,人民银行累计开展公开市场逆回购 342 次,投放资金约 23 万亿元,净投放资金约 1.1 万亿元,平均利率成本为 2.38%;开展短期流动性调节工具操作(SLO)2 次,投放资金 2 050 亿元;开展中期借贷便利(MLF)40 次,累计投放资金 5.1 万亿元,净投放资金 2.4 万亿元;其他结构性货币政策工具力度也在加大,抵押补充贷款(PSL)余额达 2 万亿元。

截至 2016 年 12 月中旬,人民银行通过公开市场、中期借贷便利等工具累计投放的基础货币余额为 3.5 万亿元。人民银行 2016 年《第三季度货币政策执行报告》公布的商业银行超备率约为 1.9%,根据人民银行公布的数据,截至 11 月末,商业银行的各项存款余额约 150 万亿元,以此计算目前商业银行体系的超额备付金大概为 2.85 万亿元,人民银行提供的流动性资金已经超过商业银行体系的超额备付金总额,这也从侧面印证了目前市场流动性较以往更加依赖人民银行的操作力度。

利率方面,2016 年 1 月 20 日,短期流动性调节工具(6d)利率由 2.35%下调至 2.25%,3 个月期限中期借贷便利利率维持在 2.75%不变,6 个月期限由 3.25%下调至 2.85%,1 年期限由 3.25%下调至 3%。7 天、14 天逆回购利率分别保持在 2.25%和 2.4%,28 天逆回购利率由 2.6%下调至 2.55%。通过人民银行的公开市场和中期借贷便利常态化操作,市场大致围绕[2.25%,2.75%]形成利率走廊。利率走廊机制的实施有利于稳定商业银行预期,有助于提高货币政策透明度,避免预期利率飙升而出现囤积流动性倾向,从而达到稳定利率的作用。

二、货币市场运行情况

(一) 货币市场交易量增长明显

市场成交量方面,截至 2016 年 12 月 15 日,货币市场同业拆借成交量为 92.7 万亿元,同比增长 32.1%,质押式回购成交量为 547.3 万亿元,同比增长 35.4%,买断式回购成交量为 31.3 万亿元,同比增长 33.8%。同业拆借交易日均成交量 3 881 亿元,债券质押式回购交易日均成交量 2.3 万亿元,买断式回购交易日均成交量为 1 314 亿元。1—9 月,市场成交量保持快速增长的态势。但是,9 月中旬以后,以 9 月 14 日央行重启 28 天逆回购为标志,人民银行货币政策重心转向防风险,公开市场操作开始"锁短放长",市场流动性收紧,货币市场成交量出现明显下滑。以同业拆借成交量为例,9月8日,同业拆借交易量达6 673亿元,为年内最高,随着人民银行重启28天逆回购,每日成交量下滑至3 000亿—4 000亿元之间。

从货币市场交易期限来看,货币市场交易期限总体延续了前几年的短期化趋势。截至2016年12月中旬,同业拆借市场7天以内交易量占总交易量的97%,其中,隔夜拆借占88%;质押式回购市场上7天以内期限交易占97%,其中,隔夜品种占86%。需要关注的是,虽然隔夜品种交易量仍占绝对比例,但是在个别时点,受监管政策的影响,市场7天及以上期限交易量也有所提升,以9月14日为例,受当日人民银行重启28天逆回购影响,7天回购交易占比达到32.7%,创年内新高。

从货币市场融资结构看,2016年,资金净融出额排名前三位的机构是政策性银行、大型商业银行和股份制商业银行,净融出额分别为150.8万亿元、108.5万亿元和40.6万亿元;资金净融入额排名前三位的机构是农村金融机构、证券公司和城市商业银行,净融入额分别为83.5万亿元、66.5万亿元和58万亿元。

(二) 货币市场利率波动有所加大

货币市场利率总体呈现"两头高、中间低"的态势,以Shibor为代表的各期限利率曲线整体呈现"U"形走势。

第一季度,受货币政策宽松预期影响,货币市场全期限利率逐步走低,特别是人民银行3月1日下调存款准备金率以后,市场中长期资金利率曲线出现了一轮整体下行的走势,其中,1年期Shibor由年初的3.35%逐步下行至3月末的3.05%。但短期资金利率基本维持稳定,其中隔夜Shibor基本在2%左右波动,在2月上旬,由于春节长假的冲击,隔夜Shibor一度上行至2.28%。

第二季度,随着经济增长逐步企稳,人民银行采用结构性货币政策工具灵活适度调整市场流动性,市场利率总体维持窄幅波动的态势,并一直持续到9月份。9月中旬以后,随着人民银行公开市场多次进行"锁短放长"操作,特别是9月13日人民银行重启28天逆回购操作后,7天以内等中短期资金利率走势出现明显的上行,其中,隔夜Shibor由2.1%上行至2.3%附近。进入11月,由于美联储加息预期逐步走强,人民币兑美元汇率持续下行,资本外流压力有所加大,货币市场流动性趋紧,受此影响,货币市场利率中枢逐步上行并一直延续到 12 月。其中,隔夜 Shibor 由 2% 逐步上行至 12 月中旬的 2.3% 左右,1 年期 Shibor 由 3.05% 逐步上行至 12 月中旬的 3.3% 左右,跨年资金价格更是居高不下。

人民银行在第三季度货币政策执行报告中首次提及 DR007,即银行间市场存款类机构以利率债为质押的 7 天期回购利率,这一从 2014 年 12 月 15 日开始对外发布的利率,在近一年多的时间中一直运行平稳,然而从 2016 年 9 月以来加剧了波动。数据显示,2016 年 9 月末,DR007 利率均值最高点接近2.8%,此后至 10 月中旬逐渐回落至 2.3% 左右,而在 10 月末又上扬至 2.6% 左右,随后有所回落,并一直延续至 12 月中旬。同时,DR007 的波动率明显小于 R007,与 R007 的区别在于,DR007 限定交易机构为存款类金融机构,质押品为利率债,实际上消除了信用风险溢价,这使得 DR007 成为观察国内资金市场流动性的更好窗口。DR007 自 9 月以来利率弹性有所增强,既体现经济基本面以及季节性变化规律,又合理反映流动性风险溢价。

(三) 货币市场参与机构进一步增加

截至 2016 年 11 月末,银行间市场开户机构数达 14 685 家。此外,2016 年 4 月 14 日,人民银行对境外央行类机构进入银行间债券市场实行备案制管理,境外央行类机构可自主决定投资规模,无额度限制。境外央行类机构进入中国银行间债券市场包括央行代理、通过具有国际结算资格和结算代理资格的商业银行代理和直接投资等三种途径,交易品种包括债券现券、债券回购、债券借贷、债券远期以及利率互换、远期利率协议等。境外机构的引入丰富了货币市场交易主体,有利于市场平稳发展。

三、货币市场重要事件

除了常规的情况之外,2016 年还有部分政策调整对货币市场运行造成一定影响,包括实施宏观审慎评估、"营改增"改革等。

一是宏观审慎评估考核对货币市场造成一定冲击。根据宏观审慎评估考核要求,同业拆借、债券质押式回购、同业存单投资等货币市场工具都将纳入宏观审慎评估的监测范围。随着 2016 年第一季度末考核时点正式开始,为了满足宏观审慎评估考核的要求,部分银行减少对非银机构的资金融出,非银机构通过货币市场获取资金的难度和成本大为增加,导致关键时点货币市场出现波动。

二是"营改增"改革对货币市场的影响。在原有税制下,货币市场交易不需缴纳营业税。而在增值税制下,通过债券抵押获取资金的交易,需要缴纳增值税。随着市场对于增值税导致商业银行资金成本被迫提高的担忧逐步发酵,2016年4月末,市场资金利率明显上行。为此,财政部专门发文规定货币市场交易免于征收增值税,这一"补丁"消除了之前市场对于资金成本增加的担忧。

三是人民银行进一步完善存款准备金平均法考核。人民银行决定,自2016年7月15日起,人民币存款准备金的考核基数由考核期末一般存款时点数调整为考核期内一般存款日终余额的算术平均值,此举增强了金融机构流动性管理的灵活性,平滑了货币市场波动,有助于银行降低资金备付率、提高超储资金利用效率。

另外,2016年末一轮债市"去杠杆"对市场造成较大冲击。2016年10月中旬开始,随着年中以来央行调控市场措施效果的逐渐显现,叠加美国加息预期升温、总统大选结果出炉等因素冲击,金融市场出现2013年"流动性紧张"以来最严重的一次调整,债市大幅下跌,国债期货一度触及跌停,货币市场流动性一度极为紧张,市场融资较为困难,市场利率也大幅飙涨。至2016年11月30日,隔夜拆借利率升至2.39%的年内高点,隔夜质押式回购利率上涨到2.6%的年内高点。

第三节　2016年外汇市场

2016年,银行间外汇市场(即期)成交51.1万亿元,同比增长64.3%;汇率衍生产品市场成交73.1万亿元,同比增长32.8%。截至年末,银行间外汇市场会员597家,较上年末增加79家。

一、人民币对一篮子货币汇率小幅贬值,中间价新机制运行良好

(一)人民币对一篮子货币汇率小幅贬值

2016年,全球金融市场不确定性继续增强。年初至4月底,受市场对美联储加息预期降温影响,美元对全球主要货币小幅走贬,美元指数由年初的98降至93,与此同时,人民币对美元汇率保持稳定,对一篮子货币有所走贬。

5 月以后，美元指数转跌为升，人民币对美元贬值压力有所加大，对一篮子汇率保持稳定。2016 年末，人民币对美元汇率中间价收于 6.937 0，较年初贬值 6.3%，CFETS 人民币汇率指数收于 94.83，较年初贬值 5.1%。

2016 年人民币汇率总体走弱，一方面是对美元走强的反应，另一方面，全球金融市场动荡加剧推升了投资者的避险情绪，也驱动短期资本由新兴市场国家流入以美国为代表的发达国家。强势美元给新兴市场国家带来较大的资本流出和汇率贬值压力，2016 年全年美元指数上涨 4%，韩国韩元、马来西亚林吉特、墨西哥比索等新兴市场货币对美元汇率分别贬值 2.5%、4.6% 和 20.7%。

2016 年，人民币汇率继续按照以市场供求为基础、参考一篮子货币进行调节的机制有序运行。参考一篮子汇率调节，不仅有助于保持总体竞争力，而且有助于稳定市场预期。11 月美国总统大选后，美元显著走强，人民币兑美元汇率加速贬值，但无论与新兴市场货币还是与发达经济体货币相比，人民币贬值幅度都相对较小，因此 11 月以来 CFETS 人民币汇率指数反而小幅走升，此轮贬值也未引起市场恐慌。

（二）中间价新机制运行良好

2016 年，人民币汇率在稳定的前提下弹性加大，初步形成"收盘汇率＋一篮子货币汇率变化"的人民币兑美元汇率中间价形成机制，以市场供求为基础、参考一篮子货币进行调节的特征更加清晰。

从收盘汇率看，2016 年以来受企业外币负债去杠杆以及海外兼并收购意愿不断升温等因素影响，我国外汇市场整体呈现外汇供小于求的局面，人民币对美元收盘汇率大多偏向较中间价贬值的方向。

从参考一篮子货币汇率变化看，5 月之前，在全球经济复苏乏力、国际金融市场波动加大的背景下，市场对美联储加息预期降温，美元指数下跌，相应的人民币兑美元汇率中间价较上日收盘汇率有所升值。5 月以后，市场对美联储加息预期再次升温，英国脱欧又引发国际金融市场的不确定性，美元指数由弱转强，人民币兑美元汇率中间价较上日收盘汇率的调升幅度也相应收窄。总的来看，"收盘汇率＋一篮子货币汇率变化"的机制提高了人民币兑美元汇率中间价形成的规则性、透明度和市场化水平，在稳定市场预期方面发挥了积极作用。

随着市场对新机制的理解更为深入，市场预期趋于平稳。国内外汇贷款集中偿还压力明显减弱,境外机构继续增持境内债券,总体来看,跨境资金流动中的积极变化不断显现。

二、外汇市场成交量稳步增长,产品结构和币种结构不断完善

2016 年,新兴市场经济体仍旧面临较大压力,经济增速持续低迷,外部需求依然疲弱,贸易增速持续低于经济增速。具体到我国,2016 年,我国进出口贸易仍旧低迷,银行结售汇总额同比减少,境外机构持有境内人民币资产同比下滑。尽管如此,银行间外汇市场成交量仍旧保持了稳步增长,全年共成交约 124.2 万亿元人民币,同比增长 44%。其中,人民币外汇市场成交 112.4 万亿元,外币对市场成交折人民币 0.8 亿元,外币拆借市场成交折人民币 11 万亿元。

（一）汇率衍生产品成交量增速继续领先即期交易

2016 年,银行间汇率衍生产品成交 11 万亿美元,同比增长 25.5%;外汇即期成交 6 万亿美元,同比增长 1.8%。2009 年以来,汇率衍生产品成交量增速持续快于即期交易,汇率衍生产品占比进一步上升。2016 年,汇率衍生产品成交量在整个银行间外汇市场中的占比(不含外币拆借)从上年的 63.9% 增长至 64.6%,该比例已非常接近国际清算银行发布的国际外汇市场即期与衍生产品市场的基本格局 33：67。

1. 人民币外汇期权市场走势平稳,波动率略有下行

相对即期汇率的跌宕起伏,2016 年人民币外汇期权市场可以用波澜不惊来形容。以 1 年期 At The Money(以下简称 ATM)的波动率为例,2016 全年最高点在 5.7,最低点在 4.2,整体变化区间较小。1 年期 25Delta Risk Reversal(以下简称 RR)价格全年最高点在 3.0,最低点在 0.9,在人民币汇率不断贬值之际,RR 的价格反而有所下跌,这是过去少见的现象。

从隐含波动率和实际波动率走势来看,隐含波动率比实际波动率高,两者走势一致。如图 1-3 所示,1 个月期限的隐含波动率在大部分时间里比实际波动率高出很多,这体现了期权的风险溢价。2016 年初,人民币汇率剧烈波动,期权卖出方承受了较大的风险,此时市场风险溢价比较大;到了年末,市场实际波动率上升,但隐含波动率持稳,反映市场预期短期汇率不会波动太大。

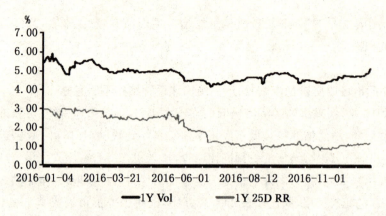

图 1-3　1 年期 ATM 与 RR 波动率走势

数据来源:章小波、黄毅:《2016 年人民币外汇衍生品市场发展情况与走势前瞻》,《中国货币市场》2017 年第 1 期。

2. 银行间外汇市场期权成交量快速上升

从期权市场成交情况来看,对客期权成交相对稳定,全年平均每月在 150 亿美元左右,波动不大。银行间市场期权成交量在下半年快速上涨,从上半年的平均每月 300 亿美元快速增至 800 多亿美元。从期权成交期限来看,截至 10 月,对客期权 3 个月(含)以下短期限累计成交 543 亿美元,3 个月以上长期限累计成交 1 005 亿美元,差不多是前者的两倍。银行间市场期权成交期限结构则是以短期限为主,截至 10 月,银行间市场期权 3 个月(含)以下短期限累计成交 4 764 亿美元,3 个月以上长期限累计成交 332 亿美元,不足前者十分之一。银行间市场与对客市场从交易量到期限结构都出现明显背离。从期权买卖方向来看(只统计客户买卖期权方向),截至 2016 年 10 月,客户累计买入期权 746 亿美元,累计卖出期权 803 亿美元,客户卖出期权量略微大于买入量。

3. 人民币掉期价格在下跌后转为区间波动

2016 年全年掉期行情的最重要时间节点为 5 月 19 日,当日凌晨美联储公布最新议息会议纪要,纪要公布后市场普遍认为美联储加息较预期更早。这一预期变化也反映在当时的在岸掉期价格上,所有期限掉期价格均出现下行,下行幅度最大的是短端价格,其中 on、tn 等价格一度跌至 0,反映当时国内市场短期美元流动性较中长期流动性更紧张。不过,在市场超跌几天后,受到客盘及资金买盘的支持,掉期价格反弹,重新进入区间波动。6 个月以内的各个期限掉期价格再也没有跌破5月下旬的低点;而9个月以上的期限,在第四季度曾小幅跌破5月低点,总体表现为震荡行情。

4. 利率平价隐含的掉期价格伴随市场价格同时下行

以1年期人民币掉期为例,年初市场掉期价格和利率平价隐含掉期价格均在1 100点之上,前者价格比后者略高,但其后两者双双回落,市场价格最低来到440附近,下半年大致维持在"900—430"的价格区间,进入第四季度后,价格反弹高位受限于640,整体波幅进一步缩窄。当时计算的利率平价隐含掉期价格自4月起基本稳定在900点下方,一直持续到10月末。2016年末,在岸人民币和外币利率均出现较快上涨,货币市场资金一度紧张,但掉期价格相对稳定,这源于人民币和外币的在岸利率虽然同时上涨,但两者利差仍相对稳定。

（二）促进市场币种结构多元化

在币种结构方面,银行间外汇市场按照人民银行的部署持续发展和扩大人民币外汇直接交易,扩大可交易货币供给,促进市场币种结构多元化。2016年6月推出人民币对南非兰特和韩国韩元直接交易,9月推出人民币对阿联酋迪拉姆和沙特里亚尔直接交易,11月推出人民币对加元直接交易,12月推出人民币对墨西哥比索、波兰兹罗提、丹麦克朗、匈牙利福林、土耳其里拉、挪威克朗、瑞典克朗直接交易。银行间外汇市场挂牌交易的货币对总数增至近30对,包括国际主要储备货币、新兴市场货币以及"一带一路"沿线货币。大力发展直接交易,在促进中国与相关国家和地区的双多边贸易和投资、便利人民币和相关货币在贸易投资结算中的使用、满足经济主体降低汇兑成本需要的同时,也促进了市场币种结构的优化。

三、进一步推进银行间外汇市场的开放与创新

2016年1月,银行间外汇市场向符合条件的人民币购售业务境外参加行开放;9月,银行间外币拆借市场也向境外机构开放。至此,银行间外汇市场的各个子市场、各类产品都已向境外机构开放。至年末,已有59家境外主体成为银行间外汇市场会员,占会员总数的10%。其中,境外央行类机构在银行间外汇市场的交易不受交易额度、交易品种、交易方式、清算方式等限制。

C-Forward推出。2016年5月,银行间外汇市场推出标准化人民币外汇远期交易C-Forward。C-Forward在双边授信额度内,按照价格优先、时间优

先的原则进行订单自动化匹配和点击成交。C-Forward 降低了参与者风险管理压力、操作风险，保证了市场交易效率和透明度；由于交易系统、成交数据流、交易确认、清算路径等都和原来保持一致，C-Forward 不会增加交易成本。2016 年，远期交易量 1 572 亿美元，同比增长近 3 倍，其中 C-Forward 份额接近 60%。

外汇掉期冲销推出。2016 年 7 月，银行间外汇市场成功组织首轮外汇掉期冲销业务，为全球外汇市场首次汇率衍生产品交易冲销。截至年末，银行间外汇市场组织了 3 轮共 158 笔外汇掉期冲销，释放了 23.2 亿美元交易授信额度。

期权组合产品推出。2016 年，银行间外汇市场在现有期权业务的基础上，推出 6 个期权组合产品，分别是看涨期权价差组合、看跌期权价差组合、风险逆转期权组合、跨式期权组合、异价跨式期权组合和蝶式期权组合。截至 2016 年末，组合交易在期权活跃会员中的普及率达到 100%。2016 年，期权组合交易量约 653.8 亿美元，占期权市场总成交量的 62%。

四、制度建设稳步推进

2016 年 6 月，全国外汇市场自律机制成立，标志着我国外汇市场从他律为主向他律和自律并重转变，有利于维护外汇市场正当竞争和健康有序运作。随着汇率市场化改革的持续推进，市场将在汇率形成中发挥更加重要的作用，外汇市场自律机制将有助于以更低的社会成本、更有效的管理方式来维护市场秩序，避免监管套利。至年末，共有 14 家中外资银行成为自律机制核心成员。

2016 年，为配合人民币加入 SDR 货币篮子，银行间外汇市场计算和发布多币种、多时点参考汇率，并按照 IMF"数据公布特殊标准"（SDDS）发布人民币汇率数据，为包括国际金融组织在内的各国投资者提供定价参考。

第四节   2016 年期货市场

2016 年，中国继续在全球期货市场中占重要地位。根据美国期货业协会（FIA）统计的全年成交量数据，上海期货交易所、大连商品交易所、郑州商品交易所和中国金融期货交易所的成交量世界排名依次为第 6 名、第 8 名、第 11 名和第 37 名，其中上海期货交易所和大连商品交易所的排名较上年同期分别上升 5 名和 1 名。

2016 年,上海期货交易所累计成交量 33.6 亿手,同比增长 60%,占全国总成交量的 40.6%;累计成交金额 170 万亿元,同比增长 33.7%,占全国总成交额的 43.4%。中国金融期货交易所股指期货和国债期货累计成交 1 834 万手,同比下降 94.6%,占全国总成交量的 0.4%;累计成交金额 18.2 万亿元,同比下降 95.6%,占全国总成交金额的 9.3%。

一、上海期货交易所的发展

(一) 各月成交量和成交金额保持快速增长

上海期货交易所 2016 年 1 月成交量为 116 957 677 手,成交金额为 56 535.46 亿元,分别占全国市场的 39.36% 和 42.83%,同比分别增长 33.28% 和下降 7.97%,环比分别下降 9.7% 和 15.19%。1 月末上海期货交易所持仓总量为 4 041 289 手,较上月末增长 4.96%。

2 月成交量为 77 566 336 手,成交金额为 40 232.57 亿元,分别占全国市场的 38.37% 和 42.45%,同比分别增长 92.45% 和 23.6%,环比分别下降 33.68% 和 28.84%。2 月末上海期货交易所持仓总量为 4 228 915 手,较上月末增长 4.64%。1—2 月上海期货交易所累计成交量为 194 524 013 手,累计成交金额为 96 768.03 亿元,同比分别增长 51.9% 和 2.97%,分别占全国市场的 38.96% 和 42.67%。

3 月成交量为 244 943 508 手,成交金额为 104 166.35 亿元,分别占全国市场的 45.02% 和 45.16%,同比分别增长 209.82% 和 96.83%,环比分别增长 215.79% 和 158.91%。3 月末上海期货交易所持仓总量为 4 510 168 手,较上月末增长 6.65%。1—3 月上海期货交易所累计成交量为 439 467 521 手,累计成交金额为 200 934.38 亿元,同比分别增长 112.18% 和 36.78%,分别占全国市场的 42.12% 和 43.92%。

4 月成交量为 228 423 801 手,成交金额为 95 487.51 亿元,分别占全国市场的 44.51% 和 42.90%,同比分别增长 126.59% 和 84.53%,环比分别下降 6.74% 和 8.33%。4 月末上海期货交易所持仓总量为 4 281 897 手,较上月末下降 5.06%。1—4 月上海期货交易所累计成交量为 667 891 322 手,累计成交金额为 296 421.88 亿元,同比分别增长 116.90% 和 49.22%,分别占全国市场的 42.91% 和 43.59%。

5 月成交量为 159 583 712 手,成交金额为 71 570.51 亿元,分别占全国市场的 40.93％和 43.40％,同比分别增长 103.04％和 41.69％,环比分别下降 30.14％和 25.05％。5 月末上海期货交易所持仓总量为 4 445 765 手,较上月末增长 3.83％。1—5 月上海期货交易所累计成交量为 827 475 034 手,累计成交金额为 367 992.39 亿元,同比分别增长 114.08％和 47.69％,分别占全国市场的 42.51％和 43.55％。

6 月成交量为 116 188 387 手,成交金额为 56 975.90 亿元,分别占全国市场的 33.76％和 38.38％,同比分别增长 71.66％和 35.75％,环比分别下降 27.19％和 20.39％。6 月末上海期货交易所持仓总量为 4 182 754 手,较上月末下降 5.92％。1—6 月上海期货交易所累计成交量为 943 663 421 手,累计成交金额为 424 968.29 亿元,同比分别增长 107.76％和 45.97％,分别占全国市场的 41.20％和 42.78％。

7 月成交量为 160 202 862 手,成交金额为 87 359.17 亿元,分别占全国市场的 40.23％和 45.82％,同比分别增长 36.85％和 39.85％,环比分别增长 37.88％和 53.33％。7 月末上海期货交易所持仓总量为 4 040 558 手,较上月末下降 3.40％。1—7 月上海期货交易所累计成交量为 1 103 866 283 手,累计成交金额为 512 327.46 亿元,同比分别增长 93.23％和 44.89％,分别占全国市场的 41.05％和 43.27％。

8 月成交量为 130 295 690 手,成交金额为 65 998.20 亿元,分别占全国市场的 42.30％和 43.90％,同比分别增长 33.68％和 14.41％,环比分别下降 18.67％和 24.45％。8 月末上海期货交易所持仓总量为 4 570 993 手,较上月末增长 13.13％。1—8 月上海期货交易所累计成交量为 1 234 161 973 手,累计成交金额为 578 325.65 亿元,同比分别增长 84.55％和 40.62％,分别占全国市场的 41.18％和 43.34％。

9 月成交量为 98 626 731 手,成交金额为 48 519.42 亿元,分别占全国市场的 40.08％和 41.80％,同比分别增长 16.23％和下降 6.02％,环比分别下降 24.31％和 26.48％。9 月末上海期货交易所持仓总量为 4 035 309 手,较上月末下降 11.72％。1—9 月上海期货交易所累计成交量为 1 332 788 704 手,累计成交金额为 626 845.08 亿元,同比分别增长 76.86％和 35.41％,分别占全国市场的 41.10％和 43.22％。

10 月成交量为 84 305 771 手,成交金额为 43 930.72 亿元,分别占全国市场的 36.74％和 38.40％,同比分别增长 30.15％和 5.07％,环比分别下降

14.52％和9.46％。10月末上海期货交易所持仓总量为4 258 100手,较上月末增长5.52％。1—10月上海期货交易所累计成交量为1 417 094 475手,累计成交金额为670 775.80亿元,同比分别增长73.16％和32.90％,分别占全国市场的40.81％和42.86％。

11月成交量为150 038 822手,成交金额为101 128.86亿元,分别占全国市场的39.72％和46.66％,同比分别增长46.24％和57.60％,环比分别增长77.97％和130.20％。11月末上海期货交易所持仓总量为3 510 059手,较上月末下降17.57％。1—11月上海期货交易所累计成交量为1 567 133 297手,累计成交金额为771 904.66亿元,同比分别增长70.16％和35.69％,分别占全国市场的40.70％和43.33％。

12月成交量为113 578 544手,成交金额为77 870.25亿元,分别占全国市场的39.48％和44.58％,同比分别下降12.31％和增长16.81％,环比分别下降24.30％和23.00％。12月末上海期货交易所持仓总量为3 768 910手,较上月末增长7.37％。1—12月上海期货交易所累计成交量为1 680 711 841手,累计成交金额为849 774.91亿元,同比分别增长59.99％和33.71％,分别占全国市场的40.62％和43.44％。

表1-3 2016年上海期货交易所交易统计

交易品种	累计成交金额（亿元）	同比增长（％）	累计成交量（万手）	同比增长（％）
铜	277 744.0	57.9	14 479.0	63.9
铝	55 095.0	332.4	8 878.4	287.7
锌	125 970.0	291.5	14 613.2	223.0
黄 金	186 851.0	211.8	6 951.9	174.6
天然橡胶	247 263.0	141.4	19 474.3	134.4
燃料油	10.3	79.7	0.6	50.8
螺纹钢	435 743.0	279.1	186 829.7	245.3
线 材	0.0	−65.5	0.0	−62.7
铅	7 962.2	841.8	912.2	596.3
白 银	102 942.0	35.2	17 300.3	19.5
石油沥青	73 392.0	897.3	37 362.9	1 053.3
合 计	1 699 549.0	167.4	336 142.4	220.0

数据来源:上海期货交易所。

（二）正式发布商品指数系列

为尽快完善商品指数序列，2016 年 12 月，上海期货交易所正式发布自主研发的"上海期货交易所商品期货价格指数系列"。上期商品指数系列由综合指数、板块指数、单商品指数三大类共同组成，每一大类包括期货价格指数和超额收益指数，共 30 条指数。而本次发布的指数（包括期货价格指数和超额收益指数）为工业金属、铜、贵金属和黄金，共 8 条，分别为：上期工业金属期货价格指数（INCI）、上期工业金属超额收益指数（INEI）、上期铜期货价格指数（CUCI）、上期铜超额收益指数（CUEI）、上期贵金属期货价格指数（PMCI）、上期贵金属超额收益指数（PMEI）、上期黄金期货价格指数（AUCI）、上期黄金超额收益指数（AUEI）。

由于商品指数及指数化投资市场的前景被广泛看好，近年来，相关政策也在积极向这方面引导。2014 年 5 月，国务院发布《关于进一步促进资本市场健康发展的若干意见》，要求"发展商品指数等交易工具、增强期货市场服务实体经济"。同年 12 月，中国证监会公布《公开募集证券投资基金运作指引 1 号——商品期货交易型开放式基金指引》，为中国商品指数化投资指出了发展方向。在政策的引导下，近年来国内商品指数化市场的发展也取得一些进展。2015 年 5 月 22 日，证监会批复国投瑞银基金公司申报的白银期货基金，实现商品期货基金领域的创新突破。

上期商品指数系列中板块指数包括：工业金属、贵金属、能源化工；单商品指数包括：铜、铝、锌、铅、锡、镍、螺纹钢、热轧卷板、黄金、石油沥青、天然橡胶。这些指数与前期发布的上期有色金属指数、上期白银期货价格指数和上期白银超额收益指数一起构成完整的上期商品指数系列。上期所于 2012 年 12 月发布上期有色金属期货价格指数，用以反映国内有色金属市场的整体运行情况。2016 年 1 月，上期所对外发布上期白银期货价格指数和上期白银超额收益指数，用以反映白银产业的整体价格变化状况，并可作为基金投资业绩的评价标准。

上期商品指数系列采用标尺性、可投资性、多样性三大编制原则设计。在指数的设计过程中充分考虑了品种的流动性、连续性、抗操纵性等特点。流动性是指较大规模的投资不至于引起商品指数值的较大变化，从而尽量减少商品指数投资的交易成本。连续性是指商品指数既能反映市场变化，又能保持与历史数据的可比性。抗操纵性原则要求设计指数不易被人为操纵，保证指数数据能够反映客观情况。

本次发布的上期商品指数核心要素包括四个方面。

一是品种的选择：选取流动性较好的3个大类、12个期货品种（工业金属类：铜、铝、铅、锌、锡、镍、螺纹钢、热轧卷板；贵金属类：黄金、白银；能化类：天然橡胶、石油沥青）。

二是权重设计：各品种基于过去3年平均月度持仓金额计算权重，并且采用二级架构对权重进行限制保证各板块和品种之间的多样性。板块权重的上限为65％，单品种权重的上限为35％、下限为2％。

三是合约选择及展期安排：提前一年公布指定合约对照表的形式作为指数主力合约滚动的标准。一般情况，合约对照表的主力合约依据过去3年对应月份持仓量最大的合约来确定。指数各品种在每月第10个自然日（含当日，遇法定假日时顺延至假日后的第一个交易日）及之后4个交易日（共5个交易日），按每日20％的比例进行展期（新旧合约切换）。

四是指数计算及调整：指数采用加权算术平均法。2002年1月7日为基期，1 000点为基点。同时计算价格指数、超额收益指数。每年年度权重调整是基于截至当年6月30日的过去3年的数据计算权重相关参数，并在参数公布（7月）后的下一月份（8月）展期窗口完成权重调整。对于新品种上市，需稳定运行3个月后，就可以考虑按照规则将其纳入指数，纳入结果公布后的下一个月展期窗口完成调整。

二、中国金融期货交易所的发展

（一）成交量和成交额出现明显下降

2016年，中国金融期货市场累计成交量为0.18亿手，累计成交金额为18.22万亿元，同比分别下降94.62％和95.64％。其中，沪深300股指期货的累计成交量为422.56万手，累计成交金额为4.01万亿元，同比分别下降98.48％和98.83％。5年期国债期货的累计成交量为275.72万手，累计成交金额为2.77万亿元，同比分别下降37.39％和6.36％。10年期国债期货的累计成交量为617.68万手，累计成交金额为6.13万亿元，同比分别增加266.81％和271.08％。上证50股指期货累计成交量为62.44万手，累计成交金额为1.05万亿元，同比分别下降95.42％和96.59％。中证500股指期货的累计成交量为355.19万手，累计成交金额为4.26万亿元，同比分别下降

84.00％和 89.13％。

表 1-4   2016 年中国金融期货交易所交易统计

交易品种	累计成交金额 （亿元）	同比增长 （％）	累计成交量 （万手）	同比增长 （％）
股指期货	93 177.4	−97.7	940.2	−97.2
国债期货	89 013.7	48.1	893.4	46.8
合　　计	182 191.1	−95.6	1 833.6	−94.6

数据来源：中国金融期货交易所。

（二）股指期现货熔断机制暂停实施

在 2016 年的第 1 个交易日（1 月 4 日）和第 4 个交易日（1 月 7 日）沪深 300 指数先后触发二次熔断机制，国内 A 股和股指期货暂停交易至收市。为维护市场平稳运行，上海证券交易所、深圳证券交易所、中国金融期货交易所宣布自 2016 年 1 月 8 日起暂停实施指数熔断制度。中国金融期货交易所将沪深 300、上证 50 和中证 500 股指期货合约的每日价格最大波动限制由"上一个交易日结算价的±7％"调整为"上一个交易日结算价的±10％"。三个股指期货合约的交易时间继续与股票市场保持一致。

股指期货其他业务细则等均保持 2015 年的从严监管不变，包括交易保证金执行标准（非套期保值持仓的交易保证金标准为合约价值的 40％，套期保值持仓的交易保证金标准为合约价值的 20％）、手续费标准（交易手续费标准为成交金额的万分之零点二三，平今仓交易手续费标准为成交金额的万分之二十三，申报费为每笔 1 元）和日内开仓限制标准（客户单日开仓交易量超过 10 手的，构成"日内开仓交易量较大"的异常交易行为）。

三、ETF 期权市场的运行情况

2016 年，上证 50ETF 期权总成交量为 7 906.93 万张，累计成交面值为 17 651.29 亿元，累计权利金成交值为 31.89 亿元；同期，上证 50 指数成分股累计成交量为 6.99 万亿元。总体上看，2016 年上证 50ETF 期权市场运行平稳，定价合理，投资者参与理性；在风险可控的情况下，市场规模稳步增长，经济功能逐步发挥。

从投资者结构看，50ETF 期权自上市以来投资者开户数稳步增长。2016

年,期权开户数达到 202 013 户,较 2015 年末增加 147.70%,其中,个人投资者 198 495 户,机构投资者 3 518 户。期权经营机构全年月均开户数为 10 021 户。

从交易目的看,保险、套利、方向性交易和增强收益四类交易行为分布较为均衡,占比分别为 14.61%、26.37%、20.46%和38.56%。

做市商方面,截至 2016 年末,上证 50ETF 期权做市商共有 13 家;其中,主做市商 10 家,一般做市商 3 家。全年做市商没有发生期权交易与报价方面的风险事件,全部做市商均能够按照上交所要求履行做市义务,为市场提供流动性。做市商日均成交 23.93 万张(双向),占全市场 36.93%,日均持仓 32.41 万张(双向),占全市场 16.85%。2016 年,做市商之间、做市商与投资者之间以及投资者之间的成交占比分别为 7%、51%和42%,其中,做市商之间的成交占比由 2015 年末的 16%下降至 7%,市场各主体之间的成交占比情况合理。

第五节 2016 年黄金市场

2016 年黄金价格受多方面因素的影响,"有头无尾",年中出现较大幅度上涨,但最终上涨幅度不大。在黄金价格较大波动的情况下,上海黄金交易市场可谓是经历了"不平凡"的一年:"上海金"集中定价合约正式在上海黄金交易所挂牌、上海黄金交易所与多个地方签署了战略合作协议、上海黄金交易所会同中国外汇交易中心启动银行间黄金询价市场做市业务、"一带一路"黄金产业基金的筹备设立、上海国际黄金交易中心交易保证金首单业务完成等等,这都意味着上海黄金交易市场进入了新的阶段。

一、黄金价格"有头无尾"

2016 年新年之际,黄金因 2015 年 12 月美元第一次加息,导致黄金触及 2009 年低位 1046 一线,然而新年金融市场的第一只黑天鹅突如其来全球股市大跌,让黄金趁势反攻,收复 1200 的失地。市场上黄金多头纷纷增加持仓比例,但因美联储 2016 年加息预期反复遭遇利好和降温,导致黄金持续长达几个月价格围绕 1300—1200 大区间震荡。此后全球经济增长担忧情绪日益高涨,英国脱欧事件更是提振了投资者的避险需求,从而将金价在 2016 年

7月推高至两年内高位。黄金价格在英国脱欧之后的 2 个月处于相对稳定的 1300 上方的高位震荡,然而美联储 2016 年 9 月对于加息之路释放出更多的利好消息,导致黄金一路下行,2016 年 10 月黄金触及低位 1241 一线。然后转折点归功于美国大选之路,美国大选不确定性因素让黄金受到支撑,让黄金再次站上 1300 上方的高位。然而好景不长,特朗普当选美国总统,特朗普经济让美债收益率大幅飙升,金价 2016 年 11 月跌幅超过 8%,之后更是在 12 月 15 日跌至 10 个月低位,因美国经济数据靓丽令美联储完成本年度的首次加息。此外,美联储预期 2017 年还将加息三次,更为鹰派的加息路径令金价大受冲击。2016 年最后一个交易日,黄金收盘 1151 一线。

二、上海黄金交易所黄金交易规模保持较快增长

2016 年,面对全球黄金市场不确定性加剧、金银价格持续波动的宏观环境,上海黄金交易所从服务国家经济金融和产业发展大局出发,坚持稳中求进,深化改革创新,不断推进市场化、国际化发展战略,逐步提升人民币黄金定价影响力,进一步巩固在全球场内现货黄金市场中的领导地位。2016 年,上海黄金交易所各黄金品种累计成交 4.9 万吨,同比增长 42.9%;成交金额 13 万亿元,同比增长 62.6%。主力合约 Au99.99 年初以 222.86 元/克开盘,年末收于 263.90 元/克,较年初上涨 18.4%。黄金实物交割顺畅有序,有效保障黄金市场的实物供应。国际板运行平稳,国际机构积极参与,成交金额连续两年突破万亿元。会员和客户数量继续稳步增长,市场参与热情高涨。

2016 年 1 月,上海黄金交易所各类合约的成交金额为 9 367.55 亿元,同比增长 8.81%,会员自营和代理业务的交易金额分别为 5 493.18 亿元和 3 874.37 亿元。当月黄金成交量为 3 401 137.88 千克,同比增长 55.59%,成交金额 7 922.18 亿元,同比增长 43.74%,日均成交量为 170 056.89 千克。铂金成交 8 650 千克,同比增长 121.34%,成交金额 16.88 亿元,同比增长 64.16%,日均成交量为 170.06 千克。白银成交 44 056 390 千克,同比减少 48.20%,成交金额 1 428.49 亿元,同比减少 54.19%,日均成交量为 2 202 819.5 千克。

2016 年 2 月,上海黄金交易所各类合约的成交金额为 8 043.11 亿元,同比增长 36.07%,会员自营和代理业务的交易金额分别为 4 464.87 亿元和 3 578.25 亿元。当月黄金成交量为 2 796 107.28 千克,同比增长 61.74%,成交金额 7 056.77 亿元,同比增长 52.53%,日均成交量为 174 756.73 千克。铂

金成交2 562千克,同比减少17.03%,成交金额5.30亿元,同比减少33.20%,日均成交量为160.12千克。白银成交29 411 424千克,同比减少32.63%,成交金额981.04亿元,同比减少37.40%,日均成交量为1 838 214千克。

2016年3月,上海黄金交易所各类合约的成交金额为15 693.38亿元,同比增长35.96%,会员自营和代理业务的交易金额分别为8 009.15亿元和7 684.23亿元。当月黄金成交量为5 120 925.42千克,同比增长36.56%,成交金额13 314.66亿元,同比增长52.53%,日均成交量为222 648.93千克。铂金成交4 650千克,同比减少20.97%,成交金额10.01亿元,同比减少30.09%,日均成交量为202.17千克。白银成交70 166 330千克,同比减少5.25%,成交金额2 368.71亿元,同比减少8.7%,日均成交量为3 050 710千克。

2016年4月,上海黄金交易所各类合约的成交金额为14 350.31亿元,同比增长54.32%,会员自营和代理业务的交易金额分别为7 355.32亿元和6 994.99亿元。当月黄金成交量为4 244 782.76千克,同比增长42.10%,成交金额10 990.19亿元,同比增长55.13%,日均成交量为212 239.138千克。铂金成交4 554千克,同比增长14.59%,成交金额10.14亿元,同比增长4.72%,日均成交量为227.7千克。白银成交93 046 536千克,同比增长47.78%,成交金额3 349.98亿元,同比增长51.79%,日均成交量为4 652 326.8千克。

2016年5月,上海黄金交易所各类合约的成交金额为15 638.88亿元,同比增长95.67%,会员自营和代理业务的交易金额分别为8 493.66亿元和7 145.22亿元。当月黄金成交量为4 714 556.98千克,同比增长104.10%,成交金额12 486.18亿元,同比增长125.29%,日均成交量为224 502.71千克。铂金成交5 862千克,同比增长24.72%,成交金额13.54亿元,同比增长19.58%,日均成交量为279.14千克。白银成交86 210 086千克,同比增长27.74%,成交金额3 139.16亿元,同比增长28.84%,日均成交量为4 105 242.19千克。

2016年6月,上海黄金交易所各类合约的成交金额为15 945.62亿元,同比增长64.80%,会员自营和代理业务的交易金额分别为7 679.87亿元和8 265.75亿元。当月黄金成交量为4 807 806.6千克,同比增长47.3%,成交金额12 937.12亿元,同比增长64.8%,日均成交量为240 390.33千克。铂金成交3 542千克,同比减少44.2%,成交金额7.88亿元,同比减少46.67%,日均成交量为177.1千克。白银成交80 176 168千克,同比增长45.38%,成交金额2 999.51亿元,同比增长55.72%,日均成交量为4 008 808.4千克。

2016 年 7 月，上海黄金交易所各类合约的成交金额为 16 825.85 亿元，同比增长 97.93%，会员自营和代理业务的交易金额分别为 6 148.86 亿元和 10 676.99 亿元。当月黄金成交量为 3 753 593.04 千克，同比增长 46.5%，成交金额 12 937.12 亿元，同比增长 64.8%，日均成交量为 178 742.53 千克。铂金成交 2 640 千克，同比减少 48.19%，成交金额 7.88 亿元，同比减少 46.67%，日均成交量为 125.71 千克。白银成交 142 088 354 千克，同比增长 71.77%，成交金额 2 999.51 亿元，同比增长 55.72%，日均成交量为 6 766 112.09 千克。

2016 年 8 月，上海黄金交易所各类合约的成交金额为 16 301.87 亿元，同比增长 40.04%，会员自营和代理业务的交易金额分别为 7 416.11 亿元和 8 885.76 亿元。当月黄金成交量为 3 833 360.72 千克，同比增长 7.59%，成交金额 10 948.02 亿元，同比增长 33.69%，日均成交量为 166 667.86 千克。铂金成交 3 292 千克，同比减少 38.72%，成交金额 8.35 亿元，同比减少 27.59%，日均成交量为 143.13 千克。白银成交 124 844 588 千克，同比增长 21.44%，成交金额 5 344.81 亿元，同比增长 55.72%，日均成交量为 5 428 025.57 千克。

2016 年 9 月，上海黄金交易所各类合约的成交金额为 15 446.27 亿元，同比增长 64.63%，会员自营和代理业务的交易金额分别为 7 654.14 亿元和 7 792.13 亿元。当月黄金成交量为 3 819 892.46 千克，同比增长 21.97%，成交金额 10 864.8 亿元，同比增长 49.25%，日均成交量为 190 994.62 千克。铂金成交 4 038 千克，同比减少 46.43%，成交金额 9.65 亿元，同比减少 39.55%，日均成交量为 201.9 千克。白银成交 107 297 150 千克，同比增长 70.54%，成交金额 4 569.5 亿元，同比增长 119.40%，日均成交量为 5 364 857.5 千克。

2016 年 10 月，上海黄金交易所各类合约的成交金额为 138 191.84 亿元，同比增长 37.63%，会员自营和代理业务的交易金额分别为 5 214.42 亿元和 132 977.42 亿元。当月黄金成交量为 2 797 809.7 千克，同比增长 20.86%，成交金额 7 696.77 亿元，同比增长 39.36%，日均成交量为 174 863.11 千克。铂金成交 3 034 千克，同比增长 18.89%，成交金额 6.68 亿元，同比增长 21.03%，日均成交量为 189.63 千克。白银成交 62 654 266 千克，同比增长 46%，成交金额 2 497.16 亿元，同比增长 32.58%，日均成交量为 3 915 891.63 千克。

2016 年 11 月，上海黄金交易所各类合约的成交金额为 20 454.19 亿元，同比增长 159.67%，会员自营和代理业务的交易金额分别为 8 216.49 亿元和 12 237.7 亿元。当月黄金成交量为 5 085 112.74 千克，同比增长 96.6%，成交金额14 032.83亿元,同比增长147.71%,日均成交量为231 141.49千克。铂金成交4 462千克,同比减少38.88%,成交金额9.96亿元,同比减少30.52%,日均成交量为202.82千克。白银成交156 764 620千克,同比增长146.75%,成交金额6 411.4亿元,同比增长211.89%,日均成交量为7 125 665千克。

2016年12月,上海黄金交易所各类合约的成交金额为15 767.4亿元,同比增长59.94%,会员自营和代理业务的交易金额分别为6 470.76亿元和9 296.24亿元。当月黄金成交量为4 157 516.18千克,同比增长12.87%,成交金额10 919.55亿元,同比增长32.3%,日均成交量为188 978.01千克。铂金成交5 660千克,同比增长27.02%,成交金额12.48亿元,同比增长45.46%,日均成交量为257.27千克。白银成交120 804 044千克,同比增长142.92%,成交金额4 835.37亿元,同比增长204.06%,日均成交量为5 491 093千克。

三、不断推进黄金市场改革与开放

2016年1月1日起,上海黄金交易所下调国内黄金、白银等多个贵金属品种费率。此举直接降低了国内贵金属现货市场交易成本,惠及黄金、白银及上海黄金国际板投资者。

2016年1月11日,上海黄金交易所发布了《关于启动银行间黄金询价市场做市业务有关事项的通知》,据该通知,上海黄金交易所会同中国外汇交易中心决定启动银行间黄金询价市场做市业务。

2016年4月19日,"上海金"集中定价合约正式在上海黄金交易所挂牌。根据上海黄金交易所发布的公告,"上海金"首日交易早盘涨跌计算基准价为人民币257.97元/克。

2016年8月29日,《中国人民银行办公厅关于规范银行业金融机构账户黄金业务有关事项的通知》要求银行开办账户黄金业务不得开展杠杆交易,并建立账户黄金实物备付制度,以防范黄金市场交易风险。

2016年10月28日,上海黄金交易所与迪拜黄金与商品交易所签署《上海金基准价授权使用协议》,成为第一家被授权"离岸人民币计价的黄金期货合约以上海金基准价作为现金结算价"的境外交易所。

2016年12月28日,上海金交所下调单笔最大报价量,并在其发布的声明中明确表示,自2017年1月1日起,将部分黄金现货合约单笔最大报价量由1 000千克调整为500千克,并将黄金延期合约的单笔最大报价量(开仓)

由 1 000 千克调整为 200 千克。

第六节 2016 年保险市场

一、保险业务稳步增长

截至 2016 年 12 月末,上海市原保险保费收入累计 1 529.26 亿元,同比增长 35.91%(见表 1-5)。其中财产险公司原保险保费收入 410.78 亿元,同比增长 6.45%;寿险公司原保险保费收入 1 118.48 亿元,同比增长 51.30%。产、寿险公司原保险保费收入比例为 27:73。中、外资保险公司原保险保费收入比例为 86:14。各主要财产险公司和寿险公司原保费收入情况如表 1-6 和表 1-7 所示。

表 1-5 2016 年上海保险业原保费收入和原保险赔付支出情况

单位:万元

原保险保费收入	15 292 581.04
1. 财产险	3 711 507.47
2. 人身险	11 581 073.57
（1）人身意外伤害	530 890.86
（2）健康险	1 917 664.50
（3）寿险	9 132 518.22
原保险赔付支出	5 287 742.56
1. 财产险	2 225 528.45
2. 人身险	3 062 214.11
（1）人身意外伤害	104 078.42
（2）健康险	499 584.73
（3）寿险	2 458 550.96

注:1. "原保险保费收入"为按《企业会计准则(2006)》设置的统计指标,指保险企业确认的原保险合同保费收入。
2. "原保险赔付支出"为按《企业会计准则(2006)》设置的统计指标,指保险企业支付的原保险合同赔付款项。
3. 原保险保费收入、原保险赔付支出为本年累计数。
4. 上述数据来源于各公司报送的保险数据,未经审计。

表 1-6　2016 年 1—12 月人寿保险公司原保险保费收入情况

单位:万元

资本结构	公司名称	合计
中　资	国寿股份沪分	670 714.05
	太保寿沪分	165 795.53
	平安寿沪分	1 156 107.54
	新华沪分	347 258.52
	泰康沪分	300 134.20
	太平人寿沪分	141 761.13
	建信人寿沪分(虚拟)	305 337.17
	天安人寿沪分	281 034.18
	光大永明沪分	30 165.53
	民生人寿沪分	6 591.12
	富德生命人寿沪分	71 790.34
	国寿存续沪分	51 321.29
	平安养老沪分	256 899.41
	中融人寿沪分	13.22
	合众人寿沪分	69 379.38
	太平养老沪分	90 513.59
	人保健康沪分	21 676.07
	华夏人寿沪分	179 827.62
	君康人寿沪分	38 962.37
	信泰沪分	11 595.59
	农银沪分	33 231.29
	昆仑健康沪分	715.43
	和谐健康沪分	655 067.36
	人保寿险沪分	151 911.66
	国华人寿沪分(虚拟)	130 035.35
	国寿养老沪分	0.00

（续表）

资本结构	公司名称	合计
中 资	长江养老沪分	0.00
	英大人寿沪分	10 120.60
	泰康养老沪分	15 969.83
	幸福人寿沪分	18 882.61
	阳光人寿沪分	174 823.09
	中邮人寿沪分	9 087.94
	安邦人寿沪分	2 626 070.52
	利安人寿沪分	32 345.91
	前海人寿沪分	197 100.11
	东吴人寿沪分	62 903.71
	弘康人寿沪分	124.92
	安邦养老沪分	0.39
	太保安联健康沪分（虚拟）	3 345.18
	上海人寿沪分（虚拟）	1 085 955.35
小 计		**9 404 569.13**
外 资	中宏人寿沪分	174 665.42
	中德安联沪分	82 786.56
	工银安盛沪分	290 122.05
	信诚沪分	35 159.63
	交银康联沪分（虚拟）	258 016.61
	中意沪分	60 229.55
	友邦沪分	329 069.07
	北大方正人寿沪分	58 060.44
	中荷人寿沪分	5 048.52
	中英人寿沪分	4 604.94
	同方全球沪分	16 227.12
	招商信诺沪分	131 397.52

（续表）

资本结构	公 司 名 称	合 计
外　资	长生人寿沪分	99 545.00
	瑞泰人寿沪分	884.27
	华泰人寿沪分	18 519.43
	陆家嘴国泰人寿沪分	22 583.53
	中美联泰沪分	115 860.66
	平安健康沪分	29 601.39
	汇丰人寿沪分(虚拟)	40 421.57
	复星保德信沪分(虚拟)	7 458.53
小　计		**1 780 261.80**
合　计		**11 184 830.93**

注:1. 保费收入为本年累计数,来源于各寿险公司报送保监会月报数据。

　　2. 保费收入数据为各寿险公司内部管理报表数据,未经审计,各寿险公司不对该
数据的用途及由此带来的后果承担任何法律责任。

　　3. 由于计算的四舍五入问题,各寿险公司保费收入可能存在细微的误差。

数据来源:上海保监局。

表 1-7　2016 年 1—12 月财产保险公司原保险保费收入情况

单位:万元

资本结构	公 司 名 称	合 计
中　资	人保股份沪分	625 530.99
	人保股份上海航运中心	103 272.41
	大地财产上海航运中心	5 387.71
	大地财产沪分	182 941.37
	出口信用沪分	73 116.84
	中华联合沪分	67 855.20
	太保财沪分	679 697.47
	太保财上海航运中心	58 121.41
	平安财沪分	1 040 302.17
	平安财上海航运中心	17 103.03

（续表）

资本结构	公 司 名 称	合 计
	华泰沪分	74 251.52
	华泰财险上海航运中心中支	4 024.36
	天安沪分	37 268.37
	天安上海航运中心中支	838.02
	华安沪分	47 738.40
	永安沪分	34 628.81
	永安上海航运中心中支	1 053.21
	太平财险上海航运中心	1 826.61
	太平保险沪分	106 666.81
	亚太财险沪分	4 897.37
	中银保险沪分	19 707.72
	安信农业沪分	94 366.13
	永诚沪分	40 619.29
中　资	安邦沪分	14 069.73
	信达财险沪分	15 372.43
	阳光财产沪分	57 829.81
	阳光财上海航运中心中支	4 084.29
	都邦沪分	13 373.33
	渤海沪分	7 253.40
	国寿财产沪分	168 034.73
	国寿财险上海航运中心	2 373.62
	安诚沪分	35 056.36
	长安责任沪分	12 729.11
	鼎和财产沪分	13 648.76
	英大财产沪分	40 597.12
	浙商财产沪分	9 003.34
	紫金财产沪分	8 804.89
	众诚保险沪分	5 100.28

（续表）

资本结构	公司名称	合计
中 资	众安财产沪分（虚拟）	48 146.95
	中铁自保沪分（虚拟）	2 064.46
	阳光渝融沪分（虚拟）	57.53
	泰康在线沪分（虚拟）	1 244.14
	易安财产沪分（虚拟）	21.63
	安心财产沪分（虚拟）	804.87
小 计		**3 780 886.03**
外 资	史带财产沪分	13 554.94
	美亚航保中心	8 453.87
	美亚沪分	63 350.93
	东京海上沪分	20 693.42
	瑞再企商沪分	10 967.23
	安达保险沪分	28 086.71
	三井住友沪分	16 989.09
	三星沪分	24 986.50
	安联沪分	19 373.31
	日本财产沪分	12 315.80
	安盛天平沪分	67 669.08
	苏黎世沪分	9 172.72
	劳合社沪分（虚拟）	925.91
	中意财产沪分	12 187.32
	国泰财产沪分（虚拟）	14 915.32
	信利保险沪分（虚拟）	3 221.91
小 计		**326 864.08**
合 计		**4 107 750.11**

注：1. 原保险保费收入为本年累计数，数据来源于各产险公司报送保监会月报数据。

2. 原保险保费收入为各产险公司内部管理报表数据，未经审计，各产险公司不对该数据的用途及由此带来的后果承担任何法律责任。

3. 由于计算的四舍五入问题，各产险公司原保险保费收入可能存在细微的误差。

数据来源：上海保监局。

二、保险赔付支出增长总体平稳

2016 年,上海市保险业赔付支出累计 528.8 亿元,同比增长 11.7%(见表 1-5)。其中,财产险赔款支出 222.6 亿元,同比增长 16.3%;寿险给付 245.9 亿元,同比增长 7.2%;健康险赔款给付 50 亿元,同比增长 12.8%;意外险赔款支出 10.4 亿元,同比增长 19.8%。

三、保险业改革顺利推进

第一,结合自贸区和"金改 40 条"地方特色,明确建设上海国际保险中心服务保险强国的战略规划。第二,制度创新对接供给侧改革。推广复制保险机构高管备案改革举措,编制发布全球首个专业航运保险指数,在商车险改革中创新引入交通违规系数。第三,深度服务民生保障体系建设。推出工程质量潜在缺陷保险、医保账户购买商业健康保险试点和车险"快处易赔"线上快处 App,探索老年长期护理保险试点和城市型巨灾保险制度。第四,积极助推实体经济发展。推动保险资金与上海"双创"母基金合作,升级保险"科技贷"和"微贷通",创立专利保险联盟。

第七节　2016 年证券市场

一、2016 年市场回顾

(一) 交易概貌

2016 年上海证券交易所各类证券成交总额 283.9 万亿元。其中,沪市股票总市值 28.5 万亿元,同比减少 3.6%,成交金额 49.7 万亿元,日均成交 2 040 亿元,同比减少 62.4%。债券现货挂牌数 8 077 只,同比增加 3 588 只,托管量 6.2 万亿元,同比增长 80.3%,累计成交金额 224.7 万亿元,日均成交金额 9 210 亿元,同比增长 82.9%,公司债券融资总额 2.6 万亿元,同比增长 46.7%。股票期权累计挂牌交易合约数为 330 个,累计合约成交量 7 906.9 万张,日均成交量 32.4 万张,同比增长 204.9%,累计成交合约面值 1.8 万亿元,日均成交金额 72.3 亿元,同比增长 168.0%。基金挂牌总数 161 只,同比增加 26 只,总市值 3 608 亿元,同比减少 20.6%,累计成交金额 8.9 万亿元,日均成交金额 366 亿元,同比减少 13.92%。

2016 年,上证综指开盘 3 536.59 点,最高 3 538.69 点,最低 2 638.30 点,

年底收于 3 103.64 点,下跌 12.31%。上证 50 指数开盘 2 417.02 点,最高 2 455.43 点,最低 1 891.10 点,年底收于 2 286.90 点,下跌 5.53%。上证 180 指数开盘 7 986.39 点,最高 7 986.39 点,最低 6 051.99 点,年底收于 7 224.60 点,下跌 9.64%。2016 年,沪股通标的股票 574 只,成交金额 7 452 亿元,持有市值 1 711 亿元,当年使用额度 1 000 亿元,日均额度使用率 3.32%;港股通股票标的 316 只,成交金额 7 112 亿元,持有市值 3 291 亿元,当年使用额度 2 752 亿元,日均额度使用率 11.5%。

（二）证券发行与上市

2016 年,上市公司数达到 1 182 家,同比增加 101 家,沪市上市股票数达到 1 226 只,股票筹资总额 8 056 亿元,同比减少 7.5%。上市公司总股本 32 707 亿股,流通股 29 372 亿股。2016 年上海证券交易所的股票成交额、筹资总额、市价总值在全球主要交易所中分别排名第 4、3、4 位。

二、市场概况

表 1-8　2016 年上海证券市场概况

	2016 年	2015 年	2014 年
上市证券（年末）			
上市公司数	1 182	1 081	995
上市证券数	9 647	5 914	3 758
上市股票数	1 226	1 125	1 039
新上市公司数	103	90	43
发行股本（亿股）	32 707.76	30 235.54	27 085.17
流通股数（亿股）	29 372.25	27 418.41	24 914.59
市价总值（亿元）	284 607.63	295 194.20	243 974.02
流通市值（亿元）	240 006.24	254 127.84	220 495.87
筹资总额			
股票	7 039.22	8 712.96	3 962.59
优先股	1 378.00	1 959	1 030.00

（续表）

	2016 年	2015 年	2014 年
交易概况			
交易天数	244	244	245
全年成交金额(亿元)	2 838 724.47	2 663 690.84	1 281 497.98
股票	501 700.42	1 330 992.10	377 162.12
基金	89 359.77	103 814.16	37 479.25
债券	2 247 175.21	1 228 533.71	866 848.59
优先股	45.19	48.24	4.27
期权	431.89	236.66	0
其他	12.00	65.97	3.75
日均成交金额(亿元)	11 634.12	10 916.77	5 230.60
日均股票成交金额(亿元)	2 056.15	5 454.89	1 539.44
全年股票成交数量(亿股)	45 718.62	102 485.63	42 938.82
日均股票成交数量(亿股)	187.37	420.02	175.26
全年股票成交笔数(万笔)	238 318.84	513 407.95	159 087.95
日均股票成交股数(万笔)	976.72	2 104.13	649.34
股价指数			
上证 180 指数年度最高	7 986.39	11 815.51	8 067.97
上证 180 指数年度最低	6 051.99	6 360.08	4 526.83
上证 180 指数年末收盘	7 224.60	7 995.77	8 044.51
上证综合指数年度最高	3 538.69	5 178.19	3 239.36
上证综合指数年度最低	2 638.30	2 850.71	1 974.38
上证综合指数年末收盘	3 103.64	3 539.18	3 234.68
市场比率			
平均市盈率(倍)	15.94	17.63	15.99
换手率 1(市值)%	143.18	354.63	159.94
换手率 2(流通市值)%	158.43	388.47	173.76

资料来源:上海证券交易所。

三、股票市场

表 1-9 2016 年各月成交股数、成交金额和市盈率

月份	成交股数(万股)	成交金额(万元)	市盈率
1	40 513 181.62	436 327 550.65	13.75
2	30 535 143.61	309 446 070.69	13.52
3	51 584 829.59	540 700 146.37	15.11
4	38 452 771.64	425 224 392.16	14.77
5	29 208 225.24	319 932 550.18	14.35
6	32 787 743.80	382 346 306.08	14.46
7	41 387 779.44	476 857 841.33	14.80
8	40 724 221.57	450 782 885.20	15.45
9	28 930 418.75	319 942 017.26	15.12
10	28 827 736.20	312 355 434.82	15.76
11	53 189 437.20	593 869 035.86	16.58
12	41 044 747.15	449 219 965.11	15.94

资料来源:上海证券交易所。

表 1-10 2016 年成交股数最多的前 10 种股票

序号	股票代码	股票简称	成交股数(万股)	占总成交股数的比例(%)
1	601668	中国建筑	5 709 181.92	1.25
2	601899	紫金矿业	3 892 918.80	0.85
3	600050	中国联通	3 618 275.40	0.79
4	601989	中国重工	3 381 702.67	0.74
5	601988	中国银行	3 346 395.43	0.73
6	601288	农业银行	3 099 233.31	0.68
7	601099	太 平 洋	2 997 278.15	0.66
8	600868	梅雁吉祥	2 880 971.96	0.63
9	600030	中信证券	2 852 293.70	0.62
10	600028	中国石化	2 529 627.93	0.55

资料来源:上海证券交易所。

四、上市公司

表 1-11   2016 年末 10 家市价总值最大的上市公司

序号	股票简称	股票代码	市价总值 （万元）	占全体上市公司市价 总值比重（%）
1	中国石油	601857	128 728 051.87	4.52
2	工商银行	601398	118 898 985.73	4.18
3	农业银行	601288	91 157 141.11	3.20
4	中国银行	601988	72 503 337.11	2.55
5	中国石化	600028	51 696 754.14	1.8
6	中国人寿	601628	50 163 883.77	1.76
7	贵州茅台	600519	41 975 849.49	1.47
8	中国平安	601318	38 380 130.32	1.35
9	招商银行	600036	36 306 942.20	1.28
10	浦发银行	600000	35 043 231.75	1.23

资料来源：上海证券交易所。

五、债券市场

2016 年，上交所市场债券发行量达 2.73 万亿元，同比增长 46%。其中，公司债券融资 2.41 万亿元，包括面向普通投资者公开发行的大公募公司债券、面向合格投资者公开发行的小公募公司债券、面向合格投资者非公开发行的私募公司债券、可转换公司债券；资产支持证券融资 2 973 亿元；地方政府债券融资 300 亿元。截至 2016 年末，上交所债券挂牌 8 077 只，同比增加 3 588 只，增长 80%。债券托管量 6.2 万亿元，同比增加 27 622 亿元，增长 80%。其中，国债 183 只，托管量 6 274 亿元；地方政府债券 1 437 只，托管量 2 265 亿元；政策性金融债券 2 只，托管量 95 亿元；企业债券 2 168 只，托管量 8 705 亿元；公司债券 2 922 只，托管量 41 309 亿元；资产支持证券 1 356 只，托管量 3 110 亿元；可转换公司债 9 只，托管量 265 亿元。2016 年二级市场债券交易量达 224.7 万亿元，同比增长 83%，其中现券成交 4.4 万亿元，回购成交为 220.3 万亿元。

表 1-12 债券成交概貌

2016 年	期末挂牌数	本年新上市	成交金额（亿元）	同比增减（亿元）
债　券	8 112	3 592	2 247 130.07	1 018 586.44
国　债	183	—3	5 780.49	1 662.97
企业债	2 168	392	7 275.03	—2 948.25
债券回购	35	4	2 203 351.65	1 005 501.91

资料来源：上海证券交易所。

六、基金

截至 2016 年末，上交所基金市场基金挂牌总数为 167 只，基金总市值规模为 3 888 亿元，市场参与人数为 51 万，年内市场累计交易量为 89 359 亿元。其中，ETF 产品仍居于主导地位，挂牌数量为 99 只，市值规模为 3 374 亿元，全年交易金额达 88 536 亿元。

上交所基金市场的财富管理功能已经初步显现。代表性的基金产品主要有：传统的股票型 ETF，如上证 50ETF、沪深 300ETF 和中证 500ETF；适合大类资产配置的黄金 ETF、南方原油 LOF 和美元债 LOF；各具特色的创新封闭式债券基金博时安康、海外中概互联网 ETF 和财通定增封闭 LOF 等。这些产品正在越来越好地满足不同的投资者多元化的投资需求。

七、期权市场

2016 年，上证 50ETF 期权总成交 7 906.93 万张，日均成交 32.41 万张，单日最大成交 106.65 万张；年末持仓 131.53 万张，日均持仓 94.86 万张，单日最大持仓 172.24 万张；累计成交面值 17 651.29 亿元，日均成交面值 72.34 亿元；累计权利金成交金额 431.89 亿元，日均权利金成交金额 1.77 亿元。市场呈现以下特征：

一是运行平稳。交易组织安全高效，市场运行平稳有序，没有发生操作风险和过度投机等市场风险。当年新挂 330 个合约，首次实施了因标的分红除息引起的合约调整。上市以来，累计挂牌合约 840 个，摘牌 734 个，当日挂牌合约最高达到 224 个（2015 年 8 月 26 日）。2016 年，包括合约挂牌、标的分红合约调整、合约停复牌等在内的全业务链运行操作均已顺利完成。

二是定价合理。2016 年以来，期现价格（收益率）相关性高达 96.91%，期现联动较好，全市场垂直价差套利收益仅为 0.25%，水平价差套利收益仅为

0.14％,平价关系套利收益平均为 1.83％,几乎不存在垂直价差及水平价差套利机会,市场套利空间较小。

三是参与理性。首先,投资者结构较为均衡,机构投资者成交金额占比为 56.71％,其中做市商占 36.93％;个人投资者成交金额占 43.29％。机构投资者持仓约占 47.88％,其中做市商占 16.85％;个人投资者持仓约占 52.12％。其次,各类交易行为分布较为合理,保险、套利、方向性交易和增强收益四类交易行为分别占 14.61％、26.37％、20.46％和 38.56％,与 2015 年相比,方向性交易占比显著下降,增强收益交易占比略有提升,保险、套利交易占比保持稳定。第三,衡量市场投机程度的关键指标均处于合理偏低水平,成交持仓比平均为 33.82％,期现成交比平均为 26.63％,上交所编制的期权投机指数均值为 40.69(小于 60 表示投机程度很低)。

四是规模渐增。随着投资者对期权产品的日渐熟悉,投资者参与人数稳步增加,市场规模逐渐扩大。2016 年,期权日均成交张数 32.41 万张,日均持仓合约数 94.86 万张,日均成交面值 72.34 亿元,日均权利金成交金额 1.77 亿元,月均增长率分别为 9.74％、10.98％、8.56％和 4.20％。投资者开户数稳步增长至 202 013 户,同比增长 147.70％。其中,个人投资者 198 495 户,机构投资者 3 518 户。期权经营机构全年月均开户数为 10 021 户。市场规模稳步增长的同时,市场流动性显著提升,平均相对买卖价差约 1.57％,平均价格冲击成本约 1.87％,同比分别减少 45.30％和 50.53％。

五是功能初显。随着期权市场规模稳步扩大,期权经济功能开始逐步发挥。首先,对标的证券市场影响积极正面,有利于改善流动性和定价效率,提升标的证券规模。2016 年,上证 50ETF 日均交易份数和交易金额分别为 2.49 亿份、5.45 亿元,基金规模达到 293.08 亿元,规模排名维持市场第 1。其次,为股票持有者提供了独有的市场化风险转移(保险)工具,不同风险偏好的投资者可运用期权构建灵活的交易策略来满足不同投资需求。2016 年,市场保险交易行为占比为 14.61％,年末市场受保市值(基于保险目的的交易合约面值)为 85.99 亿元,较年初增长 153％,单日受保市值最高达到 106.55 亿元,日均受保市值达 58.17 亿元,同比增长 243％。最后,拓展了证券、期货公司经纪、资产管理和自营业务范围。资产管理公司通过期权组合、期权与股票、期货等资产的不同搭配,可设计出满足不同投资者风险偏好和收益需求的结构性产品,2016 年期权相关产品专户已达 2 500 户,同比增长 363％。

第二章　2016 年上海金融机构发展分析

　　2016 年,上海市主动适应经济发展新常态,着力推进供给侧结构性改革,推动落实"三去一降一补"重点任务,创新转型积极效应进一步显现,经济运行总体平稳、稳中有进。证券期货业平稳发展,保险业继续发挥保障民生功能,金融市场交易活跃度有所分化,上海国际金融中心建设和自贸区金融改革取得新进展。2016 年,上海新增各类金融机构 43 家,其中包括 4 家货币金融服务单位,32 家资本市场服务单位,4 家保险业单位。2016 年上海新增金融机构扩大了金融中心的影响力和开放度,提升了金融中心的创新水平和城市活力,提高了金融中心的包容性和普惠性。

Chapter 2　Analysis of Shanghai Financial Institutions' Development in 2016

　　In 2016, Shanghai took the initiative to accommodate the new norm of economic development, vigorously advocated on structural reform on supply side, and implemented major tasks of "capacity reduction, de-stocking, deleveraging, cost reduction and improving underdeveloped areas". Positive effects of innovation and transformation becoming more prominent, Shanghai's economy realized a Moderate but Stable and Sound Growth. The securities and futures sectors are under stable progress and insurance sectors continue with its function of guaranteeing the peoples livelihood. Transactions in the financial markets vary in activeness and progresses have been achieved in the construction of SIFC and reform of Free Trade Zone. In 2016, 43 new financial institutions of various kinds emerged in Shanghai, including 4 monetary financial service providers, 32 asset market service providers and 4 insurers. Shanghai expanded the impact and openness of the financial center through development of financial institutions in 2016, raised the innovation and city vigor of the financial center to a new level, and strengthened the inclusiveness of the financial center.

第一节   2016年上海金融机构发展概况

2016年,上海市产业结构加快调整升级,服务业支撑作用进一步增强,投资和消费平稳增长,对外经济合作优化发展,企业效益有所好转,就业、居民收入和物价总体平稳。自贸试验区金融改革继续推进,支持上海科创中心建设。2016年,上海银行业金融机构各项存款同比少增,信贷增速有所提高。证券期货业金融机构发展平稳,保险业金融机构继续发挥保障民生功能。金融机构交易活跃度有所分化,上海国际金融中心建设和自贸区金融改革取得新进展。2016年末,上海市中外资金融机构本外币存、贷款余额分别为11.1万亿元和6.0万亿元,同比分别增长6.5%和12.4%。

一、各类金融机构继续集聚

2016年,上海各类金融机构持续集聚。金砖国家新开发银行、上海保险交易所、上海人寿、华瑞银行在上海开业,证通股份有限公司成立,中国互联网金融行业协会、上海市支付清算协会成立,各类总部型、功能性机构加快成立。2016年6月,国家开发银行上海业务总部在沪正式成立,全球中央对手方协会法人实体落户上海。至2016年末,上海市全年新增各类金融机构43家。其中,货币金融服务单位4家,资本市场服务单位32家,保险业单位4家。至年末,全市各类金融单位达1 473家。其中,货币金融服务单位622家,资本市场服务单位382家,保险业单位386家。至年末,在沪经营性外资金融单位数达到242家,比上年增加12家。

2016年末,上海市中外资金融机构本外币资产总额14.4万亿元,同比增长11.3%;各项存款余额11.1万亿元,同比增长6.5%;各项贷款余额6.0万亿元,同比增长12.4%。实现净利润1 506.2亿元,同比增长9.0%。2016年末,全市金融机构不良贷款余额404.1亿元,比年初减少76亿元;不良贷款率为

0.68%，比年初下降 0.23 个百分点。

2016 年，上海总行级专营机构集聚发展态势良好。截至 2016 年末，商业银行总行在沪设立异地在沪持牌专营机构，包括票据、资金营运、信用卡、私人银行、贵金属、中小企业信贷等六大类总计 21 家，同比减少 3 家。其中 6 家信用卡中心客户数、消费交易量和收入分别占全国信用卡市场的 47.6%、44.2% 和 44.5%；3 家私人银行部私人银行理财产品余额全国占比超过 50%；全球首个以人民币计价的黄金基准价格"上海金"推出后，4 家资金类专营机构成为其首批核心定价成员。截至 2016 年末，6 家信用卡中心平均不良率 1.53%，低于全国平均水平 0.47 个百分点。资金类专营机构继续保持成立以来"零不良、零案发"的良好态势。至 2016 年末，各专营机构账面利润同比增长 43.02%，高于全国和上海银行业的整体利润增长水平，在沪纳税额同比增长 23.58%。

2016 年末，上海辖内设立外资法人银行（含 1 家财务公司）21 家，占全国外资法人银行数量过半；外资法人银行资产、贷款、存款规模分别占在华外资法人银行总量的 84.5%、84.2% 和 83.8%，占在华外资银行总量的 69.3%、72.6% 和 78.8%。至 2016 年末，外资银行在沪资产总额为 1.38 万亿元，不良贷款率为 0.89%，低于全国银行业平均水平。拨备覆盖率达 256.13%，处于历史高位。整体流动性充足，流动性比例达 62.13%，流动性覆盖率和净稳定资金比率分别为 180.87% 和 138.50%，远高于国际上两个 100% 的标准；资本水平充足，资本充足率为 17.96%，杠杆率 8.86%，均大大优于监管要求。

2016 年末，上海共有 55 家法人保险机构，同比新增 0 家。其中，保险集团公司 1 家，财产险公司 19 家，人身险公司 25 家，再保险公司 3 家，保险资产管理公司 7 家。上海市共有 99 家省级保险分支机构，比上年增加 1 家，为东海航运保险股份有限公司上海分公司。其中，财产险公司 49 家，人身险公司 48 家，再保险公司 2 家。

2016 年末，上海市共有保险专业中介机构法人 216 家，同比增加 1 家。其中保险代理机构法人 106 家，与上年持平；保险经纪机构法人 69 家，同比增加 3 家；保险公估机构法人 41 家，同比减少 2 家。保险专业中介分支机构共 151 家，同比增加 3 家；其中保险代理机构 65 家，同比减少 7 家；保险经纪机构 65 家，同比增加 12 家；保险公估机构 21 家，同比减少 2 家。

2016 年，上海证券业机构平稳发展，资产规模及经营业绩保持增长。2016 年末，上海共有总部设在辖内的证券公司 20 家，与上年持平；基金管理公司44家,与上年持平;期货公司28家,与上年持平。期货公司客户权益达1 329.3亿元,占全国的30.6%;代理交易额145.9万亿元,占全国的37.4%,市场份额同比增长4.4%。

2016年末,上海资本市场各类机构共2 391家。其中,上市公司240家,占全国的8%;新三板挂牌公司890家,占全国的9%;证券期货法人经营机构239家,约占全国的32%;证券期货各类分支机构1 010家;从事证券业务的会计、资产评估事务所等其他证券类持牌机构12家。

2016年末,上海辖内基金公司管理资产总规模合计45 409.4亿元,同比增长13.0%,其中有4家基金公司规模突破2 000亿元。46家基金公司管理公募基金产品1 405只,同比增长34.7%;总净值27 929.1亿元,同比增长7.0%。45家基金公司开展专户业务,4家开展社保基金管理业务,3家开展企业年金管理业务。上海辖区基金公司共设立专业子公司37家,海外子公司8家。

2016年末,上海辖内已开业的非银行金融机构共有6大类47家,其中:法人机构45家,分支机构2家。按机构类型分,具体包括本地法人信托公司7家;集团财务公司18家,同比增加1家;财务公司分公司2家;金融租赁公司7家,同比增加1家;金融租赁公司专业子公司3家;汽车金融公司7家;货币经纪公司2家;消费金融公司1家。

二、金融机构积极支持上海科创企业发展

2016年,上海市金融机构积极支持上海科创企业发展。截至2016年末,上海市辖内金融机构为4 303家科技型企业提供贷款余额合计1 500.36亿元。其中,为3 943家科技型中小企业提供贷款余额合计835.01亿元。科技型中小企业中,2 264家科创企业获得贷款余额合计418.85亿元。此外,政策性银行对"科研基础设施建设"的金融支持为40.76亿元;金融租赁公司对"科研基础设施建设"相关的融资租赁余额为189.65亿元。

在上海银监局的引导下,上海银行业金融机构通过机制体制创新加大对科技创新支持力度。在"六专机制"和新"三查"标准,以及科技信贷专业化标准的基础上,各项建设已取得一定成效。其中,"六专机制"是指专营的组织架构体系、专业的经营管理团队、专用的风险管理制度和技术手段、专门的管理信息系统、专项激励考核机制和专属客户的信贷标准。新"三查"标准则鼓励商业银行执行具有"创投基因"的信贷标准与流程。

2016 年末,上海市辖内金融机构已设立 6 家科技支行,77 家科技特色支行,设立了 11 个专属的科技金融部门,科技金融从业人员 1 788 人;辖内机构根据科技型企业,特别是其中初创期科技企业的信贷特点和风险特征,不断优化作业模式、风险补偿方式和风险分担机制;上海市金融机构普遍在内部资金成本核算、不良容忍度、尽职免责等方面建立差异化政策,重点机构已开发专用的评级模型和内部评级指标体系。据有关抽样调查显示,科技信贷品种主要为一般贷款和贸易融资,金额分别占 59.33% 和 35.68%。科技信贷投向位居前十的行业,贷款金额合计占比 33.12%。其中,电子元件及组件制造行业的金额占比最大(5.25%),其次分别为通信终端设备制造、通信系统设备制造、汽车零部件及配件制造、计算机整机制造、集成电路制造等行业。在被调查的样本企业中,中小型企业占 94%,其中小型企业客户占 64.71%。信贷客户的分布状况说明,科技信贷服务重心已经偏向小型企业。按笔数计算,贷款期限小于 1 年的业务量占 70.49%,1 年期以上的中长期贷款占比合计约为 29.51%。辖内银行正在逐步加大对科技型企业中长期融资的支持力度,以更符合科技型企业的成长特性,信贷资金周期与产品研发、生产周期保持基本一致,有助于科技型企业保持资金及经营的稳定性。

三、金融机构创新互联网金融、小微业务发展迅猛

2016 年,上海市金融机构积极创新互联网金融、小微业务,支持实体经济发展,扶持民生领域。2016 年,浦东发展银行“spdb＋”互联网金融平台在零售银行的创新实践项目,获“2015 年度上海金融创新奖”一等奖。该平台致力于服务国家创新转型、社会协调发展、企业模式创新,营造绿色、开放、共享的发展环境,提供全面的痛点解决方案,同时促进自身经营服务模式的全面提升。浦发银行围绕零售客户的核心需求,运用移动互联、大数据等新一代互联网技术,基本完成所有零售银行业务的互联网化,打造了融合开户、支付、融资、理财、社交等在内的产品体系,使金融服务变得更快捷、简单、有趣,率先实现了“spdb＋”的入驻。

2016 年 6 月 2 日上午,“上海中小微企业政策性融资担保基金”成立,其资金主要来源于市区两级财政和部分商业银行。基金首期筹集资金 50 亿元,主要为处于成长期的科技型、创新型、创业型、吸纳就业型、节能环保型和战略性新兴产业、现代服务业、“四新”和“三农”等领域的中小微企业提供融资性担

保、再担保等服务。当日,该基金管理中心与交通银行上海市分行、浦发银行上海分行等 6 家商业银行、4 家同业担保机构签订战略合作协议,并与 3 家企业签订贷款担保意向协议。针对上海中小微企业特点,该基金推出多个新举措,如:省去原担保平台的区县审核环节,创新推出"批量担保"特色业务,对单户授信额度在 300 万元以下、单笔不超过 200 万元的企业,由合作银行推荐,经基金管理中心作形式审核后,即可办理担保手续。此外,对于"重点支持"类中小微企业,其单户最高贷款额度从原担保平台的 1 000 万元提高至 2 000 万元。

2016 年,招商银行上海分行加强小微企业融资产品开发及信贷支持力度。主要措施包括:打造更贴近客户需求的小微贷款产品线,重点扶持社会信用高的小微企业,通过金额、期限、利率、还款方式的灵活组合进行产品定制;打造标准化的小微企业贷款信贷全流程作业,500 万元以下零售贷款基本实现两天审批、三天放款;实行小微贷款快速审结绿色通道,实现优先保证小微贷款审批速度的承诺;推进小微服务渠道创新,推出小微企业"空中贷款"服务,线上线下空地对接,小微企业客户需要贷款时只需拨打服务专线,该行在 1 个工作日内安排客户经理提供上门服务。

2016 年,上海地区村镇银行"支农支小"成绩斐然,农户与小微企业贷款占全部贷款八成以上。截至 2016 年末,上海地区村镇银行涉农贷款余额合计 79.53 亿元,较年初增加 11.82 亿元,占全部贷款余额 67.22%,其中,崇明沪农商、浦东建信、浦东江南村镇银行涉农贷款余额占比最高,均达 90% 以上。村镇银行小微企业贷款余额合计 94.64 亿元,较年初增加 11.77 亿元,占全部贷款余额的 80%。村镇银行农户和小微企业贷款余额占全部贷款余额 85.16%,信贷投放总体符合"支农支小"的定位。

据上海银监局统计,2016 年末,上海市共有 13 家村镇银行,设立支行 15 家,员工人数合计 600 人。截至 2016 年末,上海市村镇银行各项贷款余额合计 118.32 亿元,较年初增加 24.89 亿元,增长 26.64%;各项存款余额合计 200.76 亿元,较年初增加 51.32 亿元,增长 34.34%。村镇银行实现不良"双降",不良贷款余额合计 1.36 亿元,比年初减少 0.45 亿元;不良贷款率 1.15%,比年初下降 0.78 个百分点。

四、金融机构整合创新金融工具支持上海实体经济

面对 2016 年错综复杂的国内外形势,上海金融机构会同上海市政府各部门采取一系列综合举措,有力地支持了上海经济的转型发展。

一是进一步发挥再贷款的精准支持效应。2016年,人民银行上海总部累计发放支小再贷款9亿元,撬动商业银行发放小微企业贷款764.3亿元;累计发放支农再贷款1.2亿元,撬动发放涉农贷款达26.2亿元。华瑞银行顺利成为全国首批获得再贷款承贷行资格的民营银行,并率先实际利用再贷款资金发放商业贷款。

二是存款准备金工具的创新运用。3月1日,人民银行上海总部对上海金融机构实施普遍降准,下调人民币存款准备金率0.5个百分点。6月9日,又结合调结构需要,定向下调不同类型金融机构人民币存款准备金率0.5到1个百分点,共惠及17家"三农"和小微贷款领域的法人机构。通过先后两次降准,上海金融机构保持合理充裕的流动性,为深化改革营造了条件

三是改进和完善再贴现业务管理,支持票据市场发展。2016年,人民银行上海总部累计对26家金融机构发放再贴现304亿元,间接惠及小微企业2 000余家。2016年12月8日,由29家机构发起筹建的上海票据交易所正式开业,成为全国统一的票据交易平台,有利于提高交易透明度,更好防范票据风险,增强金融服务实体经济能力。

四是引导融资成本稳健下行。2016年末,上海市中外资金融机构人民币贷款加权平均利率为5.05%,同比下降0.17个百分点。2016年的人民币贷款基础利率(LPR)维持在4.3%水平,比2015年的均值显著下降0.6个百分点。监测显示,各行业融资利息与融资费用均有所下降,融资成本呈现普降态势。

五是切实加强信贷投向调控。在人民银行上海总部引导下,上海不同类型金融机构结合自身特点,把控信贷投向,用好有限的信贷增量,优化存量结构,切实保证了对战略性新兴产业、智能制造、文化创意、现代服务、"四新"经济等供给侧结构性改革重点领域和"三农"、"小微"、创业促就业、保障房建设等民生领域薄弱环节的信贷支持,支持科创中心建设和经济转型发展。2016年末,上海微型企业贷款余额同比增长15.2%,同比提高7.4个百分点,也高出同期境内企业贷款增幅12个百分点。

六是推动优化金融生态环境。推动小贷公司、担保公司以及证券保险等公司加入征信系统,开展担保机构、小额贷款公司信用评级,规范银贷、银担合作。人民银行上海总部稳步开展征信机构备案和认可,认真清理核查已备案企业征信机构,完成34家企业征信机构备案,向人民银行总行提交11家个人征信机构材料。同时,高效处理金融投诉,稳步推进上海市金融消费纠纷调解中心建设,组织开展"金融支持普及月"活动和"金融消费者权益日活动"。此外,还持

续推动核心企业加入应收账款融资服务平台,促进平台融资规模快速增长。

五、上海自由贸易试验区引领作用在金融支持下持续显现

中国(上海)自贸试验区成立三年、扩区一年以来,紧紧围绕服务全国、面向世界的战略要求和上海国际金融中心建设的战略任务,积极当好金融改革创新的"破冰船",金融支持自贸区建设取得突破性成绩。2016 年,上海自贸区经济运行活力增强,产业结构继续优化,进出口形势总体优于全国和全市水平,境外投资持续活跃。

一是区域经济运行积极向好。2016 年,自贸区工业总产值 646.4 亿元,同比增长 16.7%,增速比上半年提高 11.1 个百分点,超过全市平均水平 16.0 个百分点,其中电子信息产业和高技术产业产值分别增长 23.0% 和 23.6%。区内经营总收入 1.7 万亿元,同比增长 4.7%;商品销售额 1.5 万亿元,同比增长 4.5%,占全市商品销售总额的 14.9%。经济效益进一步改善。2016 年,自贸区税收收入 665.2 亿元,同比增长 12.6%,其中增值税收入同比增长 24.5%;工业企业利润总额同比增长 23.3%,增速明显高于全市平均水平。企业经营结构优化。2016 年,自贸区重点企业中盈利企业占 80.5%,高技术产业产值所占比重为 58.6%,总部企业经营收入所占比重为 47.4%。

二是产业结构继续优化。2016 年以来,国家先后批准张江综合性国家科学中心建设方案、上海系统推进全面创新改革试验方案,科创中心建设取得一批突破性成果,产业结构进一步优化,服务业稳步发展。2016 年,自贸区租赁服务收入 120 亿元,同比增长 80%;技术服务收入 173 亿元,同比增长 10%。

三是进出口形势好于全国和全市水平。上海海关积极推进自贸区贸易便利化改革,对接国际海关先进监管理念和先进监管模式的海关监管制度已基本形成,监管能力和水平逐步提高,通关无纸化率大幅提高,通关时间明显缩短。2016 年,自贸区外贸进出口 7 836.8 亿元,同比增长 5.9%,增速快于全国和全市平均水平;占全市进出口总额的 27.3%。其中,出口额同比增长 14.5%,进口额同比增长 2.7%。在区内经济运行向好的同时,企业走出去、参与全球资源配置的意愿也不断增强,境外投资持续活跃,跨境并购成为境外投资的主要方式。2016 年,自贸区境外投资项目 492 个,其中中方投资额 195.9 亿美元,占全市境外投资中方投资额的 53.5%。上海自贸区作为企业"走出去"参与跨境并购的桥头堡作用进一步凸显。

　　跨境并购的快速发展,离不开良好的金融机构和金融环境支持。一是上海自贸试验区取消境外融资的前置审批,在自由贸易账户分账核算管理框架下,企业和各类金融机构可以自主从境外融入低成本资金,融资规模从资本的一倍扩大到二倍,融资币种从本币扩展到外币。这大大降低"走出去"企业的融资成本。二是上海地区银行可以直接发放外币贷款至境外,省去内保外贷、内存外贷业务的复杂手续,以及开立保函所涉及的手续费,企业融资成本降低,使得境内企业以更低成本开展境外投资业务。三是新修订的《商业银行并购贷款风险管理指引》将并购贷款期限从 5 年延长至 7 年,将并购贷款占并购交易价款的比例从 50% 提高到 60%,并取消并购贷款担保的强制性要求,同时不再要求并购贷款的担保条件必须高于其他种类贷款的要求,允许银行根据并购项目风险状况、并购方企业的信用状况,合理确定担保条件。

　　区内金融机构也为企业跨境并购提供了融资便利。目前,贷款仍是跨境并购的主要融资渠道之一,上海自贸区作为跨境并购的集聚地,境外贷款需求旺盛。同时,分账核算单元为非居民融资需求提供便利,资金可得性大为提高,也推动了上海自贸区境外贷款的高速增长。2016 年末,上海自贸区分账核算单元境外贷款余额同比增长 5.7 倍,比年初增加 1 754 亿元,占全市新增额的 85.3%。其中,境外外汇贷款余额同比增长 7.5 倍,比年初增加 138.1 亿美元,占全市增加额的 82.2%。

　　2016 年,中国(上海)自由贸易试验区制度创新持续推动,开展了市场准入负面清单制度试点,深化外商投资、境外投资管理和商事制度等改革。至 2016 年末,自贸试验区"集中登记地"增至 61 处,已注册企业 21 400 户。推行"企业简易注销登记",惠及经营者 1 289 户;推出网上预约、预登记服务,试行手机App"掌上预约"。截至 2016 年末,受理网上预约登记 29 448 件,企业平均等候时间缩短 2/3。至年末,区内共有企业 79 669 户,其中内资企业 62 365 户,涉及注册资本 41 403.62 亿元;外资企业 17 304 户,涉及注册资本 2 436.86 亿美元。

　　2016 年,上海自贸区推出金融综合监管试点等一批实施细则和创新案例,实施自由贸易账户功能拓展等一批改革举措,金融制度创新框架基本形成。上海保险交易所、上海票据交易所、中国信托登记有限责任公司正式开业,自贸试验区"国际版"大宗商品交易平台已有 7 家通过验收。至 2016 年末,上海自贸试验区开设 FT 账户超过 6.34 万个,账户收支总额 5.74 万亿元。人民币跨境交易规模持续扩大,全年保税区跨境人民币境外借款 40.70 亿元,跨境人民币结算总额已达 11 518 亿元,跨境双向人民币资金池业务收支总额累计 3 520.13 亿元。

2016 年,上海自贸区继续深化"三互",即"信息互换、监管互认、执法互助"的大通关建设改革,建立符合高标准贸易便利化规则的贸易监管制度。探索在通关一体化改革试点中引入"三自一重",即自主报税、自助通关、自动审放、重点稽查理念。2016 年共受理"三自一重"报关单 5 155 单、货值 69.83 亿元、征收税款 12.04 亿元,同比分别增长 7.5 倍、3.0 倍和 3.1 倍。全年区内外贸进出口总额 7 836.80 亿元,增长 5.9%,其中出口额 2 315.85 亿元,增长14.5%(见表 2-1)。

表 2-1   2016 年中国(上海)自由贸易试验区主要经济指标及其增长速度

指　　标	单　位	绝对值	比上年增长(%)
地方一般公共预算收入	亿元	559.38	23.7
外商直接投资实际到位金额	亿美元	61.79	28.2
全社会固定资产投资总额	亿元	607.93	9.4
工业总产值	亿元	4 312.84	14.2
社会消费品零售额	亿元	1 396.76	6.9
商品销售总额	亿元	33 609.23	6.9
服务业营业收入	亿元	4 167.59	7.0
外贸进出口总额	亿元	7 836.8	5.9
♯出口额	亿元	2 315.85	14.5
期末监管类金融机构数	个	815	7.5
新兴金融机构数	个	4 651	11.9

2016 年末,上海自贸区基本形成以资本项目可兑换和金融服务业开放为主要内容的金融创新制度框架、更加开放的金融市场体系和金融机构体系,以及支持金融创新、有效防范风险的金融监管协调机制,还探索形成一大批可复制、可推广的金融创新成果。

第二节　2016 年上海金融机构的主要功能及特征

一、银行业金融机构平稳发展

2016 年,上海银行业金融机构平稳发展。2016 年末,上海共有中资银行法人4家,村镇银行法人13家,外资银行法人20家。上海银行业金融机构营业网点达3 994家,同比减少28家;从业人数达11.6万人,同比增加0.06万人。

（一）银行业资产总额、资产质量和盈利状况

2016年,上海银行业各项业务继续平稳增长,资产规模稳步扩大。2016年末,上海银行业金融机构资产总额达14.4万亿元,同比增加1万亿元,增长11.3%;各项存款余额11.1万亿元,同比增长6.5%;各项贷款余额6.0万亿元,同比增长12.4%;实现净利润1 506.2亿元,同比增长9.0%;不良贷款余额为404.1亿元,比年初减少76亿元,不良贷款率为0.68%,比年初下降0.23个百分点,远低于同期全国1.81%的水平。

表2-2 2016年上海市银行业金融机构情况

机构类别	营业网点			法人机构（个）
	机构个数（个）	从业人数（人）	资产总额（亿元）	
大型商业银行	1 702	48 688	50 522	1
国家开发银行和政策性银行	14	555	4 192	0
股份制商业银行	731	23 088	34 742	1
城市商业银行	383	13 639	20 484	1
小型农村金融机构	388	6 216	6 791	1
财务公司	20	1 410	4 126	18
信托公司	7	1 751	622	7
邮政储蓄	484	3 124	1 893	0
外资银行	213	12 805	13 824	20
新型农村金融机构	27	607	253	13
其他	25	4 112	6 447	25
合计	3 994	115 995	143 896	87

注:营业网点不包括国家开发银行和政策性银行、大型商业银行、股份制银行等金融机构总部数据;大型商业银行包括中国工商银行、中国农业银行、中国银行、中国建设银行和交通银行;小型农村金融机构包括农村商业银行、农村合作银行和农村信用社;新型农村金融机构包括村镇银行、贷款公司和农村资金互助社;"其他"包含金融租赁公司、汽车金融公司、货币经纪公司、消费金融公司等。

（二）外资银行"本土化"和"走出去"成果显著

上海外资法人银行发展稳健，本土化程度持续提高，服务实体经济、服务中资企业走出去成果显著，充分展现了蓬勃的发展生机。

全球主要外资银行经过在华十年的潜心发展后，将中国策略作为集团未来发展的最重要战略之一，愿意向中国市场倾注更多的资金、人员和业务。过去十年，上海外资法人银行累计获得母行增资 520 亿元人民币；其中即使是在 2008—2010 年金融危机期间，上海外资银行也累计获得其母行增资近 170 亿元人民币，凸显了外资银行对在华业务的信心和重视程度。

上海外资法人银行在具有优势的跨境业务、贸易融资、财富管理、外汇和衍生产品交易、现金管理和个人理财等方面发挥了积极效应，为本地市场引入了丰富的产品、成熟的做法和先进的风险管理手段，促进了上海国际金融中心整体服务能力的提高。在引入境外创新产品的同时，一些外资法人银行将产品设计、市场风险管理等专业管理团队也引入本地，推动了国内创新业务发展。在 2016 年跨境人民币业务年度业务量全国排名前十的银行中，上海外资法人银行占据 4 席。同时，注重提供特色金融服务，提升金融中心的金融服务功能。如浦发硅谷银行填补了上海乃至全国科技金融专业型银行的空白，为初创型科技企业提供了新的融资渠道，是银监会指定的首批 10 家"投贷联动"试点银行之一，也是其中唯一的外资银行。

外资法人银行积极地融入本地市场，支持本地经济建设。这既符合外资银行的全球战略发展要求，又迎合了中国经济建设的需求。其各项业务呈现出明显的本土化发展特征。从本外币结构来看，人民币业务重要性进一步提升，改变了以外币业务为主的经营模式。例如，上海外资法人银行的人民币资产、贷款和存款占比均在 70% 以上，人民币业务已成为主要业务。从客户结构来看，客户更加多元化，本地客户业务占比大幅提升。上海外资法人银行对外资企业的贷款已经由转制初期的 74.1% 下降至 45%，对中资企业的贷款则由 17.1% 上升至 35.3%，中资企业客户贷款的占比已经翻了一番。几乎从零起步的对中国居民个人贷款，已占外资银行所有个人贷款总额的 65.3%。

另一方面，外资法人银行已然成为中资企业"走出去"的重要支持。上海外资法人银行近年来通过集团联动，依托海外网络优势与丰富的全球化产品，特别是利用集团在"一带一路"沿线国家网点，在服务中资企业境外兼并收购、帮助中资企业登陆境外融资平台、协助中资企业在境外开拓业务等方面促成较多成功案例。这种深植于当地市场的一揽子金融服务,恰恰是进入海外市场不久尚为"外来客"身份的中资银行境外分支机构难以做到的。外资法人银行作为纽带,促成母行或集团其他海外分支机构与中资企业的业务往来,既为母行的全球业务作出了贡献,增强自身在母行的话语权,又开拓和巩固了与这些中资企业在国内的业务往来。这一点正好与中资银行形成差异化的竞争格局。尤其是在近几年国际经济金融形势不确定、国内经济面临下行压力的大环境下,外资法人银行积极参与自贸区业务、跨境人民币结算、内保外贷和离岸金融等业务,也为自身创造了发展机遇。

外资法人银行在上海已经形成较强的集聚效应和规模效应,法人转制的正向效应在上海得到充分体现。从机构数量来看,上海辖内外资法人银行21家,占全国外资法人银行数量过半。从业务规模来看,上海外资法人银行资产、贷款、存款规模分别占在华外资法人银行总量的84.5%、84.2%和83.8%,占在华外资银行总量的69.3%、72.6%和78.8%。外资法人银行转制以来,虽然经历了全球金融危机的短暂不利影响,但整体业务发展明显快于非法人机构的发展速度,法人转制正向效应正得到充分体现。

上海外资法人银行在地区经济发展中产生了积极的辐射和扩散效应。上海外资法人银行积极到中西部地区开设分支行网点,加强上海国际金融中心的辐射功能,带动中西部地区经济和金融的发展。上海外资法人银行在全国设立的分支行,已涉足27个省、直辖市、自治区,网点覆盖沿海地区、中西部和东北地区。其中很多地方原先都是外资银行的空白点,全国分布扩散效应明显增强。

上海外资法人银行积极助推自贸试验区和国际金融中心建设。自2013年9月上海自贸区成立以来,上海外资法人银行积极设立区内营业网点,并通过自由贸易账户拓展相关业务,在跨境结算业务方面优势显著。例如,2016年10家跨境资金池业务量超过100亿元的银行中,上海外资法人银行占据4席。此外,外资法人银行积极通过自贸区业务创新平台进行创新试点,部分业务具有首创性。目前,已经落地的跨境金融服务试点包括:支持境内外资银行配合其境外母公司,开展基于中国客户的存托凭证相关咨询联络服务;为境外母公司的中资企业服务提供业务联动推介;直接参与境外金融机构组建的跨境银团贷款;参与国际金融组织的境内政策性贷款等。上述创新试点项目,有利于外资银行在境内金融市场空白或薄弱领域发挥"引智"功能,为境内相关业务的未来发展提供有益经验。

二、证券业金融机构发展平稳,机构数量保持增长

(一)证券公司平稳运行,机构数量保持增长

2016年末,上海辖区20家证券公司合计总资产13 118.9亿元,同比减少12.6%;净资产3 858.7亿元、净资本3 607.4亿元,同比分别增长11.4%和15.7%。全年累计实现营业收入717.2亿元,净利润301.6亿元。从机构数量看,2016年末,上海资本市场各类市场主体共计2 391家。其中,上市公司240家,占全国的8%;新三板挂牌公司890家,占全国的9%;证券期货法人经营机构239家,约占全国的32%;证券期货各类分支机构1 010家;从事证券业务的会计、资产评估事务所等其他证券类持牌机构12家。

(二)基金公司资产管理规模平稳增长

2016年末,上海辖区基金公司管理资产总规模合计45 409.4亿元,同比增长13.0%,其中有4家基金公司规模突破2 000亿元。46家基金公司管理公募基金产品1 405只,同比增长34.7%;总净值27 929.1元,同比增长7.0%。45家基金公司开展专户业务,4家开展社保基金管理业务,3家开展企业年金管理业务。辖区基金公司共设立专业子公司37家,海外子公司8家。

(三)期货公司盈利水平上升

2016年末,上海辖区28家期货公司客户权益达1 329.3亿元,占全国的30.6%;全年实现代理交易额145.9万亿元,占全国的37.4%,市场份额较上年有所增长。2016年,累计实现营业收入102.5亿元,同比增长57.0%;实现净利润18.3亿元,同比增长26.2%。

三、保险业金融机构增长良好,继续发挥保障民生功能

2016年,上海保险业金融机构改革发展成效显著,深度服务民生保障体系建设,积极助推实体经济发展。2016年,上海保险业增加值达337.94亿元,同比增长22.5%,超过金融业整体增加值增速9.7个百分点,贡献日益突出。

(一)保险市场主体稳中有升

2016年末,上海市有55家法人保险机构。其中,保险集团公司1家,财产险公司19家,人身险公司25家,再保险公司3家,保险资产管理公司7家。至2016年末,上海市共有99家省级保险分支机构,较上年末增加1家,为东海航运保险股份有限公司上海分公司。其中,财产险公司49家,人身险公司48家,再保险公司2家。上海市共有216家保险专业中介机构法人。其中保

险代理机构106家,保险经纪机构69家,保险公估机构41家。全市保险专业中介分支机构共151家,其中保险代理机构65家,保险经纪机构65家,保险公估机构21家。

表2-3 2016年上海市保险业基本情况

项 目	数 量
总部设在辖区内的保险公司数(家)	55
其中:财产险经营主体(家)	19
寿险经营主体(家)	25
保险公司分支机构(家)	99
其中:财产险公司分支机构(家)	49
寿险公司分支机构(家)	48
保费收入(中外资,亿元)	1 529
其中:财产险保费收入(中外资,亿元)	371
人身险保费收入(中外资,亿元)	1 158
各类赔款给付(中外资,亿元)	529
保险密度(元/人)	6 320
保险深度(%)	6

数据来源:上海保监局。

(二)保险业金融机构改革顺利推进,国际化程度显著提高

2016年,上海保险业金融机构改革顺利推进。第一,结合自贸区和"金改40条"地方特色,明确建设上海国际保险中心服务保险强国的战略规划。第二,制度创新对接供给侧改革。推广复制保险机构高管备案改革举措,编制发布全球首个专业航运保险指数,在商车险改革中创新引入交通违规系数。第三,深度服务民生保障体系建设。推出工程质量潜在缺陷保险、医保账户购买商业健康保险试点和车险"快处易赔"线上快处App,探索老年长期护理保险试点和城市型巨灾保险制度。第四,积极助推实体经济发展。推动保险资金与上海"双创"母基金合作,升级保险"科技贷"和"微贷通",创立专利保险联盟。

2016年,上海保险业金融机构国际化程度显著提高。再保险交易平台在保交所设立,再保险公司间市场参与主体达50家,离岸保险业务规模达4.07

亿元。船舶与货运险保费收入合计 36.96 亿元,占全国的 27.01%,保费规模与新加坡水平相当。2016 年,上海保险业支持企业"走出去"取得新突破。如保险机构利用自身成熟的海外平台帮助企业建立海外营销网络,为中国企业提供国际营销网络支持取得新突破;通过保险产品创新,首次实现对宝钢集团跨境电商销售平台——欧冶国际电商有限公司的承保,跨境电商业务承保取得新突破等。

四、其他类金融机构持续稳健发展

2016 年,上海其他类金融机构持续稳健发展。年末,上海辖内已开业的非银行金融机构共有 6 大类 47 家,比上年增加 7 家。其中:法人机构 45 家,分支机构 2 家。按机构类型分,具体包括本地法人信托公司 7 家;集团财务公司 18 家,比上年增加 1 家;财务公司分公司 2 家;金融租赁公司 7 家,比上年增加 1 家;金融租赁公司专业子公司 3 家;汽车金融公司 7 家;货币经纪公司 2 家;消费金融公司 1 家。

2016 年 12 月 26 日,中国信托登记有限责任公司正式揭牌,其注册地在上海自贸区,股东成员众多,包括中央国债登记结算有限责任公司、中国信托业协会、中国信托业保障基金有限责任公司,以及中信信托、重庆信托、中融信托、建信信托、上海信托、民生信托、中航信托、平安信托等 18 家信托公司等股东。主要业务范围包含:一是信托产品、受益权信息及其变动情况登记;二是信托受益权账户设立和管理;三是信托产品发行、交易、清算、结算、估值、信息披露等服务;四是与信托登记、发行、交易等业务相关的信息查询、咨询和培训服务;五是提供其他不需要办理法定权属登记的信托财产的公示服务等。中国信托登记有限责任公司将成为全国唯一的信托产品集中登记平台、统一发行交易平台和信托业运行监测平台。

2016 年,金融租赁公司积极发挥"融资与融物"相结合的特色功能,通过直租推动企业加快先进设备技术升级,通过售后回租帮助企业盘活存量资产,通过经营性租赁降低企业资产负债率,助推相关产业转型发展。行业服务范围不但覆盖电力、制造、交通运输、采矿、水利等国民经济主要传统行业,更涉及高端装备制造、节能环保、新能源等战略性新兴产业;租赁物不但包括飞机、船舶、钻井平台、生产线等大型设备,还包括工程机械、计算机、农机等中小型设备。在有关各方的积极支持下,金融租赁行业主动适应"新常态",抓紧发展机遇,积极提升专业化经营能力,持续加强风险管理,行业实力不断增强,整体经营情况良好,总体风险可控,在服务实体经济过程中实现了稳健发展。

第三节　上海金融机构对金融中心建设的综合作用

2016年以来,在国家金融管理部门的大力支持下,在各有关方面的共同努力下,上海国际金融中心建设紧紧抓住自贸试验区建设的机遇,不断深化金融改革,扩大金融对外开放,加大对实体经济的金融支持,在自贸区金融开放创新、金融市场功能拓展、金融机构集聚效应、金融服务实体经济能力和金融发展环境建设等方面均取得新的突破。

一、扩大了金融中心的影响力和开放度

2016年,上海全市生产总值超过2.7万亿元,同比增长6.9%,第三产业增加值比重超过70%,上海口岸进出口总额占全国的28%,集装箱吞吐量连续7年位居世界第一。2016年上海黄金交易所黄金交易量达4.87万吨,连续10年位居全球市场黄金交易量第1。截至2016年末,上海黄金交易所的国际板会员已经引入五大洲69个具有全球较大影响力的市场,黄金累计交易量超过9 000吨,国际化初见成效。上海已集聚股票、债券、期货、货币、票据、外汇、黄金、保险等各类金融机构,成为全球金融机构类别最齐全的城市之一,拥有各类金融机构1 515家,金砖国家新开发银行、全球中央对手方协会等一批重要的国际金融组织已落户上海。

2016年1月,浦发银行成功发行境内首单绿色金融债券,发行规模200亿元,实现了国内绿色金融债券从制度框架到产品的正式落地。

2016年6月,全球中央对手方协会法人实体落户上海。该协会是唯一的全球性中央对手清算机构同业组织,覆盖全球最主要的交易所市场和场外市场,在国际金融体系改革中的作用逐步凸显。率先将全球中央对手方协会引入我国,将极大地提升我国在这一领域的影响力。

2016年6月,上海保险交易所正式揭牌运营,填补了保险要素市场空白,进一步完善了上海国际金融中心市场体系和功能,吸引国际保险、再保险主体集聚。中国保险行业国家级投资平台——中国保险投资基金落户自贸区,首批基金规模达400亿元。此外,上海航运保险协会代表中国加入全球最大航

运保险协会组织——国际海上保险联盟(IUMI),并发布上海航运保险指数(SMII),进一步提高我国航运保险企业的风险管理和定价能力。

2016 年 6 月,国家开发银行上海业务总部在沪正式成立。这将促进国开行各驻沪机构、长三角地区分行、公司业务的信息交流、资源共享、协调发展,推进功能性机构及子公司在沪集聚,推动业务协同和产品创新。

2016 年 7 月,金砖国家新开发银行在银行间市场发行人民币计价的绿色金融债券,总值 30 亿元人民币,这是首只由总部设在中国的国际金融机构发行的人民币绿色债券。债券的发行体现了国际金融机构对人民币国际化和"熊猫债"市场的信心与认可,体现了金砖国家新开发银行对推动全球绿色经济增长与发展的贡献。

2016 年 8 月,上海陆家嘴金融城正式开展体制改革试点,在全国率先实施"业界共治"的公共治理架构,即以陆家嘴金融城理事会作为金融城业界共治和社会参与的公共平台,以上海陆家嘴金融城发展局作为金融城法定的管理服务机构。这一对标国际规则的重大改革举措,将提升陆家嘴金融城在全球金融市场的影响力,打造国际一流金融城,加快上海国际金融中心和全球城市的建设步伐。

2016 年 12 月,上海票据交易所、中国信托登记公司相继开业,成为我国金融要素市场和金融机构发展的新起点和里程碑事件。上海票据交易所是中国人民银行指定的全国性票据报价交易、托管登记、清算结算、信息查询和票据风险监测平台,未来将搭建票据交易平台、风险防范平台、货币政策操作平台、业务创新平台以及信息平台等五大模块,这将大幅提高票据市场透明度和交易效率,大大丰富上海金融基础设施布局,创建我国票据市场发展新高地,优化货币政策传导机制,更好地服务经济金融改革发展。中国信托登记公司是全国唯一的信托登记机构,将搭建全国信托产品的集中登记平台、信托产品的统一发行流转平台以及信托业运行监测平台等三个平台。

二、提升了金融中心的创新水平和城市活力

截至 2016 年末,上海共为 4 000 多家科技型中小企业提供贷款 1 500 亿元。同时,上海依靠科技进步,加快推进金融创新和产品创新,金融新业态、新模式,成为金融中心越来越大的推动力。上海银行业金融机构呈现"外资银行多、专营机构多、非银行金融机构多、创新产品多"的特点。

2016 年,围绕上海"科创中心"建设,进一步指导辖内机构创新科技金融体制,有序推动投贷联动工作和小微金融服务创新,上海立足科创中心,推动投贷联动试点。同时,积极贯彻落实国务院关于自贸区建设的总体方案,紧跟上海自贸试验区深化进程,先行先试,推进业务监管制度创新。进一步深化"全流程消费者权益保护体系"建设,理顺流程制度,搭建消保体系,全面推进绩效考核改革和消费者权益保护工作。围绕深化上海银行业的创新推动机制探索,推进上海银监局风险监管制度创新和支持上海银行业机构开展金融服务先行先试。

2016 年,上海金融机构创新工作取得新成绩。据上海银监局公开发布的《2016 年上海银行业创新报告》,上海银监局围绕上海科创中心建设,进一步指导辖内机构创新科技金融体制,升级投贷联动业务,申请建立投资功能子公司,上海银行业涌现出比较多的科技金融创新成果,相关业务规模持续扩大,服务科技创新的能力不断提高,创新生态体系正在形成。截至 2016 年末,辖内机构已设立 6 家科技支行,77 家科技特色支行,设立 11 个专属的科技金融部门,科技金融从业人员 1 788 人,辖内机构通过投贷联动为 183 家科创企业提供贷款余额 26.13 亿元。

上海积极推进自贸区内银行业监管制度创新,深化区内银行业机构服务功能,自贸区机构集聚和辐射效应日益明显。截至 2016 年末,区内有银行业营业性机构 476 家,其中分行级以上营业性机构 116 家,占辖区比例约七成,法人机构和分行级机构在辖区分别占 74％、73％,区内机构存、贷款余额在辖区分别占 77％、76％。民营银行、民营汽车金融公司、民营金融租赁公司等一批民营银行业机构陆续落户上海自贸区。由于上海自贸区银行业金融机构大多成为所在机构在全国范围内引领创新转型的平台,各类跨境投融资金融服务创新尤为突出,此外部分区外乃至异地的银行业机构通过境内跨行联动共同分享自贸区政策红利,有效改善了银行业机构对全国乃至全球客户的跨境金融服务。

2016 年,上海银行业在服务实体经济和民生需求,促进转型发展的诸多领域内积极创新。701 项创新成果中,支持上海自贸区建设 61 个,占 8.7％;支持科创中心建设 42 个,占 6.0％;支持实体经济重点领域 195 个,占 27.8％;改善民生服务 158 个,占 22.5％;保护金融消费者权益 20 个,占 2.9％;支持金融中心建设和航运中心建设 161 个,占 23.0％;互联网金融与金融科技领域

64 个,占 9.1%。

2016 年,上海银行业坚持聚焦国家战略,聚焦上海实际,聚焦小微双创,聚焦金融服务,取得显著成效。截至 2016 年末,上海银行业小微企业贷款余额 11 463.65 亿元,同比增长 8.75%;小微企业贷款户数 23.58 万户,同比增长 42.9%;法人银行小微企业申贷获得率 92.66%,连续多年保持在较高水平。全市共有小微企业专营分行及持牌机构 6 家,专注于小微企业及社区金融服务的支行级银行机构 398 家,较年初增加 42 家,基本实现 2 公里范围的小微企业金融服务半径。

三、提高了金融中心的包容性和普惠性

2016 年,上海加快提升上海金融机构的投融资服务功能,主动加强与“一带一路”沿线国家和地区金融机构的深度合作,加强与境外人民币离岸市场的战略合作,打造成为国内外金融资源配置的重要节点。上海居于“一带一路”与长江经济带物理空间的交会点,在这一国家对外开放的长期整体布局中,上海有区位优势、国际中心城市的功能优势及人才、资金和信息等的集聚优势。习近平总书记在参加十二届全国人大五次会议上海代表团审议时强调,要努力把上海自由贸易试验区建设成为开放和创新融为一体的综合改革试验区,成为服务国家“一带一路”建设、推动市场主体走出去的桥头堡。因此,上海国际金融中心建设新的方向和功能定位首先应该是服务于广大发展中国家的国际金融中心(全球人民币中心)、服务于以金砖国家为代表的新兴经济体的国际金融中心,如果上海能够在对接和服务“一带一路”倡议中,在金砖国家新开发银行的建设运营中成为服务于广大发展中国家的国际金融中心(全球人民币中心),上海在对国家和世界的贡献上,在与其他国家金融中心的错位竞争中,就基本确立了自己地位和优势。但是,“一带一路”建设参与经济体众多、涉及面广、影响深远,实施过程中的不确定性也高,因此,上海要密切关注、跟踪和评估“一带一路”建设过程中的国际金融服务需求,特别是要主动配合国家的战略规划和战略举措,研究设计相关自贸区金融创新和国际金融中心建设如何对接“一带一路”建设的规划、金融创新服务项目和行动方案,借此找到上海自贸区金融创新和国际金融中心建设的新定位、新目标和新方向,使上海自贸区和国际金融中心建设更快更好地融入国家新一轮改革开放和国际金融合作的大格局中去。

"一带一路"沿线近60个国家的中心城市像一串明珠,将"一带一路"连接起来,这些中心城市既包括交通枢纽和节点城市,也包括许多国际经济和金融中心城市。因此,上海要加快研究探索与"一带一路"沿线国家主要金融中心签署金融合作协议,研究项目融资、结算清算、信用担保、风险分担等方面的合作。如,考虑发起设立"一带一路"沿线国家金融中心城市市长论坛、"一带一路"建设项目投融资供需洽谈会或金融合作博览会等形式,构建"一带一路"沿线国家金融中心城市合作机制,不断丰富金融中心城市开展金融合作的内涵,在服务"一带一路"建设的同时,进一步提升上海国际金融中心的影响力、辐射力、引领作用和地位。

"一带一路"建设的实施首先需要有充足的资金流,巨量的资金需求只能通过金融创新来解决。亚投行、金砖银行和丝路基金等即将运行,但这也只能解决部分资金问题,沿"带"沿"路"国家和地区一定会进行各种金融创新,包括发行各种类型的证券、设立各种类型的基金和创新金融机制,等等,其间的红利和机遇之多可能会超出我们的预期。因此,上海要充分发挥自贸区金融创新优势,在自贸区内打造方便快捷的跨境融资平台,从全球金融市场,把各种机会、各个领域、各个客户撮合起来,为"一带一路"建设提供贷款、债券、股权等不同类型资金,满足不同客户的多元化资金需求。同时,加快构建全球性人民币融资、清算和跨境流通体系,在全球发行"一带一路"人民币债券融资。上海金融机构也可以通过中国对外工程承包获得大量人民币ODI项目,更好地推动上海自贸区离岸人民币市场进行人民币资金循环和跨境流通。

支持境外机构在上海金融市场发行人民币债券,推动建立亚洲债券发行、交易和流通平台。在上海自贸区内,加快构建人民币广泛的清算网络和高效的流动性管理功能,为其他境外地区提供人民币头寸和资金调剂。在现有流动性管理基础上,上海可进一步完善多层次的流动性支持机制,为全球离岸市场开发利率风险对冲、利率互换、浮息产品提供更为稳定的利率基础,重点发展人民币相关的衍生产品。加快建设服务跨境电子商务的跨境互联网金融结算体系,加快建立完备的服务全球性人民币清算体系,在上海自贸区内推动跨境人民币资金投资银行间债市,推动上清所研发跨境人民币计价的场外航运及大宗商品金融衍生产品,为自贸区大宗商品现货交易中心提供净额清算服务,便利"一带一路"往来资金清算。

第三章　2016年上海金融创新评析

　　2016年,上海各金融机构不断推进金融产品创新,其中比较突出的如"中国票据交易系统"和"保险资产登记交易平台"2016年度上海金融创新成果奖特等奖,"'上海金'人民币交易业务"等。

　　2016年度上海国际金融中心建设的十件大事分别是:金砖银行总部协定及金砖银行总部安排的谅解备忘录在上海签订、中国互联网金融协会在上海正式成立、上海金融创新奖颁发、国务院印发《上海系统推进全面创新改革试验加快建设具有全球影响力的科技创新中心方案》、上海保险交易所在上海成立、2016陆家嘴论坛在上海举行、全球金融中心指数(GFCI)首次在上海发布、人民银行上海总部发布《关于进一步拓展自贸区跨境金融服务功能支持科技创新和实体经济的通知》、上海正式成立上海票据交易所和上海首次通过财政部政府债券发行系统在上海自贸区发行地方债等。

Chapter 3　Comment and Analysis of Shanghai Financial Innovations in 2016

In 2016, Shanghai financial institutions constantly boosted innovation of financial products, as evidenced by such typical examples as China commercial paper exchange system, platform for Insurance assets registration and trading, as well as "Shanghai Gold" RMB transaction service, which was granted the first prize in Shanghai Financial Innovation Prize of 2016.

Ten milestones of SIFC construction in 2016 are: document signing of BRICS New Development Bank on headquarters and Memorandum of Understanding in Shanghai; the official establishment in Shanghai of China Internet Financial Association; prize-granting ceremony of Shanghai Financial innovation; issuance of the document by China State Council on promoting pilot reform zones for all-round innovation and moving faster to establish a technological innovation centre with global influence; the official establishment of Shanghai insurance exchange, Lujiazui Forum held in Shanghai; the issuance of GFCI in Shanghai, the issuance of notice by Bank of China, Shanghai headquarter on expanding functions of free trade zone cross-border financial service and supporting technological innovation and real economy; the establishment of Shanghai Commercial Paper Exchange Corporation; and the first issuance of local bonds through bond issuance system of Ministry of Finance.

第一节　上海金融创新发展分析

2016 年，上海坚持健全金融市场体系，主动聚焦国家战略，关注社会民生，服务实体经济，在金融创新上取得丰硕成果。上海金融创新奖评审工作领导小组办公室授予"中国票据交易系统"和"保险资产登记交易平台"2016 年度上海金融创新成果奖特等奖；"'上海金'人民币交易业务"等 4 个项目 2016 年度上海金融创新成果奖一等奖；"上证 50ETF 期权"等 15 个项目 2016 年度上海金融创新成果奖二等奖；"证券结算云平台 SCAP"等 19 个项目 2016 年度上海金融创新成果奖三等奖；"国债充抵期货保证金"等 18 个项目 2016 年度上海金融创新成果奖提名奖。上海金融创新奖作为市政府在金融领域颁发的一项重要奖项，社会影响力逐步扩大，对于推进上海乃至全国的金融创新，推动上海经济社会发展起到积极作用。通过该奖项可以检验上海金融产业的创新能力，激发上海金融产业的创新热情，借此提升上海金融市场体系功能和能级。

一、2016 年度上海金融创新的总体特点

（一）健全市场体系

纵览 2016 年度上海金融创新奖，其中不少项目进一步健全了我国金融市场体系，推动了国际金融中心建设向纵深推进。

2016 年的两个特等奖项目——票据交易系统和保险资产登记交易平台，

不仅填补了我国金融要素市场的空白,更是在世界范围内具有创新意义的探索。以票据交易系统为例,其主要功能是为票据市场参与者提供票据登记托管、报价交易、清算结算、风险管理、信息服务等全方位服务,为票据市场提供了统一的交易前台和登记托管结算后台,从根本上改变了现有票据市场分割、不透明、不规范的弊端。

而一等奖获奖项目"'上海金'人民币交易业务"首推以人民币标价的"上海金基准价",则有利于打造与我国黄金产业大国地位相适应的全球人民币黄金定价中心,实现上海与伦敦、纽约三足鼎立的世界黄金市场格局,助推上海国际金融中心建设。

(二) 聚焦国家战略

同时,不少项目开始主动聚焦国家战略,支持国资国企改革和绿色产业发展。

在国资国企改革不断推进的背景下,汇添富基金和上海国盛集团的"上海国企 ETF——金融创新助力国资国企改革新探索"项目,创设了一个可反映上海国资国企改革成果的指标,有利于吸引更多市场资源关注和支持上海国资国企改革,有利于优化国有企业股权结构、提高企业运行效率,是混合所有制改革的有益探索。

而金砖国家新开发银行的"2016 年度第一期绿色金融债券"项目,是国内首只国际多边金融机构在境内发行的人民币绿色金融债,募集资金专项用于支持金砖国家的绿色产业发展,已为中国、南非、印度、巴西 4 个可再生能源项目发债 30 亿元。

(三) 关注社会民生

普惠金融的概念,也在 2006 年度金融创新获奖项目中有所体现。很多项目开始关注民生社会事业,推动了金融服务进一步便民利民。

上海国际信托、市公积金管理中心的"沪公积金系列个人住房贷款资产支持证券"项目,是国内银行间市场首单以公积金贷款作为基础资产发行的资产证券化产品,为全国各地公积金中心拓宽资金来源,更有效地进行流动性管理和资产负债管理提供了可借鉴的模式。

太平洋财险上海市分公司的"上海市老年人保险交通卡"项目,是配合上海老年综合津贴制度而推出的一款商业保险产品,满足了"综合津贴制度"下部分老年人仍希望可以"免费乘车"的需求,有效弥补了城市公共管理职能调整出现的空间地带。

（四）服务实体经济

值得一提的是，围绕"服务实体经济"的金融本质，不少获奖项目积极创新产品业务，提升了金融对实体经济服务支持功能。

如浦发银行的"云资金监管服务"项目，就着眼于解决传统资金监管模式存在的规划不足、链条较长、信息不对称等问题，为科技型或创新型企业、供应链中小企业以及国家重点建设工程、政府产业基金、扶贫项目等提供了一整套可定制的资金监管服务方案。

中国银行上海市分行的"跨境电商线上本外币收付平台"项目，为上海跨境电商提供了反洗钱、预购汇、收结汇、人民币和外汇支付结算等本外币线上收付综合解决方案，以解决跨境电商面临的国际反洗钱风险、汇率风险和境外货款回流等难题。

二、2016年度上海金融创新典型项目

本部分主要介绍获得2016年度上海金融创新奖的特等奖、一等奖和其他部分获奖项目。

（一）中国票据交易系统（上海票据交易所）

2016年12月8日，上海票据交易所开业。中国票据交易系统试运行，开启我国票据业务电子化交易时代。票交所是由中国人民银行推动筹建的集登记托管、交易、清算、信息一体化的专业化票据交易所，依托现代化信息技术搭建起的全国统一、安全、高效的票据电子化交易平台。票交所的成立及运营，将极大促进中国票据市场的健康与鲜活、安全与高效，让票据市场更好地服务实体企业的发展，更好地服务中国人民银行货币政策的传导，更好地服务货币市场的发展与完善。

首先，票交所的所有交易标的物将以电子票据为介质，纸质票据必须经过登记托管才能进入电子票据系统。纸票退市已进入真正的倒计时，以往因纸质票据而出现的变造票、伪造票和克隆票等风险将被彻底遏制。这是票据市场的一大历史性进步。

第二，票据交易不管是直贴环节还是转贴环节，贴现都不再需要提供贸易背景。贸易背景的监管套利终于在制度的设计下不复存在，这对实体经济是一大福音，不仅能降低其融资成本，也能大大降低融资过程的通道风险。这是

票据市场的又一大历史性进步。

第三,票据参与者明确为三类:法人类机构,非法人类机构及人民银行确定的其他参与者。本次明确了非银机构可参与票交所交易,其他参与者预示了将会有新的创新机构成为票交所参与者。从首批金融票交所的股东架构上看,和人民银行旗下的其他交易所不同,票交所已是一个多法人股东的混合制交易所,这会极大提升票交所的活跃度和创新度。

第四,票交所的登记托管职能要求,所有票据都要在票交所先进行登记托管。票交所是票据登记托管的唯一中心,所有票据的签发与交易信息都可以在票交所进行快速的无缝对接的查询,能极大化解交易对手间因交易信息不明的尴尬与纠结,能极大降低票据交易的欺诈风险,提升交易诚信度。

第五,票交所将及时公布票据交易的即时信息,报价信息、成交信息公开透明,暗箱操作的空间被大大挤压,道德风险将进一步化解。同时,交易方式也更加简便灵活,单张交易和批量交易共存,竞价交易与询价交易并举,主动交易与被动交易同在,交易效率将得到极大保证。

第六,也是极为重要的,承认票据中介地位,提出完善票据中介行为。人民银行潘功胜副行长在票交所开业仪式讲话中特别提到,要完善票据中介行为,并将此作为中国票据市场规范发展的重点内容之一。

票交所系统(一期)试点机构共计43家,包括35家商业银行、2家财务公司、3家券商、3家基金。对于试点机构的安排为,自2016年12月8日起参与试点,2017年2月27日起开始推广,2017年6月末前完成全部系统参与者的推广上线。首批上线的43家机构之一的浦发银行,完成全市场首单银票质押式回购交易,工商银行完成首单票据转贴现交易。

(二)保险资产登记交易平台(上海保险交易所股份有限公司)

2016年11月10日,上海保险交易所股份有限公司(以下简称"保交所")保险资产登记交易平台首批产品顺利上线。这不仅标志着该平台业务系统开始试运营,而且也标志着上海保交所建设迈出重要一步。

平台首批用户包括寿险公司、产险公司、养老保险公司、保险资管公司、银行等金融机构20余家。太平资产管理有限公司、长江养老保险股份有限公司成为首批在平台发行产品的产品管理人。

本次试点首发长江养老—太平洋寿险保单贷款资产支持计划、太平—上海建工都江堰市滨江新区基础设施(PPP)项目债权投资计划共2只保险资产管理产品,发行注册总规模78.8亿元,首期合计发行及登记规模16亿元。这两只产品分别是业内第一单循环购买保单贷款资产证券化产品和第一单以PPP项目为底层资产的债权投资计划产品。这两只产品对于保险行业的产品创新具有重要示范意义。同时阳光资产管理股份有限公司及太平资产管理有限公司参与了首批产品份额试点登记,包含一只债权计划产品及一只组合资管产品。"太平洋寿险保单贷款资产支持计划"是长江养老推出的保险业内第一只基于资产支持计划的保单贷款证券化产品。近年来,保单贷款业务快速发展,但却占用了相当数量的资金资源,形成大量的沉淀资产。而该产品变"被动"为"主动",将不断积累的保单质押贷款资产转换为更加灵活的投资管理资产,在盘活存量资产的同时,为保险公司调整投资策略、优化投资收益提供了更多的选择。

保交所保险资产登记交易平台致力于为保险资管行业建设规范化、创新型的信息化基础设施,为保险资产管理产品的发行、登记、交易、资金结算和信息披露等提供专业服务和技术支持,该平台不仅面向业内机构,其他金融同业及一般法人机构等合格投资人均可在平台上参与投资,在增强产品流动性、提高行业投融资效率的同时,为监管机构测量和防范风险提供重要辅助和支持。

(三)"上海金"人民币交易业务(上海黄金交易所)

2016年4月19日,"上海金"集中定价合约在上海黄金交易所正式挂牌交易,这是我国首次面向市场推出以人民币计价、交易和结算的黄金集中定价交易业务。"上海金"定价业务,是指在上海黄金交易所的平台上,以1公斤、成色不低于99.99%的标准金锭为交易对象,以人民币/克为交易单位,通过多轮次"以价询量"集中交易的方式,在达到市场量价相对平衡后,最终形成"上海金"人民币基准价格。

"上海金"每日集中定价交易分为早盘和午盘两场,早盘的集中定价开始时间为10点15分,午盘集中定价开始时间为14点15分,每场集中定价开始前,分别有5分钟的参考价报入时间和1分钟的初始价显示时间。

在"上海金"集中定价交易机制的确定中,多家银行成为定价交易成员,其中包括工、农、中、建、交等10家国内银行和2家外资银行。而与此同时,包括中国黄金、上海老凤祥等机构成为提供参考价成员。与此同时,上海金交所也成立了"上海金"集中定价交易监督管理委员会,由主要市场参与者、交易所、中国黄金协会、世界黄金协会及有经验的国际机构等国内外成员组成,对"上海金"集中定价交易进行监督管理。

我国是世界第一大黄金生产国与消费国,但是长期以来却一直游离在国际定价体系之外。此前,黄金定价权的争夺战主要在伦敦和纽约之间展开,这两大市场都是以美元定价,定价单位是盎司。而此次"上海金"面世,人们购买黄金时将可以直接以人民币进行计价交易,告别币种转换等烦恼。人民币黄金定盘价的推出,有助于"上海金"、"伦敦金"、"纽约金"三足鼎立格局的形成。

(四)沪公积金系列个人住房贷款资产支持证券(上海国际信托有限公司,上海市公积金管理中心)

2015年12月,全国银行间市场首单公积金个人住房贷款资产证券化项目——"沪公积金2015年第一期个人住房贷款资产支持证券"成功发行。该项目由上海市公积金管理中心发起,上海信托作为受托机构和发行人,浦发银行担任主承销商、簿记管理人和资金保管行,发行总规模69.63亿元。

考虑上海存量公积金贷款的具体特点,项目同时发行了抵押型1号产品和担保型2号产品,兼顾了法律权属完整性和产品结构标准化,并有效控制了整体项目成本。项目采用优先次级的分层结构,优先级资产支持证券获得AAA评级。同时,在此次公积金资产证券化过程中实现了资产完全出表,这也是迄今为止市场上各类公积金贷款资产证券化中首单实现真正出表的产品。该产品刚一面世即获得投资者的广泛认可和积极申购,整体超额认购倍数达到1.94倍,且投资者类型进一步多元化,非银行金融机构家数超过60%。优先级资产支持证券的发行价格显著低于市场同期发行的相同期限证券化产品。发行过程中,上海信托全力协助主承销商开展产品销售,首次尝试参与银行间市场信贷资产证券化产品销售,取得了较大的成功。

作为国内首单在银行间市场发行的以个人公积金贷款为基础资产的标准化证券化产品,沪公积金个人住房贷款证券化项目响应了中央"稳增长、调结构、促改革、惠民生"的要求,也符合中共十八届三中全会和上海市"十三五"规划提出的市场化配置资源的总体思路。项目的发行,开了我国公积金贷款支持证券的先河,为全国各地公积金中心盘活存量资产,拓宽资金来源,解决中低收入群体的自住房需求,以及发挥住房公积金制度作用提供可复制、可推广的经验,并具有重大的改革意义。

该项目的发行对我国资产证券化市场的创新具有里程碑意义,同时也在多个领域创造了国内第一:它是首次由住建部、人民银行以及财政部等多部委联合审批的项目;它是国内首单以事业单位作为发起机构的资产证券化产品;它是国内首单在银行间市场以公积金贷款作为基础资产的标准化产品,并实现了担保贷款及抵押贷款两类不同类型公积金贷款进行证券化的尝试和创新;它还是国内首单不附带回购及差额补足条件,完全依靠资产池未来现金流,实现真实出售、破产隔离及真正意义上的证券化项目,该项目在公积金中心层面实现了完全的资产出表。

（五）上海国企 ETF——金融创新助力国资国企改革新探索[汇添富基金管理股份有限公司,上海国盛(集团)有限公司]

上海国企 ETF 于 2016 年 7 月 28 日成立,是国盛集团与汇添富基金开展跨界合作,借助金融市场基金产品创新推动国资国企改革的重大突破,为探索优化国资国企产业布局、提升国有企业资源配置效率以及增强国有企业活力的国有资本管理提供了新途径。首募规模 152.2 亿元,并于 2016 年 8 月 29 日在上海证券交易所成功上市。上海国企 ETF 采用完全复制法跟踪中证上海国企指数,该指数以在上交所交易的上海市(含区县)国有 A 股上市公司为样本,采用市值、国资持股比例、分红比率、市场预期作为权重指标,全面覆盖在上交所上市的上海国资控股及有重大影响力的国企上市公司,为投资者分享上海国资国企改革发展红利提供了便捷高效的工具。

上海国企 ETF 是国内首个以上海国资国企改革为主题的 ETF 基金,它以产品为平台,系统性地对区域、产业、公司进行有机结合,前瞻性地营造区域经济和金融良性互动的生态链,具有高度的开创性、全局性、前瞻性和示范性。一是成功设计了反映和推动改革的上海国企指数,从市场的角度综合反映上海国企 A 股上市公司的整体改革面貌;二是成功创设国内首只跟踪上海国资国企改革进程的 ETF 产品,成为可以展现上海国企改革成果的直观的市场化的金融指标,也为广大投资者参与上海国企改革提供了优秀的金融产品;三是成功打造更加市场化的平台,为国资国企改革提供了新思路,为国有资本有效运营、国资优化布局提供了新工具;四是开了国内公募基金服务地方国资国企改革的先河,为公募基金通过产品创新来服务实体经济、助力国企改革和转型树立了新标杆。

上海国企 ETF 项目的成功实施,对于资本市场和上海国资国企改革都具有重要意义。上海国企 ETF 作为市场化主体成为国企上市公司社会股东,将促进国有企业进行治理结构、人才机制和管理体制等方面的机制转变,提升企业运营效率和价值,促进国民经济和社会发展。同时,上海国企 ETF 的成功发行上市,有效提升了市场对上海国企改革的关注度和市场活跃度,推动资本市场在国企改革中发挥价值发现、财富聚集、资源配置等重要功能。

截至 2017 年 6 月底,上海国企 ETF 净值为 1.023 0,总份额 140.03 亿份,总规模 143.25 亿元,排全市场 A 股权益类 ETF 第 7 位,基金成立以来日均成交金额近 4 000 万元,排全市场 A 股权益类 ETF 第 5 位。为了方便场外投资者参与上海国企改革投资,该基金的联接基金——上海国企 ETF 联接基金也紧随其后于 2016 年 9 月推出,首募规模为 22.54 亿元。

（六）上海市老年人保险交通卡（"保通卡"）（中国太平洋财产保险股份有限公司上海分公司）

2016 年 6 月,太平洋产险上海分公司正式推出一款针对上海沪籍 70 周岁（含）以上老年人的交通意外保险新产品,符合条件者购买保险即可免费乘坐公交地铁。

该交通意外保险新产品即"老年人公共交通意外伤害综合保险",为年满 70 周岁及以上的上海户籍老年人提供一份限期 1 年、因乘坐上海市公共交通和轨道交通时发生意外事故而导致死亡后可获赔 5 万元的保障。同时,该保险为老年人（被保险人）提供一份限期 1 年（跟随保单期限）的"保通卡"（保险交通卡）出行服务,即"保通卡"。实名持卡人（即被保险人）可持该卡于非高峰时段（工作日 7:00—9:00、17:00—19:00 以外的时间）免费乘坐上海市公共交通和轨道交通,但不包括高速公路线（实行"'一人一座'不允许乘客车厢站立"的线路）、机场线、旅游线及磁悬浮线等。

从 2016 年 6 月 20 日起,年满 70 周岁的沪籍老年人均可携带身份证和新敬老卡前往太平洋产险上海分公司下属各区营业网点购买该保险,并申办"保通卡"。该卡的月费将根据老年人的年龄划分为两档,70—79 周岁,每月保费 150 元;80 周岁（含）以上,每月保费 139 元。符合投保规定的老年人须一次性支付 1 年期保费,70—79 周岁 1 年期保费为 1 800 元;80 周岁（含）以上 1 年期保费为 1 668 元。

"保通卡"是保险合同的重要组成部分,仅限实名持有人（即被保险人）本人使用,不得租借给他人使用,否则将承担相应的法律责任。如果"保通卡"遗失了,被保险人可以携带身份证、保单原件前往太保所属营业网点申请挂失并补办新卡。挂失后,遗失的"保通卡"将被停用,补办新卡须支付工本费 15 元。

如果"保通卡"损坏,被保险人可携带身份证、保单原件及损坏的"保通卡"前往太保所属营业网点申请换卡。为确保"保通卡"能够持续正常使用,保险公司会在保单到期/卡片失效前 3 个月通知被保险人续保及续期。被保险人务必在保单到期/卡片失效当月的 25 日之前,带好身份证和实名认证的"保通卡",前往太保所属营业网点续交下期保费,并进行"保通卡"的续期。

该项目在保险条款中直接嵌入城市公共交通出行增值服务,持卡老年人在工作日非高峰时段和节假日全天免费使用各类公交服务的同时,还可获得太平洋保险提供的公共交通意外保障。项目实施一年来,累计为 18 249 位老年人提供 9.1 亿余元风险保障(不含退保),投保老人平均年龄超过 75 岁,最大年龄 103 岁,备受社会各界赞誉。

(七)金砖国家新开发银行 2016 年度第一期绿色金融债券(新开发银行)

2016 年 7 月,金砖国家新开发银行在全国银行间市场成功发行"2016 年第一期绿色金融债券",成为首家在中国发行绿色金融债的多边金融机构。本期绿色金融债发行规模为 30 亿元,发行利率为 3.07％,期限为 5 年。本期绿色金融债券发行所募专项资金将用于金砖国家、其他新兴经济体和发展中国家的基础设施和可持续发展项目。

金砖国家新开发银行由巴西、俄罗斯、印度、中国和南非财政部代表上述五国政府共同出资成立,初始法定资本总额为 1 000 亿美元,初始认缴资本为 500 亿美元,实缴资本为 100 亿美元。新开发银行是首家全部由发展中国家建立的多边开发银行,其成立的宗旨为向成员国基础设施建设和可持续发展项目提供资金支持,对成员国政治和经济意义重大,能够获得成员国政府的强有力支持,且初始法定资本和初始认缴资本规模均较大,对未来业务开展以及债务偿付能够提供有力支持。

本期绿色金融债的成功发行,意味着我国绿色金融债的发行主体进一步丰富,同时也推动了"熊猫债"的发展。联合资信给予新开发银行主体及本期绿色金融债 AAA 的信用等级,评级展望为稳定。表明新开发银行具有极强的偿债能力,本期债券违约风险极低。这意味着中国评级机构对国际多边金融机构的认可,有助于新开发银行未来业务拓展,并推动其他国际金融机构在中国债券市场发展。

新开发银行与 2016 年 12 月 21 日与我国财政部在上海共同签署了"上海智慧新能源推广应用示范项目"的贷款协定,同时也与其他 4 个金砖国家初步达成了投放可再生能源等项目贷款的协议。投放项目符合人行 2015 年 39 号文和绿色金融委员会《绿色债券支持项目目录》的要求。"上海智慧新能源推广应用示范项目"贷款额 5.25 亿元人民币,贷款期限为 17 年(含 3 年宽限期),贷款利率为固定利差浮动利率。该项目主要利用上海市临港等产业园区厂房屋顶资源,建设 100 兆瓦分布式光伏电站,探讨建立大数据能源管理与公共服务中心。

(八) 基于人脸识别的在线身份核实服务"支付宝(中国)网络技术有限公司"

2016 年 4 月 8 日,支付宝展示其全新的刷脸支付技术"Smile to Pay"。该支付认证技术由蚂蚁金服与 Face++合作研发,Face++人脸识别技术可以达到 99.5% 的准确率,高于人眼 97.52% 的准确率,甚至可以分辨双胞胎。面部识别所需的结构、五官以及肌肉等方面的数据处理分析,由阿里云计算提供。

人脸识别是基于人的脸部特征信息进行身份识别的一种生物识别技术。用摄像机或摄像头采集含有人脸的图像或视频流,并自动在图像中检测和跟踪人脸,进而对检测到的人脸进行分析。根据国际生物识别集团(IBG)最新权威报告《生物识别市场与产业报告 2009—2014》,在各种生物特征识别技术中,人脸识别的市场空间已经位居语音识别等其他生物特征识别技术之上,仅次于指纹识别。

近年来,生物识别技术在金融和互联网领域的应用受到前所未有的关注,人脸识别正在被广泛用于政府、军队、银行、社会福利保障、电子商务、安全防务等领域,金融和互联网巨头纷纷加码人脸识别。2015 年开始,刷脸取现、刷脸开户积极推进,阿里、腾讯先后推出刷脸支付计划。

(九) 跨境电子商务支付解决方案(上海汇付数据服务有限公司)

"跨境电子商务支付解决方案"以创新理念提升合跨境电子商务支付效率,为跨境电商搭建集合营销、支付、清算、物流、清关等的一站式服务。

汇付天下通过研究和发掘行业性的跨境支付业务需求,在与银行等金融机构等进行外汇业务深入合作的基础上,采用互联网、信息安全等技术手段不断创新,搭建跨境外汇支付清算平台,为企业客户提供一站式、多币种的跨境电子商务支付解决方案,帮助国内企业拓展全球市场、国际企业参与中国市场,为境内外个人的出入境旅游、消费支付提供便利。

（十）上海市粮食作物收入综合保障保险（安信农业保险股份有限公司）

在服务上海现代都市农业发展上，安信农险推出的粮食作物收入综合保障保险以收入为标的，保障因产量和价格因素导致农户实际收入减少的风险。另外，综合保险还包括务农人员意外险和家庭农场财产损失保险，覆盖粮食生产、市场风险、人身意外、家庭农场财产风险。2016 年，该项目作为农业部金融支农服务创新项目，在上海浦东和松江试点，覆盖近 2 万亩水稻、1 000 余亩小麦、140 户家庭农场和 760 名务农人员，提供风险保障 2.15 亿元。

（十一）自贸区柜台债券业务（中国银行股份有限公司上海人民币交易业务总部）

2016 年 9 月 23 日，中国银行与上海清算所合作，在上海自贸区内为自贸区企业客户叙做首笔基于 FT 账户体系的自贸区柜台债券交易。客户通过开立在中国银行的 FT 账户购买了一只超短期融资债券（SCP），该债券由上海清算所提供区内登记托管。

自贸区柜台债券业务是中国银行积极参与上海自贸区金融创新，为区内和境外投资者提供的全新投资渠道。区内和境外的金融机构、企业客户只需在中国银行开立 FT 资金账户和二级债券托管账户，即可通过中国银行自贸区柜台网点买入和卖出人民币债券。该业务极大地拓宽了上海自贸区及离岸市场的人民币投资范围，进一步丰富了上海自贸区 FT 账户体系的内涵，有效地联动了区内和境内外人民币债券市场。

（十二）朋友圈的银行（上海华瑞银行股份有限公司）

移动微银行（又称：朋友圈银行）是上海华瑞银行用 HTML5（简称 H5）技术开发的银行服务。产品充分运用 H5 跨平台优势，用户无需下载任何 App、不占用移动终端的存储空间，只要一键点击就可链接微信、微博、QQ 三大社交圈，简单授权之后，便可轻松享受"朋友圈"里的银行提供账户查询、转账、产品购买等金融服务。

（十三）万能 CASH——实体商业大数据的互联网金融应用（上海万达小额贷款有限公司）

万达贷是网络集团试水个人消费金融领域的首款互联网信贷产品。它充分依托集团海量的数据资源和丰富的业务场景，运用生物识别、人工智能、大数据、云计算等科技手段，建立了独特的风险控制系统。相对于传统金融机构繁琐的贷款流程，万达贷用户只需通过手机 App，简单完成 4 个步骤，即可完成贷款申请,系统会在几分钟内自动完成贷款审批。万达贷基于对消费者临时借款需求的准确洞察,为用户制定了灵活多样的还款方式,随借随还,按日计息,提前还款无需缴纳任何费用,被广大用户称为"良心贷"、"放心贷"。万达贷推出首月,交易量即破1亿元,创造了行业新纪录。

(十四)信鑫贷——"小股权+大债权":中小微企业一揽子资金解决方案(南京银行股份有限公司上海分行)

南京银行自2015年1月起,开始实践"小股权+大债权"投贷联动模式的创新业务。南京银行针对初创阶段的科技创新型中小企业,依托控股的鑫元基金名下孙公司鑫沅股权投资管理公司,持有科技创新型中小企业1‰至2‰的股权,并结合企业两年的中长期业务发展规划,以培育客户为主要目标,"一户一策",并配套贷款等大债权支持。

该业务目的不是先通过贷款赚钱,而是培育战略客户群,未来也可能实现股权回报。南京银行既不参与企业经营,也没有对赌、没有期限要求。南京银行通过其孙公司成为股东后,虽然不参与企业经营,但代发工资等业务落户南京银行,将更了解企业的真实经营情况。

截至2016年11月,已落地项目企业20余家,由专营科技支行进行筛选和操作。同时,以投贷联动为创新点的小微服务模式,已经从南京分行向上海、杭州和北京分行复制。累计发放贷款2.91亿元,10月末余额1.64亿元,占全部科技型企业贷款余额的11.96%,户数26户,其中获鑫元基金投资6户,匹配信贷额度1.3亿元。

第二节　2016年上海金融中心十件大事评析

一、金砖银行总部协定及金砖银行总部安排的谅解备忘录在上海签订

2016年2月27日,中国外交部长王毅、时任上海市市长杨雄分别同金砖国家新开发银行行长卡马特正式签署金砖银行总部协定和金砖银行总部安排的谅解备忘录。

金砖国家新开发银行是由金砖5国发起成立的政府间国际组织。2015年7月新开发银行正式成立,根据《成立新开发银行的协议》,银行总部设立于上海。中国作为金砖银行总部东道国,同银行缔结总部协定和总部安排的谅解备忘录,就银行在华法律地位、特权、豁免及便利等事项作出相关安排。

这两份文件的签署,为金砖银行在华顺利开展业务提供了法律和机制上的重要保障。金砖银行的成立顺应了发展中国家团结合作、共同发展的美好愿望,是全球经济复苏与发展的客观需要。作为由全球主要新兴国家发起建立的第一家多边开发银行,金砖银行将会更加注重发展中国家的需求,更好尊重发展中国家的国情,更多体现发展中国家的理念,将为拓展南南合作提供新的平台,进一步深化发展中国家之间全方位的金融合作。金砖银行作为国际发展体系的新成员,将与现有多边开发银行合作,形成互补,成为其发展伙伴而不是竞争对手。同时,金砖银行应进行发展理念、业务模式、组织机构、金融工具和发展实践五个方面的创新,成为21世纪新型多边开发银行。

二、中国互联网金融协会在上海成立

2015年7月,人民银行等十部委联合印发的《关于促进互联网金融健康发展的指导意见》提出,人民银行会同有关部门,组建中国互联网金融协会。经过半年多筹建,中国互联网金融协会于2016年3月25日正式挂牌成立。这是中国第一个承担特殊职能的全国性行业协会。协会首批单位会员有425家,包括银行、证券、保险、基金、期货、信托、资产管理、消费金融、征信服务以及互联网支付、投资、理财、借贷等机构,还包括一些承担金融基础设施和金融研究教育职能的机构,基本覆盖了互联网金融的主流业态和新兴业态。

中国互联网金融协会职责包括:1.组织、引导和督促会员贯彻国家关于互联网金融的相关政策方针,遵守相关法律、法规以及监管部门发布的规章和规范性文件,规范经营行为。2.制定并组织会员签订、履行行业自律公约,提倡公平竞争,维护行业利益。沟通协商、研究解决互联网金融服务市场存在的问题,建立争议、投诉处理机制和对违反协会章程、自律公约的处罚和反馈机制。3.协调会员之间、协会及其会员与政府有关部门之间的关系,协助主管部门落实有关政策、措施,发挥桥梁纽带作用。4.组织开展行业情况调查,制定行业标准、业务规范,提出本行业中、长期发展规划的咨询建议。收集、汇总、分析、定期发布行业基本数据,开展互联网金融领域综合统计监测和风险预警,并提供信息共享及咨询服务。研究互联网金融行业创新产品和创新业务。5.积极收集、整理、研究互联网金融服务领域的风险案例,及时向会员和社会公众提示相关风险。6.制定互联网金融领域业务和技术标准规范、职业道德规范和消费者保护标准,并监督实施,建立行业消费者投诉处理机制。7.根据行业发展需要,对从业人员进行持续教育和业务培训,提高互联网金融从业人员的素质。8.发挥行业整体宣传推广功能,普及互联网金融知识,倡导互联网金融普惠、创新的理念。9.组织会员业务交流、调解会员纠纷、检查会员业务行为。10.代表中国互联网金融服务组织参与国际交往,加强国际交流与合作等。

中国互联网金融协会作为行业自律组织,其成立有利于营造效率更高、方式更灵活的监管环境,提高监管的弹性和有效性,希望互联网金融协会抓紧建立和完善行业自律管理框架,动态开展风险监测和预警,为推动行业健康发展积极建言献策。协会已完成网站系统、会员管理系统等基础设施建设,并启动面向全行业的互联网金融服务平台的规划研究,推动行业数据采集与信息共享。协会将配合人民银行具体承担互联网金融统计和风险监测预警系统的开发和运行工作,风险监测预警系统(一期)的建设已基本完成,并在此基础上形成了网络借贷行业风险监测预警情况报告。中国互联网金融协会的成立标志着互联网金融行业将告别"草莽"时代。

三、上海金融创新奖颁发

2016 年 4 月 8 日上午,上海金融创新奖评审工作领导小组办公室召开媒体通气会,正式揭晓 2015 年度上海金融创新奖获奖名单。上海市金融办主任郑杨出席会议并讲话。会议由金融办副主任吴俊主持。获得特等奖和一等奖的有关单位代表现场介绍获奖项目情况。

郑杨指出,2015 年度上海金融创新奖申报主体广、项目门类全、创新意义大。经专家评审,共评选出金融创新成果奖特等奖 1 项,一等奖 5 项,二等奖 15 项,三等奖 20 项,提名奖 20 项;金融创新推进奖 8 项。本年度获奖项目充分体现上海金融创新的最新成果。比如,人民币跨境支付系统(一期)建设与运营"[跨境银行间支付清算(上海)有限责任公司]、"人民币大宗商品金融衍生品中央对手清算"(银行间市场清算所)等项目着力健全市场体系,推动金融改革开放向纵深推进;"科技创新板"(上海股权托管交易中心)、"'海王星'科创企业金融服务云方案"(中国工商银行股份有限公司上海市分行)等项目着力聚焦重点领域,服务自贸区和科创中心建设;"'SPDB'互联网金融平台的创新实践"(上海浦东发展银行股份有限公司)、"国泰君安 FICC 业务链金融创新"(国泰君安证券股份有限公司)等项目着力把握时代趋势,探索金融机构转型发展;"航运保险产品注册制"(上海航运保险协会)、"'期货保险'探索农产品风险管理新模式"(上海新湖瑞丰金融服务有限公司)等项目着力创新产品业务,服务实体经济和社会民生。郑杨指出,上海将以推进自贸试验区金融开放创新为引领,秉承"创新、协调、绿色、开放、共享"五大理念,主动适应经济发展新常态,时刻保持锐意创新的勇气,推进上海国际金融中心的建设。

上海金融创新奖是上海市政府为推动金融创新,优化金融发展环境,增强上海金融机构综合竞争力,推进上海国际金融中心建设,于2010年设立的,至今已评选6届。一大批上海金融业的优秀创新成果脱颖而出,获得各等级奖项。

附:2015年度上海金融创新奖获奖项目名单

金融创新成果奖

特等奖

人民币跨境支付系统(一期)建设与运营[跨境银行间支付清算(上海)有限责任公司]

一等奖

1. 人民币大宗商品金融衍生品中央对手清算(银行间市场清算所股份有限公司)

2. 科技创新板(上海股权托管交易中心股份有限公司)

3. "SPDB"互联网金融平台的创新实践(上海浦东发展银行股份有限公司)

4. 国泰君安FICC业务链金融创新(国泰君安证券股份有限公司)

5. 航运保险产品注册制(上海航运保险协会)

二等奖

1. 上市公司信息披露分行业监管(上海证券交易所)

2. 10年期国债期货(中国金融期货交易所股份有限公司)

3. 上海支付结算综合业务系统(上海票据交换中心)

4. "海王星"科创企业金融服务云方案(中国工商银行股份有限公司上海市分行)

5. "自贸出海"走出去企业创新金融服务方案(中国银行股份有限公司上海市分行)

6. 小企业远期共赢利息业务(上海银行股份有限公司小企业金融服务

中心)

7. "E解宝"连锁企业实时现金解款解决方案(中国农业银行股份有限公司上海市分行)

8. 上海市旧区改造统贷平台项下的棚户区改造(国家开发银行股份有限公司上海市分行)

9. 国投瑞银白银期货证券投资基金(LOF)(国投瑞银基金管理有限公司、上海期货交易所)

10. "期货保险"探索农产品风险管理新模式(上海新湖瑞丰金融服务有限公司)

11. 基于海量交易的互联网保险核心平台建设(众安在线财产保险股份有限公司)

12. 太平洋—上海城市建设与改造项目资产支持计划(太平洋资产管理有限责任公司)

13. 反向抵押养老保险服务(幸福人寿保险股份有限公司上海分公司)

14. "收银宝"平台(通联支付网络服务股份有限公司)

15. 卡卡贷——基于移动互联网风险量化的消费金融创新(上海静安维信小额贷款有限公司)

三等奖

1. 上海自由贸易试验区跨境同业存单发行及交易流通(中国外汇交易中心暨全国银行间同业拆借中心)

2. 上海黄金交易所黄金询价期权业务(上海黄金交易所)

3. 镍、锡期货品种(上海期货交易所)

4. 股票期权登记结算(中国证券登记结算有限责任公司上海分公司)

5. 自贸区支持企业"走出去"金融服务方案(中国建设银行股份有限公司上海自贸试验区分行)

6. 农村土地经营权抵押贷款(上海农村商业银行股份有限公司)

7. "小积分·微慈善"之信用卡积分众筹计划(招商银行股份有限公司信用卡中心)

8. 科创金融投贷联动(上海华瑞银行股份有限公司)

9. "爱建·海证1号"碳排放投资集合资金信托计划(上海爱建信托有限责任公司)

10. 财务公司自贸试验区分账核算单元与集中收付平台(申能集团财务有限公司)

11. 垃圾焚烧发电项目收益债券(海通证券股份有限公司)

12. "云聚"投研交互平台(上海申银万国证券研究所有限公司)

13. 鸡蛋价格期货指数保险(安信农业保险股份有限公司)

14. 上海市属国企混合所有制改革首单员工持股计划(长江养老保险股份有限公司)

15. 好福利 App[平安养老保险股份有限公司、平安科技(深圳)有限公司]

16. 专属保险代理门店模式(华泰财产保险有限公司)

17. 天气指数保险在支持新能源企业及个人天气风险管理中的应用实践(永诚财产保险股份有限公司)

18. 小贷公司贷款履约保证保险(上海小额贷款公司协会、中国太平洋财产保险股份有限公司上海分公司)

19. 魔镜互联网风控系统(上海拍拍贷金融信息服务有限公司)

20. 科技小微企业标准化产品"科技卡"信用融资平台(上海浦东科技融资担保有限公司)

提名奖

1. 银联单位结算卡(中国银联股份有限公司)

2. 票据电子化交易平台(中国工商银行股份有限公司票据营业部)

3. "千人千户"小微科创金融(上海浦东发展银行股份有限公司小企业金融服务中心)

4. 新三板综合金融服务方案(杭州银行股份有限公司上海分行)

5. 渣打银行 RQDII 托管:从资本项目助力人民币国际化(渣打银行(中国)有限公司)

6. 中国银行人民币债券交易指数(中国银行股份有限公司上海人民币交易业务总部)

7. 车主客户整体解决方案(中国建设银行股份有限公司信用卡中心)

8. 高科技行业跨境并购全流程金融创新服务(中国进出口银行上海分行)

9. "上信赢通"信托资产交易平台(上海国际信托有限公司)

10. 好享贷(交通银行股份有限公司太平洋信用卡中心)

11. 跨境投资及并购业务(东方证券股份有限公司)

12. 设立 FOF 通过上海 QDLP 试点进行境外另类投资模式(上投摩根基金管理有限公司)

13. 期货行业核心业务运营监控平台(上海东证期货有限公司)

14. 首台(套)重大技术装备综合保险(中国人民财产保险股份有限公司上海市分公司)

15. 上海水灾风险地图(上海市保险同业公会)

16. 寿险营销移动 CRM(中国太平洋人寿保险股份有限公司)

17. 人保资产——中国石化混合所有制改革股权投资计划(中国人保资产管理股份有限公司)

18. 互联网非公开股权融资平台(上海众牛金融信息服务有限公司)

19. 中小银行的互联网金融解决方案(上海点荣金融信息服务有限责任公司)

20. POS 通(银联商务有限公司)

金融创新推进奖

1. 建设自由贸易账户体系,推动上海自贸试验区金融改革纵深发展(中国人民银行上海总部)

2. 持续深化在沪跨国公司外汇资金集中运营管理试点(国家外汇管理局上海市分局)

3. 自贸试验区银行业务创新监管互动机制(中国银行业监督管理委员会上海监管局)

4. 围绕惠民生、服务实体经济推动金融服务创新(中国证券监督管理委员会上海监管局)

5. 证券期货稽查执法组织创新(中国证券监督管理委员会上海证券监管专员办事处)

6. 保险专业中介机构股权信息监管工作改革试点(中国保险监督管理委员会上海监管局)

7. 加强跟踪审计,促进上海金融机构落实稳增长等政策措施(中华人民共和国审计署驻上海特派员办事处)

8. 在上海建立金融消费纠纷诉调对接机制(中国人民银行金融消费权益保护局)

四、国务院印发《上海系统推进全面创新改革试验加快建设具有全球影响力的科技创新中心方案》

2016 年 4 月 15 日,国务院印发《上海系统推进全面创新改革试验　加快建设具有全球影响力的科技创新中心方案》。《方案》着力将全面创新改革试验与建设具有全球影响力的科技创新中心一体部署、一同推进,坚持问题导向、企业主体、以人为本、开放合作的原则,突出改革重点,系统推进全面创新改革试验,推动科技创新与经济社会发展深度融合,率先转变经济发展方式。

《方案》着眼当前和长远,提出分阶段的改革发展目标:到 2020 年,形成具有全球影响力的科技创新中心的基本框架体系。R&D 经费支出占全市地区生产总值比例超过 3.8%;战略性新兴产业增加值占全市地区生产总值的比重提高到 20% 左右;基本形成适应创新驱动发展要求的制度环境,基本形成科技创新支撑体系,基本形成大众创业、万众创新的发展格局,基本形成科技创新中心城市的经济辐射力,带动长三角区域、长江经济带创新发展,为我国进入创新型国家行列提供有力支撑。到 2030 年,着力形成具有全球影响力的科技创新中心的核心功能。同时,围绕建设具有全球影响力的科技创新中心总体目标定位,部署建设上海张江综合性国家科学中心、建设关键共性技术研发和转化平台、实施引领产业发展的重大战略项目和基础工程、推进张江国家自主创新示范区建设等四方面重点任务。

《方案》着眼突破制约创新发展的体制机制障碍,结合上海实际,从建立符合创新规律的政府管理制度、构建市场导向的科技成果转移转化机制、实施激发市场创新动力的收益分配制度、健全企业为主体的创新投入制度、建立积极灵活的创新人才发展制度、推动形成跨境融合的开放合作新局面等六个方面,对改革重点进行系统安排和部署。

《方案》基于上海现有基础和条件,提出近期拟开展先行先试的 10 个改革主攻方向,主要包括研究探索鼓励创新创业的普惠税制、探索开展投贷联动等金融服务模式创新、改革股权托管交易中心市场制度、落实和探索扩大高新技术企业认定政策、完善股权激励机制、探索发展新型产业技术研发组织、开展海外人才永久居留便利服务等试点、简化外商投资管理、改革药品注册和生产管理制度、建立符合科学规律的国家科学中心运行管理制度等。同时,细化提出 20 项具体改革试点举措。

根据上海建设科创中心的规划,到 2020 年,形成科技创新中心基本框架体系;到 2030 年,形成科技创新中心城市的核心功能,走出一条具有时代特征、中国特色、上海特点的创新驱动发展新路。

五、上海保险交易所在上海正式成立

　　2016 年 6 月 12 日,作为上海国际金融中心的重要组成部分,全国第一个国家级、创新型保险要素市场上海保险交易所在上海正式成立。上海保交所按照"公司化、市场化、专业化"原则组建,首期注册资本 22.35 亿元。上海保险交易所揭牌仪式是陆家嘴论坛的重要活动之一,是上海市委、市政府推进自贸试验区和国际金融中心建设的重要成果,也是保险业落实中央"十三五"规划和国务院"新国十条"的重要举措。上海保交所的成立,意味着上海已集齐股票、期货、产权、保险交易等各类要素市场。

　　按照相关规划,上海保交所将着重探索和发挥助力盘活保险存量、支持用好保险增量两方面作用,按照夯实基础、逐步完善、形成服务体系三个阶段,重点搭建国际再保险、国际航运保险、大宗保险项目招投标、特种风险分散的"3+1"业务平台,持续探索更为丰富的交易内容,实现产品更加透明、信批更加充分、服务更加便捷、功能更加完备,并切实做到资源优化、风险可控,努力建成"立足上海、面向全国、辐射全球"的保险综合服务平台。

　　时任上海市常务副市长屠光绍表示,保险交易所成立对上海国际金融中心建设有重要意义:第一,上海保交所的成立有利于完善市场体系和功能。上海已经形成股票、债券、黄金、外汇和期货等金融要素市场,上海保交所的成立能够进一步丰富金融体系的构成和功能。第二,有利于吸引国际保险和再保险主体,包括产品和服务方式在上海的积累。第三,有利于探索保险创新。特别是保险业和交易所模式的结合,在全球都属于新兴事物。保交所将发挥上海自贸区的自主创新优势。

　　此前的 5 月 18 日,上海保险交易所已在北京举行创办大会,共有 91 家发起人股东参与到上海保交所的设立,共认缴股本 22.35 亿元。保监会资金应用监管部主任曾于谨出任上海保险交易所董事长。值得一提的是,91 家发起人不仅仅集中在保险行业内部。知情人士透露,在此次股东名单中还有近 20家非保险行业股东,其中有上海国际集团有限公司、上海复星产业投资有限公司等上海本地企业,还有诸如爱建集团、银之杰和恒生电子等上市公司。业内人士分析认为,上海保交所成立后,将发挥上海保险市场辐射全国、衔接国际的中枢作用。因为设立保交所能够吸引国内外保险资本和技术,产生集聚作用,无疑将增强上海在国际保险市场上的定价权和话语权。

六、2016 陆家嘴论坛在上海举行

2016年6月12日,以"全球经济增长的挑战与金融变革"为主题的2016陆家嘴论坛在黄浦江畔拉开帷幕。中共中央政治局委员、上海市委书记韩正出席开幕式暨第一次全体大会。时任上海市委副书记、市长、论坛共同轮值主席杨雄致开幕辞。

杨雄在致辞时说,今年是"十三五"开局之年,我们正在制定上海国际金融中心建设"十三五"规划,必须把金融中心建设放在全球经济金融格局深刻变革的大趋势下,放在国家全面深化改革、扩大开放的大格局中,放在国家对上海发展的战略定位上,统筹谋划、深入推进。要主动适应人民币国际化进程,加快建设人民币产品市场,使上海成为全球人民币基准价格形成中心、资产定价中心和支付清算中心。要主动适应经济全球化新趋势,加强与上海自贸试验区建设联动,进一步推进金融改革开放。我们将认真落实"金改四十条",推动上海国际金融中心建设向纵深发展,更好地为全国深化金融改革开放探索新途径、积累新经验。要主动适应新一轮科技革命和产业变革的新趋势,加强与科技创新中心建设的联动,加快推进科技金融创新。我们将着力引导金融资源更加广泛、深入地融入创新链和产业链,助推创新创业种子开花结果。要主动适应供给侧结构性改革的新要求,加大金融中心对实体经济的服务力度。我们将鼓励多层次资本市场发展,打通社会资金流向实体经济的渠道;鼓励发展新型金融机构和中小金融机构,持续拓宽中小微企业融资渠道;进一步规范金融服务收费,帮助企业降本减负。

时任上海市委常委、常务副市长屠光绍主持开幕式暨第一次全体大会。中国人民银行副行长张涛、中国银监会副主席郭利根,中国证监会副主席姜洋在会上作主旨演讲,上海市领导沈晓明、尹弘出席。400余名来自国内外的政府及金融管理部门相关领导、金融机构和企业高管、高校和研究机构专家学者出席本次论坛。

陆家嘴论坛由上海市人民政府和中国人民银行、中国银监会、中国证监会、中国保监会共同主办,迄今已成功举办7届。第八届陆家嘴论坛为期两天,将组织7场全体大会及3场浦江夜话,聚焦供给侧结构性改革、中国保险

业改革新起点、全球经济增长前景与宏观政策协调、中国金融对外开放、互联网金融创新和风险防范、绿色金融和普惠金融等多个重要议题进行深入讨论。本次论坛还首次邀请英国担任主宾国,并将举行以"开启中英金融合作的黄金时代"为主题的中英专场会议。

七、全球金融中心指数(GFCI)首次在上海发布

2016 年 9 月 26 日,全球最具影响力的国际金融中心排名——由英国 Z/Yen 公司编制的全球金融中心指数(GFCI),首次在上海发布。此次发布会由上海市金融服务办公室作为指导单位,"中欧陆家嘴国际金融研究院"与上海立信会计金融学院联合主办。

GFCI 是目前被国际金融业最广泛使用的针对金融中心城市的评价体系,每年 3 月和 9 月定期更新以客观显示金融中心竞争力的变化,目前对全球 80 多个金融中心城市进行评价。此次发布是该指数第 20 期。该指数着重关注各金融中心的市场灵活度、适应性以及发展潜力等方面。评价体系涵盖营商环境、金融发展水平、基础设施、人力资源、城市综合实力等五大指标,共计 105 项特征指标。

英国 Z/Yen 公司副董事长马克·耶安德尔(Mark Yeandle)详细介绍了第 20 期 GFCI 排名情况,并回答了现场记者和与会者的提问。在最新排名中,伦敦、纽约、新加坡、香港位列前 4 名,上海名列全球第 16 位,较上年同期回升 5 位,是中国大陆在全球排名最高的金融中心城市。中国内地深圳、北京等其他城市也进入该指数,分别列第 22 和 26 位。上海在指数排名中一直保持较好的名次,与卢森堡、法兰克福、芝加哥、多伦多、首尔等欧洲、北美、亚洲的国际金融中心城市并驾齐驱。这既反映了上海作为中国金融市场中心的独特地位,也体现了中央发展上海国际金融中心的国家战略。

上海市金融服务办公室主任郑杨出席论坛并做主旨演讲,指出上海是中国最主要的国际金融中心,并正朝着"到 2020 年基本建成与我国经济实力和人民币国际地位相适应的国际金融中心"的目标稳步迈进。"十三五"期间中国经济实力的进一步增强、人民币国际化的推进、上海自贸试验区与科创中心建设、中国进一步的金融改革开放都将为上海国际金融中心发展增添新动能。上海将继续坚持市场化、法治化、国际化的方向,力争早日跻身世界主要金融中心城市之列。

八、人民银行上海总部发布《关于进一步拓展自贸区跨境金融服务功能支持科技创新和实体经济的通知》

为深入贯彻党中央、国务院关于进一步深化上海自由贸易试验区改革开放的战略部署,支持上海科创中心建设,服务"大众创业、万众创新"、助推"中国制造 2025",精准服务实体经济的跨境活动需求,经人民银行批准,2016 年11 月 23 日上午,人民银行上海总部召开政策发布会,发布《关于进一步拓展自贸区跨境金融服务功能支持科技创新和实体经济的通知》。上海市副市长周波,人民银行上海总部副主任兼上海分行行长、国家外汇管理局上海市分局局长张新出席政策发布会。

《通知》共 10 项措施,前 7 项为进一步拓展自由贸易账户功能方面的举措,后 3 项为业务风险管理方面的举措,概括起来主要聚焦以下几方面重点:

一是支持上海科创中心建设。《通知》全面支持科技创新中的人才引进,支持金融机构通过自由贸易账户向引进海外高层次人才提供收益与经常转移、投资理财、股权激励等全方位金融服务。同时,《通知》也支持金融机构按科技创新生命周期规律,提供全过程全方位的跨境服务,并通过国际市场分散科技创新的投资风险。

二是支持"一带一路"建设和企业"走出去"。针对"一带一路"建设和"走出去"企业带动大量的资本输出,但在当地面临的金融服务困难,《通知》支持利用自由贸易账户便利化的跨境汇兑安排,满足企业走出去后的跨境金融服务需求。同时降低企业"走出去"的资金管理风险,提高投资回收的安全性,并带动金融服务出口。

三是进一步拓展自由贸易账户功能。《通知》支持上海地区的银行和支付机构为跨境电商企业提供基于自由贸易账户的跨境金融服务,支持金融机构通过自由贸易账户为企业提供本外币国际贸易融资,支持区内设立的股权投资项目公司和股权投资基金通过自由贸易账户向区内及境外募集资金开展跨境股权投资。

四是进一步提升跨国企业集团资金集约化管理能力。基于自由贸易账户的全功能型跨境双向人民币资金池,为企业提供自有资金归集、必要时流动性调配、短期财务性投资以及集中收付等全方位服务,可满足跨国公司在岸管理全球人民币资金的需求。

为支持科创中心建设中的人才引进,自由贸易账户启动个人服务功能,是本轮金改的一大亮点。这意味着，符合相关标准的外籍人才、在"上海科技创新执业清单"内机构就业的持有境外永久居留证的中国籍人才、境外个人、在华国际组织工作的国际雇员（包括外籍及中国籍）都可在银行开立境外个人自由贸易账户，即FTF账户。

通过FTF账户，银行可为其提供多种金融服务，包括与其境内就业和生活相关的金融服务；与境外医疗保健、子女教育、赡家费用等相关的跨境金融服务；参与境内外股权激励计划相关的金融服务；开展投资、财富管理等区内及境外资本项下业务的相关金融服务；按有关规定进入境内相关市场投资。

专家分析，此项政策"破冰"的意义在于自由贸易账户服务范畴推广到全市，填补了境内金融机构对境外个人跨境金融服务的空白。之前，这类高层次海外人才的金融服务需求，通常是通过在境外金融机构开户并由境外金融机构来提供相关服务，境内金融机构只能提供境内部分的服务。

浦发银行副行长兼上海分行、上海自贸区分行行长王新浩认为，新政在不断丰富FTF账户服务功能的同时，也充分结合科创企业需要，将自贸与科创有机融合，形成投融资便利与科技创新的深度叠加。"通过FTF账户，海外引进的科创人才，可办理与就业、生活相关的各项金融服务；FTE（区内机构自由贸易账户）和FTN（境外机构自由贸易账户）账户，则可根据科创企业的生命周期，为其提供不同阶段的跨境投融资、跨境担保、吸收风投资金、技术贸易等金融支持。"

九、上海正式成立上海票据交易所

2016年12月8日，上海票据交易所股份有限公司在上海成立。上海票据交易所是由央行推动筹建的集票据交易、登记托管、交易、清算结算、信息服务多功能的全国统一票据交易平台。

作为全国统一票据交易平台，上海票据交易所股份有限公司注册资本为18.45亿元，类型为股份有限公司（非上市）。票据交易所有29家发起人，包括中国银行间市场交易商协会、银行间市场清算所股份有限公司、中国人民银行清算总中心、上海黄金交易所、上海市黄浦区国有资产总公司、深圳平安投资发展有限公司、兴业国信资产管理有限公司、交银国信资产管理有限公司、上海建银国际投资咨询有限公司、招银前海控股（深圳）有限公司，等等。

在经营范围上，票据交易所将可以提供票据集中登记和托管服务；为票据市场贴现、转贴现等提供交易平台服务;为票据市场提供清算结算以及交易后处理服务,包括清算、结算、交割、抵押品管理等;为中国人民银行再贴现业务提供技术支持;提供票据市场信息、研究、咨询、培训、中介服务;为票据证券化产品、票据衍生品等创新产品提供登记托管、报价交易、清算结算服务;为票据市场中介开展业务提供相关服务以及经中国人民银行批准的其他业务。票据交易所系统(一期)试点机构计43家,包括35家商业银行、2家财务公司、3家券商、3家基金。票据交易所的建设按照接入方式和实现功能分为两期:一期通过客户端形式接入,实现纸票交易功能;二期实现纸票和电票功能,具有技术实力的可以直联接入。

近年来,我国票据市场快速发展,对拓宽企业融资渠道、健全多层次金融市场体系发挥了重要的推动作用。上海票据交易所正式成立,是我国深化金融改革发展的重要举措,更是我国票据市场的新起点和新的里程碑。一是有利于促进完成票据市场的法规制度,推动票据业务创新,大幅提高票据市场的透明度和交易效率,激发市场活力,更好防范票据业务风险,促进货币市场和资本市场协调发展;二是有助于完善央行的金融调控,优化货币政策传导,增强金融服务实体经济的能力;三是体现了央行对上海国际金融中心的高度重视和支持,有利于推动票据服务和形态创新,为自贸试验区和国际金融中心建设联动发展提供新载体,这将对上海国际金融中心和自贸试验区建设带来深远影响。

十、上海首次通过财政部政府债券发行系统在上海自贸区发行地方债

2016年12月8日,上海市财政局首次通过财政部政府债券发行系统在上海自贸区顺利发行30亿元3年期地方债。这是我国自贸区首单债券创新业务。此次招标发行的自贸区债券主要面向已开立自由贸易(FT)账户的区内及境外投资者发行,在上海自贸区国际金融资产交易平台交易流通。中诚信国际评定其信用等级为AAA级。

上海市财政局为本期债券组建承销团,由8家主承销商和14家一般成员组成,并首次在承销团中引入汇丰银行(中国)、渣打银行(中国)、星展银行(中国)3家外资法人银行作为承销团成员。这也是外资法人银行首次参与我国地方政府债券承销业务。中标结果显示,此次发行投资者认购踊跃,投标倍数达到2.78倍,中标利率为2.85%。其中,汇丰银行(中国)、渣打银行(中国)、星展银行(中国)等 3 家外资银行中标 1.8 亿元,这是外资银行首次参与我国地方债承销业务。

地方债在自贸区发行,是落实党中央、国务院关于改进地方债发行办法、加快自贸区建设有关决策部署的重要举措,对于发展我国政府债券市场、推进自贸区金融改革等具有重要意义。一方面,有利于拓宽地方债发行渠道,吸引外资金融机构等参与地方债投资,促进地方债投资主体多元化;另一方面,有利于丰富自贸区优质人民币资产品种,增强自贸区金融市场对区内及境外投资者的吸引力,助推人民币国际化进程,加快上海国际金融中心建设。此次上海自贸区地方债主要面向已开立自由贸易账户的区内及境外投资者发行,在上海自贸区国际金融资产交易平台交易流通。自贸区债券的成功招标发行为境外机构投资者提供了优质的人民币资产。随着债券业务的不断创新发展,上海自贸区也将进一步聚集全球债券发行人和投资人,成为连接人民币在岸市场和离岸市场的重要纽带。

随着人民币国际化进程不断深入,特别是自人民币纳入 SDR 货币篮子以来,在国际机构的资产配置中,人民币资产的配置比重不断加大,人民币国际储备货币功能得到进一步增强。中央结算公司的数据显示,截至 2016 年 11 月末,在中央结算公司开户的各类境外机构达到 394 家,债券持有量超过 7 500 亿元。其中,国债、央票、地方政府债、金融债等高信用等级利率债备受境外投资者青睐,合计占比超过 90%。作为登记托管结算机构,中央结算公司为此次债券发行提供了现场业务技术支持以及后续登记、托管、结算、付息兑付、估值、信息披露等一体化服务。此次债券的发行,将扩大我国债市开放的广度和深度。

第四章 2016年各国金融中心比较研究

国际金融危机爆发至今,深层次的影响仍在继续。2016年世界经济一方面继续深度调整,增长预期不断下调;另一方面,各类变化带来的风险也不断提升。英国脱欧引发的全球金融市场动荡对主要经济体宏观政策造成冲击,并对经济全球化和欧盟经济一体化进程都带来重大影响,导致全球经济金融环境更加负责。这种全球经济格局使得全球经济增速较2015年有所放缓,且发达经济体增长格局出现分化,新兴市场和发展中经济体整体增速虽保持稳定,但也出现分化态势加剧,部分经济体经济结构单一、财政赤字偏高等结构性问题未得到根本改变的现象。在这样错综复杂的全球经济格局新常态下,2016年全球金融中心的发展和表现从全球金融中心排名中可窥见一斑。

Chapter 4　A Comparative Study of International Financial Centers of Major Countries in 2016

Year 2016 witnesses the continuation of in-depth adjustment of global economy, with growth expectation on the decline; on the other hand, risks triggered by various changes have been increasing constantly. The global upheaval in global financial market following Britain's exiting from the EU caused impact to macroeconomic policies in major economies, and put on great influence on economic globalization and EU economic integration, leading to a more complicated and chaotic economic and financial environment on a global scale. Such global economic situation dragged down the global economic growth, comparing with that of year 2015. Moreover, developed economies found among themselves a divided growth, while in emerging markets and developing economies, there has been a more prominent differentiation of grow despite a stable growth. Chapter 4 makes a comparative analysis of major international finance centers of 2016.

第一节　新华·国际金融中心发展指数全球排名分析

一、设计原则

系统性:强调每个指标应都能反映某个国际金融中心城市某一方面的特征,尽可能从各个角度全面反映国际金融中心发展水平。

客观性:强调对可考可查的真实运行数据进行简约相对化处理,通过可以评价和修正的权重进行计算,避免指数的灰色性、模糊性和不可追溯性,指数分析方法客观、可复制。

科学性:指数指标论证经多轮次专家意见征集和专家委员会研讨确认,各个指标有明显差异,避免特征上交叉,以确保指标间具有代表性和可比性。权重体系经过多轮征集、考量,具有权威性和导向性。

操作性:指标充分考虑数据来源稳定、数据连续规范、口径统一的原则,使数据易于比较和计算,评价指标含义明确。

二、模型架构

新华·国际金融中心发展指数是以创新金融中心生态系统理念为指导,构建了"圈和支点生态相应模型",即国际金融中心是以服务实体经济、实现产业支撑的"成长发展"为核心,以"金融市场"、"服务水平"、"产业支撑"为支点,以"国家环境"为圈层环境的生态循环系统。

三、指标体系

新华·国际金融中心发展指数共设计有三级指标体系,其中,5 个一级指标,15 个二级指标,46 个三级指标。一级指标注重揭示金融中心生态系统内的发展规律,具体包括金融市场、成长发展、产业支撑、服务水平和国家环境五

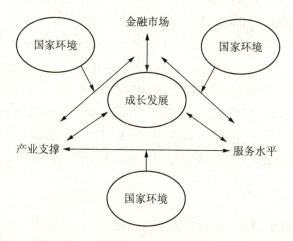

图 4-1 新华·国际金融中心发展指数圈和支点生态响应模型

个维度。金融市场是对国际金融中心城市的发展核心优势的测度;成长发展是对国际金融中心城市发展持续动力的测度;产业支撑是对国际金融中心城市发展物质基础的测度;服务水平是对国际金融中心城市发展配套能力的测度;国家环境是对国际金融中心的发展外部环境的测度。二级指标是基于功能属性对一级指标的方向性层次展开;三级指标是具体的指标层。

四、样本筛选

新华·国际金融中心发展指数样本选择基本原则:既考虑国际金融中心城市金融要素集聚的数据标准,又考虑国际金融中心专家委员会专业评价意见,定量与定性相结合。

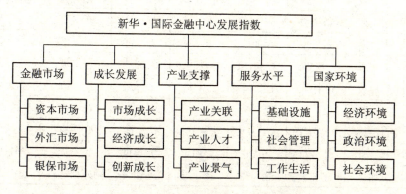

图 4-2 新华·国际金融中心发展指数

具体样本选择数据标准主要基于如下原则：

◇ 规模性：即针对股票、债券、外汇等金融市场交易规模排序；

◇ 成长性：即针对股票、债券、外汇等金融市场交易发展速度排序；

◇ 均衡性：即兼顾各样本城市的区域均衡分布。

纳入样本投票机制补充说明：采用"提名—研究—投票"的流程方式。提名环节更加注重国际金融中心城市的地位公认性；研究环节更加注重国际金融中心城市对金融资源配置能力的综合考量；投票环节更加注重多专家背景下的公平性。

五、新华·国际金融中心发展指数全球排名

2016年新华新华·国际金融中心发展指数值排名前10位的国际金融中心分别为：纽约、伦敦、东京、香港、上海、新加坡、巴黎、法兰克福、北京和芝加哥。排名前10位的国际金融中心发展趋势基本确立，空间结构较为稳定。综合对比过去6年排名情况，排名前10位城市出现一定微调。其中，纽约、伦敦位置保持稳定；新加坡自2010年以来的上升势头结束，下滑明显，从第3位降至第6位；东京、香港各上升1位，分列第3、第4位；巴黎、法兰克福、北京和芝加哥分列第7位到第10位。

表4-1　2010—2016年评价前10位的国际金融中心城市

名次	2016年	2015年	2014年	2013年	2012年	2011年	2010年
1	纽　约	纽　约	纽　约	纽　约	纽　约	纽　约	纽　约
2	伦　敦	伦　敦	伦　敦	伦　敦	伦　敦	伦　敦	伦　敦
3	东　京	新加坡	东　京	香　港	东　京	东　京	东　京
4	香　港	东　京	新加坡	东　京	香　港	香　港	香　港
5	上　海	上海(5)	香港(5)	新加坡	新加坡	新加坡	巴　黎
6	新加坡	香港(5)	上海(5)	上　海	上　海	上　海	新加坡
7	巴　黎	巴　黎	巴　黎	巴　黎	法兰克福	巴　黎	法兰克福
8	法兰克福	法兰克福	法兰克福	法兰克福	巴　黎	法兰克福	上　海
9	北　京	北　京	北　京	芝加哥	苏黎世	悉　尼	华盛顿
10	芝加哥	芝加哥	芝加哥	悉　尼	芝加哥	阿姆斯特丹	悉　尼

注：2014年、2015年上海与香港国际金融中心并列排名第5位。

中国作为世界第二大经济体,在亚洲乃至全球金融格局中的作用日益凸显,上海、北京两座城市排名均进入前10位,发展趋于稳定,为全球金融体制改革与金融市场调控贡献力量。

从成长发展要素指标来看,上海成长发展要素连续7年排名第1位,是亚太地区乃至全球最具成长活力的金融中心城市,香港一扫2015年颓势,排名提高3位升至第4位。北京排位上升势头较快,成长指标自2015年以来保持在第6位。深圳也连续多年保持在成长发展要素排名前10位中。

2016年,伦敦、纽约这两个欧美地区的老牌金融中心成长发展要素排名第2位、第3位,反映出随着欧美经济持续性复苏,金融市场发展重新提速,全球金融市场格局又添新变数。

第二节　全球金融中心指数(GFCI)全球排名

全球金融中心指数(GFCI, Global Financial Centres Index)是由伦敦金融城委托英国咨询公司Z/Yen集团统计制作,该指数主要对全球范围内的主要金融中心的金融竞争力进行评价。2016年3月发布第19期全球金融中心指数榜单。

在2016年GFCI19榜单中,伦敦、纽约、新加坡和香港依然稳居四强。其中,伦敦在满分1 000分中获得800分,蝉联首位;纽约以微弱的8分之差保持第2位,与伦敦保持亦敌亦友的关系。新加坡评分上升,香港评分下降,导致新加坡7年来首次超越香港,列第3位。香港以两分之差跌出三甲之列,列第4位。东京列第5位,比伦敦的评分低72分。排名靠前的多为发达的现代城市,以法治、完善监管措施、充足资源培训,以及高生活质量等多方面优势,吸引跨国金融企业以及人才。

表4-2　近2015年、2016年GFCI金融中心排名

城　市	2016年排名	2016年评分	2015年排名	2015年评分	排名变化	评分变化
伦　敦	1	800	1	796	—	↑4
纽　约	2	792	2	788	—	↑4
新加坡	3	755	4	750	↑1	↑5
香　港	4	753	3	755	↓1	↓2

（续表）

城　市	2016 年排名	2016 年评分	2015 年排名	2015 年评分	排名变化	评分变化
东　京	5	728	5	725	—	↑3
苏黎世	6	714	7	715	↑1	↓1
华盛顿	7	712	10	711	↑3	↑1
旧金山	8	711	9	712	↑1	↓1
波士顿	9	709	12	709	↑3	—
多伦多	10	707	8	714	↓2	↓7
芝加哥	11	706	11	710	—	↓4
首　尔	12	705	6	724	↓6	↓19
迪　拜	13	699	16	704	↑3	↓5
卢森堡	14	698	19	700	↑5	↓2
日内瓦	15	694	13	707	↓2	↓13
上　海	**16**	**693**	**21**	**698**	**↑5**	**↓5**
悉　尼	17	692	15	705	↓2	↓13
法兰克福	18	689	14	706	↓4	↓17
深　圳	19	688	23	694	↑4	↓6
大　阪	20	687	20	699	—	↓12

　　在位列前 10 的金融中心中，亚洲占 3 席，欧洲占 2 席，北美洲占 5 席（其中美国有 4 座城市入围）。长期以来，西欧地区和北美地区的金融中心一直在全球处于领先地位。而近几年，此格局也开始有所变化。近两年以来，亚太地区位于前 5 位的金融中心评分的平均值高于西欧地区和北美地区前 5 位金融中心评分的平均值。而在拉丁美洲和东欧地区处于领先地位的金融中心也在与其他地区的金融中心逐渐缩小差距。

　　在 2016 年 GFCI19 榜单中，上海位列全球第 16 位，排名比 2015 年 9 月提升 5 位，但评分较 2015 年有所下降，为 693 分。尽管排名有所上升，上海和伦敦、纽约等地的差距仍然明显。上海在 2007 年至 2009 年上半年与前 5 位的金融中心差距较大。而受全球金融危机影响，上海在 2009 年下半年至 2011 年发展迅猛，一度跻身前 5 强。而此后上海评分一度下跌，后回升至 690 分至 700 分之间徘徊至今，止步不前。

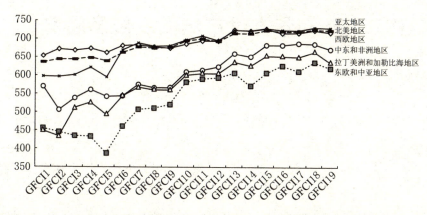

图4-3 各地区前5位金融中心评分平均值变化

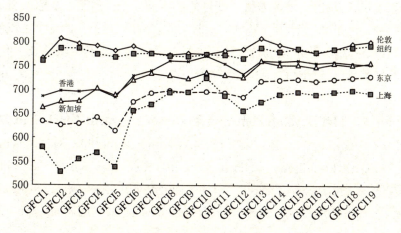

图4-4 全球主要金融中心与上海评分比较

第五章 2016 年支付市场的发展及趋势

　　2016 年"VR＋支付"拓展了支付的场景,还有生物识别支付、光子支付、二维码支付、区块链支付等增强了支付的速度和安全。PCI 安全标准委员会的国际主管杰里米·金(Jeremy King)提出 2017 年支付行业的 5 个主流趋势为物联网、区块链、代币化、加密、移动支付。其中的 4 个与区块链技术有关,包括物联网、区块链支付、代币化和加密技术。

Chapter 5　The Development and Trend of Payment Market in 2016

　　"VR＋ payment" makes more payment scenarios possible, while payments using Biometric Identification technology, photon technology, QR Codes or block-chain technology enhanced speed and security of payment. Jeremy King, PCI global director of Security Standard Committee, named five trends in payment industry: Internet of things, Block-chain, digital tokens, encryption and mobile payment, among which four are related to block-chain technology, including Internet of things, Block-chain, digital tokens, encryption.

第一节　移动支付布局趋势

　　2016 年,手机电子商务的市场规模达到约 9 722.5 亿美元①,预计到 2021 年,移动支付交易规模将达到 3 万亿美元。在 2016 年,通过手机完成的支付交易占到消费者所有信用卡付款交易的 5%,到 2021 年将上升到 11%。随着

---

　　①　见欧睿信息咨询公司公布的调查数据。

移动设备的快速发展和手机商务的持续扩大,未来 10 年到 20 年这一市场的发展潜力巨大。2017 年将是移动支付年。很多应用都将依赖移动手机来清算支付并通过信息应用来发送点对点交易。随着移动商务的增长,消费者将更喜欢通过云端应用直接从移动手机中进行支付。

一、移动支付产业的全球发展形势

全球移动支付迅速发展。亚太地区是移动支付的主要战场,而中国的移动支付发展尤其迅猛,也推动了整个移动支付的发展。2016 年,中国在基于移动商务的交易量中占据 58％ 的份额,主要得益于智能手机的普及以及移动互联网催生的便捷友好型 App 的出现。消费者在中国,甚至在一些偏远地区,对于以手机为基础的交易方式接受度都非常高。英美移动支付先行理念同时兴起,到 2020 年,英美地区也将与中国一样,消费者使用移动设备购买商品和服务的次数将超过 PC 端。在英国,有近 17％ 的消费者的交易通过移动设备来完成。而在电子商务领域,通过移动设备支付的交易额占比将从 2015 年的 12％ 上升到 2020 年的 38％。在美国,通过移动设备完成的电子商务交易占比将从 2015 年的 20％ 增加到 2020 年的 46％,在预测期间其增长速度迅猛。

二、“移动支付＋行业类型”影响支付频率及移动支付主流形成

移动互联网的发展和智能手机的出现使消费者能够随时随地进行交易,它的即时性和便捷性也使消费者乐意尝试和使用。许多传统业务,比如出租车、理发、清洁服务等,已接受在线预订和支付。当消费者在购买商品时,比如服装、配饰以及美容和个人护理等产品,不仅在实体店而且在线上都可以支付。全球消费者调查也明确表示了这些服务产品在不同行业的差异化,包括门票、影音下载、餐饮以及外卖等,这些服务将会更加频繁地使用手机支付。服务型的商业行为在进行数字化转变时将产生多样的方式,比如,在餐饮支付和外卖支付的设备使用差异上是所有行业里最小的,在电脑上购买的比例是 26％,而通过智能手机购买的比例为 20％[①]。

在移动支付领域,互联网和移动支付远程应用在公众客户市场格局已定,

---

① 见欧睿咨询 2016 年全球消费趋势调查。

远程移动支付占据很大一部分。但是 O2O 类型的移动支付近场应用实际就是线下收单的跳板,在商户付款的时候,消费者利用手机就能代替支付设备,方便简单,小额、安全、便捷的主流的近场支付方式正在进行中。

三、我国"二维码支付"发展情况

2016 年的微信、支付宝以二维码为主导席卷了很多线下甚至是线上市场,在用户、商户的世界里,用户的决定权更大一些,二维码支付已经成功渗透生活的方方面面。二维码支付中,除了线下商户的战争外,银行、支付机构、第三方、代理商甚至以结算中心这样的机构也积极参与,特别是传统银行纷纷推出"二维码"和"云支付"等移动支付产品,加速布局该领域。

商业银行在移动支付领域的主要布局方向是"云闪付"等非接触式支付(NFC)方式。2016 年下半年,人民银行下发《条码支付业务规范(征求意见稿)》,提出条码支付的系列技术标准与规范要求,并根据风险验证,对条码支付额度分级管理。随着叫停两年多的银行系二维码支付重被监管部门认可,不少商业银行重启在二维码支付领域的布局。在"二维码支付"竞争如火如荼时,随之而来的将是"二维码政策"的制度安排是否会有变迁?"二维码支付"各类跑马圈地是否持续?"二维码支付"的合作与竞争是否能打破其原有的分润模式,多边产品的合作模式是否会产生巨大的威力等的诸多思考。

第二节　银行与非银机构在支付市场的格局

一、竞合与机会共存的格局

(一) 金融科技业务带来竞争冲击

普华永道最新发布的《2016 年全球金融科技调查》报告显示,有 90％的支付公司认为,其四分之一的业务将在 2020 年前被金融科技公司夺走,此比例是所有金融行业公司中最高的。正因如此,84％的支付公司已将金融科技作为自身的战略核心,35％的支付公司已建立自己的金融科技子公司,仅有 4％的支付公司尚未涉及金融科技业务。受到金融服务领域以外移动应用的影响,消费者进一步要求支付变得更加快捷。随着支付障碍不复存在,支付企业越来越关注利润率方面的压力。

随着电子支付的不断普及，网络犯罪与欺诈行为也将进一步蔓延。支付企业认为，最关键的行业趋势是开发先进的工具与技术，用来保护消费者免受网络安全攻击与欺诈行为的侵害。显而易见，网络安全和防止欺诈领域的投资是现有支付企业最为看重的。网络安全仍旧是传统支付企业认为最有增值潜力的领域，也是最有希望与新加入的公司展开竞争的领域。从全球来看，金融领域的监管形态和高昂的授权成本会对新进入者形成障碍。中国企业特别是对于第三方支付公司来说，如果能够了解客户的需求变化，并采取快速与创新的应对方案，这些公司将从这波科技创新热潮中获益。

（二）资本整合将继续

支付牌照在2016年完成多批次的收购，如钱袋宝、合利宝、海科融通等，全国范围的收单、网络支付、移动支付还是有限，牌照依旧会受到热捧。同时已经收购的第三方支付在大资本的支持下，一方面是完成对代理商等的收购，另一方面就是用资本方的钱进行市场的拓展。2016年许多第三方对于合作代理商下血本完成单个支付代理商公司的交易，将产业的上下游进行整合。2017年的支付投资及并购会更多，不光是集中在支付机构，周边的第四方服务公司、技术公司，甚至是大型的代理机构都会受到热捧。

（三）银行重点竞合介入支付市场

在移动支付方面，第三方支付的优势在于支付场景丰富，且占据着庞大的客户资源和销售渠道。传统商业银行尽管在上述两方面处于劣势，也逐渐意识到这一市场蛋糕的重要性，并逐步加大在这一领域的布局力度。2016年银行已经深入介入移动支付、二维码支付，不少银行也将支付作为2017年工作重点。银行系支付的优势在于安全性较好，用户对银行体系的信任度更高。但其劣势在于商业银行过去对移动支付不够重视，特别是在一些便民的小额移动支付创新上一度落在互联网企业后边，用户体验也不如前者。商业银行在移动支付领域的主要布局方向是"云闪付"等非接触式支付（NFC）方式。在2016年和微信、支付宝签约的银行超过100家，在支付的合作上，多数银行都认为这种模式是一种方向，最大发挥以支付做创新，以支付拉动电子银行、手机银行甚至是对公对私存款的巨大作用，所以银行和类似支付宝、微信等公司的合作作为重点。

（四）大额支付客户将回流银行

支付宝、微信提现收费短期内对整个支付体系影响不会太大；预计小额支付不会受到太大影响，但大额支付未来将有可能加速向银行体系回流。这实际上符合监管部门的政策导向,即第三方支付的定位是整个支付体系的补充者。人民银行发布《非银行支付机构网络支付业务管理办法》,以支付账户实名制为底线,明确限定对支付机构从事业务的范围,引导支付机构去"银行化",进一步回归"小额支付"和"通道"的本质。

但对于有频繁转账需求的用户,可能会回流手机银行:由于移动支付不仅仅是转账,从交易结构上来看,第三方支付用户实际上更多的是消费、投资理财以及相应的民生金融服务,短期不会对市场格局造成冲击,就场景和便捷性而言,仍然是第三方支付占优,长期要看银联、商业银行的场景拓展、产品优化以及品牌推广。

随着银行系移动支付量的快速增长,市场格局可能会改变,工、农、中、建、交5家国有商业银行决定陆续对客户通过手机银行办理的转账、汇款业务(无论是跨行还是异地)都免收手续费;由12家全国性股份制商业银行联合发起的"商业银行网络金融联盟"在北京成立。全联盟行对外正式宣布,手机银行、个人网银等电子渠道跨行转账免收客户手续费。联盟间账户互认实行免费,资金互通将实行最低市场价格。商业银行的"抱团"行为,将助推未来市场格局的转变。

互联网金融机构和银行相比短板较多,因为第三方支付毕竟是小额零售,大额支付包括企业性支付主要还是通过银行来做。尽管互联网金融不断冲击传统银行的方方面面,但传统商业银行拥有庞大的用户群体,资金雄厚,业务复制能力强,在互联网金融监管不断趋严的情况下,传统银行的力量仍然不可小觑。

二、新的监管制度的影响

(一)客户备付金集中存管

《国务院办公厅关于印发互联网金融风险专项整治工作实施方案的通知》(国办发〔2016〕21号)提出:"非银行支付机构不得挪用、占用客户备付金,客户备付金账户应开立在人民银行或符合要求的商业银行。人民银行或商业银行不向非银行支付机构备付金账户计付利息,防止支付机构以'吃利差'为主要盈利模式,理顺支付机构业务发展激励机制,引导非银行支付机构回归提供小额、快捷、便民小微支付服务的宗旨。"

客户备付金是支付机构预收其客户的待付货币资金,不属于支付机构的自有财产。客户备付金的所有权属于支付机构客户,但不同于客户本人的银行存款,不受《存款保险条例》保护,也不以客户本人名义存放在银行,而是以支付机构名义存放在银行,并且由支付机构向银行发起资金调拨指令。

保障客户备付金安全一直是中国人民银行对支付机构监管的重中之重。目前,支付机构将客户备付金以自身名义在多家银行开立账户分散存放,平均每家支付机构开立客户备付金账户 13 个,最多的开立客户备付金账户达 70 个。截至 2016 年第三季度,267 家支付机构吸收客户备付金合计超过 4 600 亿元[①]。客户备付金的规模巨大、存放分散,被认为存在一系列风险隐患:一是客户备付金存在被支付机构挪用的风险;二是一些支付机构违规占用客户备付金用于购买理财产品或其他高风险投资;三是支付机构通过在各商业银行开立的备付金账户办理跨行资金清算,超范围经营,变相行使央行或清算组织的跨行清算职能。甚至有支付机构借此便利为洗钱等犯罪活动提供通道,也增加了金融风险跨系统传导的隐患;四是客户备付金的分散存放,不利于支付机构统筹资金管理,存在流动性风险。

(二) 客户备付金集中存管对支付机构日常经营的影响

支付机构开展的支付业务类型共分三种,即预付卡发行与受理、网络支付、银行卡收单,这三类业务的交易特点不同,导致其对支付机构客户备付金的沉淀效应有较大差别,从预付卡、网络支付、银行卡收单依次降低,在实际经营中支付机构对备付金利息收入的依赖程度也各不相同。支付机构客户备付金的交存比例根据支付机构的业务类型和分类评级结果综合确定。一方面,根据支付机构开展的业务类型,对客户备付金利息收入的依赖程度越高,交存比例越高,以抑制支付机构扩张客户备付金规模的冲动;另一方面,人民银行每年对支付机构开展分类评级工作,综合反映支付机构的合规经营和风险控制等情况,支付机构的合规和风控能力及管理能力越差,评级结果越低,适用的交存比例越高。

目前实施的交存比例对支付机构的日常经营影响不大,也不会影响支付市场平稳发展。

一是根据客户备付金管理要求,支付机构应将客户备付金的 50% 以上集中存放在备付金存管银行;另据统计,支付机构客户备付金有较大部分(2016 年第三季度为 42%)以非活期存款形式存放。因此,实施的交存比例(最低 12%、最高 24%)不会影响支付机构的流动性安排。

---

① 见中国人民银行有关负责人就非银行支付机构客户备付金集中存管有关问题答记者问。

二是对于交存至专用存款账户的客户备付金,支付机构在日间可以使用,通过委托备付金交存银行办理支取,但须在当日营业终了前将支取部分补齐。

三是人民银行正在指导中国支付清算协会组织建设非银行支付机构网络支付清算平台,通过该清算平台的支撑,未来支付机构只需开立一个银行账户即可办理客户备付金的所有收付业务。

（三）实施客户备付金集中存管对备付金存管银行的影响

实施客户备付金集中存管只是将支付机构存放在备付金存管银行中的部分资金交存到指定机构专用存款账户,其他流程没有变化,不改变原有备付金银行与支付机构之间的权利和义务。备付金存管银行除配合完成备付金交存专用存款账户相关工作外,须继续履行对支付机构存放在所有备付金银行的客户备付金信息的归集、核对与监督工作职责;备付金合作银行应继续做好对支付机构存放在本银行客户备付金的监督。另外,客户备付金作为商业银行存款的一部分,统一纳入商业银行存款准备金交存基数,对于交存至专用存款账户的客户备付金,将从商业银行的存款准备金交存基数中扣除。

（四）国际监管借鉴与备付金集中存管

2008 年金融危机后,从 2012 年以来各国普遍努力落实的《金融市场基础设施原则》,总结了 9 个方面 24 条原则,其中大多数着眼于风险、安全、准入、透明度等。2015 年之后,由于面临支付新技术的挑战,以美联储为代表的发达经济体,同时也更关注提升零售支付效率的问题。在美国,以金融消费者保护为核心,支付监管首要目的也是备付金安全,有一系列复杂制度规则加以保障;同时,支付机构的分散自律也发挥作用,是因为有严厉违规惩罚加上充分市场竞争,使得备付金违规行为非常鲜见。同样在我国,未来随着制度与市场环境趋于完善,现有的支付监管规则也并非一成不变。备付金集中存管符合了当前支付清算体系改革的现实需求,一方面更有效地驱逐市场"劣币",另一方面更好地促使"良币"高质量、更合规、更放心地创新与发展。同时落实集中存管的细节,以及通过监管、协会、银行、清算组织等各方协同,来为支付机构提供更完善的配套服务。

第三节　新技术提升支付发展的展望

支付行业的进步,直接体现在支付技术的进化。在刚刚结束的 2016 年全国"大众创业万众创新"活动周深圳会场上,蚂蚁金服推出全球首个 VR 支付产品 VRPay,实现直接使用 VR 眼镜,通过触控,凝视,点头等交互方式,在 3D 虚拟现实中完成支付。除了"VR＋支付"拓展了支付的场景,还有生物识别支付、光子支付、二维码支付、区块链支付等增强了支付的速度和安全。10 月 18 日,工信部发布《中国区块链技术和应用发展白皮书(2016)》,阐述"区块链＋支付",针对支付领域的痛点:金融机构,特别是跨境金融机构间的对账、清算、结算成本较高,涉及很多手工流程,不仅导致支付业务费用高昂,更使得小额支付业务难以开展,这也使得"区块链＋支付"的应用备受期待与关注。

一、2016 年度新技术成熟度曲线

图 5-1 是 Gartner 2016 年度新兴技术成熟度曲线。Gartner 指出,2016 年是数字的一年,一是感知智能机器时代来临;二是透明的身临其境的体验更加优化;三是平台革命正在酝酿。数字业务创新是"新常态",新兴技术正在改变我们定义和使用平台概念的方式。从技术基础设施到生态系统平台的转变,奠定了较新的商业模式基础,正在形成人类和技术之间的桥梁。

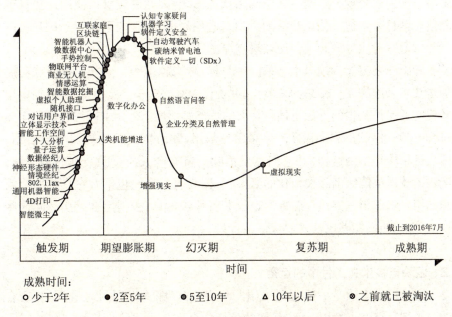

图 5-1 Gartner 2016 年度新兴技术成熟度曲线

一是第一次进入曲线的新兴技术。围绕上述三大趋势,2016年新兴技术成熟度曲线出现16个新技术;二是曲线上位置明显移动的技术,对比2015年,2016年曲线上有一些技术点发生显著的波动;三是曲线上消失的技术。和往年类似,一些在2015年曲线上出现的技术,2016年没有再出现,例如大数据、云计算及相关技术,Gartner指出这些技术不是不重要,而是不再是"新兴";四是技术成为主流的时间预见,这主要应用优先度矩阵方法。

二、新技术带来支付行业的主流趋势

PCI安全标准委员会的国际主管杰里米·金提出2017年支付行业的5个主流趋势,物联网、区块链、代币化、加密、移动支付,所有这些似乎都直接或间接与区块链技术相关。

加密、区块链支付和物联网很明显是3个支付应用,有可能会严重依赖比特币背后的技术。只有一小部分的应用使用了很强的加密技术来保护金融数据。而且,大部分的物联网网络开始使用区块链平台,因为它们提供了透明性、安全性和实时数据清算。杰里米·金特别指出,拥有大量隐私数据和重要金融数据的大规模金融网络就像网络诱捕系统,因为黑客可以使用这些身份和信用信息来进行其他犯罪活动。为了避免数据泄露,杰里米·金认为信用卡和银行服务供应商必须使用点对点加密(P2PE)技术。

随着网络犯罪持续以生态系统为目标,越来越多的商家开始投资点对点加密技术来维护支付交易的完整性,并确保卡数据安全。然而,一种更加实用和现实的保护数据的方法是消除持有数据的必要性。信用卡网络和银行需要符合KYC监管和货币政策来存储用户数据,并向执法机构提交用户数据。区块链系统却不是这样的,它们完全消除了持有个人或金融数据的可能性。区块链技术也能够消除代币化的必要性,因为每一个钱包都有它自己的公钥和私钥。除非第三方钱包服务商也能获得钱包信息,否则黑客无法访问这些钱包,即使他们能够成功入侵钱包平台。

三、区块链技术在支付中的运用

区块链的本质是一种"去中心化"的"分布式"账本。"去中心化"是指所有的交易都是点对点发生,无需任何的信用中介或集中式清算机构;"分布式账本"是指当交易发生时,链上的所有参与方都会在自己的账本上收到交易信息,这些信息是完全公开且经过加密、不可篡改的。区块链上信息的不可篡改性和去中心化的数据储存方式,使其成为数据和信息记录的最佳载体。因此,区块链受到资本市场和金融机构的广泛关注。过去两年,位于硅谷和纽约的区块链技术公司成为了各风投基金竞相追捧的热门项目。仅 2015 年,全球范围投资在比特币和区块链相关的初创公司的风投资金规模就达约 4.8 亿美元,2016 年第一季度已达 1.6 亿美元。

以摩根大通及高盛为代表的一些大型银行已经组建了以 R3CEV(世界上获得最多银行支持的区块链项目)为代表的全球银行联盟,力图通过提前参与,建立行业监管及相应的技术标准,从而把握市场先机。许多国际领先银行通过与金融科技公司的合作,正逐步开展可应用于核心业务的技术。例如 Visa 的支付平台最快每秒能承担 6.5 万笔交易,正通过与 Chain 研发的技术,希望将交易效率翻倍提升。国内的大型金融机构,尤其是已设有海外分支机构的大型银行,加强与金融科技公司合作,利用区块链技术共同开发应用,以实现运营效率和自动化水平的提升,进而降本增效[①]。香港区块链结算平台 OKLink 已在越南开放,使得当地法定货币和比特币即时结算的国际汇款能够实现,OKLink 声称在 30 分钟内能够在 27 家银行之间将资金转移到任何越南账户。此外,根据金融科技公司所说,有 22 家银行和区域移动钱包 Vimo 的 ATM 卡将在 10 分钟内实现几乎实时的结算转账。OKLink 的汇款平台使用数字代币 OK Dollar(OKD),其单位是等价的,并获得美元的支持。值得注意的是,其他破坏性汇款提供商如 Transferwise 不同的是,OKLink 还允许使用比特币结算交易。越南通过 OkLink 实现汇款的亚洲国家越来越多,亚洲之外,巴西、加拿大和欧盟也在付款目的地之列。OKLink 于 2016 年 8 月推出,迄今为止已经筹集超过 1 000 万美元的资金,并为遍布亚洲、欧洲和美洲的 40 多个国家提供支付服务。

---

① 见麦肯锡咨询公司:《区块链:银行业传统规则的颠覆者》。

第二编

金融开放和国家战略联动的专项研究

根据和针对上海金融中心与国家战略联动的研究导向,把吸收国际间接投资政策研究和建设区块链思维体系,服务上海科创中心建设的专项研究成果列入本篇。

吸收国际间接投资政策研究提出多项政策建议。包括建立有效的外商间接投资统计体系;建立统一的外商间接投资监管体系;解决好 VIE 问题的基本路径等。

区块链思维服务上海科创中心专项研究,进一步完善了区块链思维体系,丰富充实了区块链思维体系的基础架构,搭建起区块链技术系统发展的思维引导体系,设计了上海科创中心区块链应用试验区的方向,应用场景、重点试验内容和三年行动计划方向。

第六章　上海金融中心建设中的吸收国际
间接投资政策研究

　　国际间接投资是指发生在国际资本市场中的投资活动,包括国际信贷投资和国际证券投资。影响我国的国际间接投资的因素众多,其中主要是我国关于外商间接投资的相关法律规定及政策。当前上海需进一步吸引外商间接投资,因此需要在经济全球化再平衡和价值链深化背景下,对我国吸收国际间接投资的政策进行初步归纳和评估,对吸收国际间接投资政策创新提出建议。

Chapter 6　A Study on Policies for Absorbing Indirect International Investment in the Construction of SIFC

　　Development of Indirect International Investment are closely related to a wide range of factors, of which a decisive one is around related regulations and policies on Indirect International investment. Chapter 6 focuses on foreign debts and investment of foreign venture capital or of equity, their current situation, type and operative modes, as well as a summaried chronicle of related regulations and policies. This chapter also preliminarily reviews and evaluates Chinese policies on absorbing indirect international Investment.

第一节　以全球价值链为基本特征的经济
全球化与国际间接投资

　　基于价值链的全球生产分工布局和全球贸易体制演进是经济全球化发展态势的重要内容,也是影响全球国际投资的重要因素。过去 30 年,经济全球化依托全球价值链的展开而不断发展。其基本路径是，发达国家全球性跨国公司供应链的全球化布局推动了全球价值链的形成和展开。全球价值链在不同行业、不同区域和不同时期的展开决定了国际投资的行业、区域的基本流向和分布。

当前，由发达国家全球性跨国公司推动的全球价值链的展开阶段基本结束，全球价值链的发展开始进入深化阶段。在此背景下，本节从全球价值链的角度重新认识国际直接投资和国际间接投资的内涵，分析我国外商投资的增值逻辑，概述国际间接投资最新的发展趋势。在此基础上，围绕经济全球化的再平衡和全球价值链的动态重塑，分析当前阶段我国外商间接投资政策创新的价值。

一、以全球价值链为基本特征的经济全球化

所谓全球价值链，是指建立在跨国公司全球供应链布局基础上的，覆盖包括制造和服务在内的产品生命周期全过程的、以分层式生产和中间产品贸易为基本特征的经济全球化发展阶段。在经济全球化背景下，全球价值链既反映着全球供应链的生产布局，也通过中间品贸易影响着全球贸易的频率和规模。

（一）全球价值链的层次和分布

上海市政府参事室主任王新奎领衔的研究团队在搜集和分析了大量跨国公司内部供应链案例之后总结出，如果从行业或产品的层面来观察，在全球价值链条件下，一家企业、一个国家或一个区域在全球价值链上的位置大致可分为5个层次：

第一层次，引领型的供应链创新。一端包括基础研究、平台、系统，另一端包括商业模式、品牌销售。苹果公司就是最典型的处于第一层次的企业。

第二层次，应用技术创新。一端包括基础研究、标准、模块，另一端包括大数据、云计算、嵌入式服务。这个层次的企业通过在服务技术创新中提供一个平台建立自身的核心价值。IBM、谷歌等都是这个层次的典型企业。

第三层次，追随型的技术/服务创新。跟随着前两个层次开展制造技术的创新，在制造关键的零部件、设备、材料等领域确立不可替代的技术优势。夏普公司是这个层次的代表性企业。

第四层次，模仿型的技术/服务创新。通过模仿前几个层次的企业，采购关键的零部件和设备、材料，进行个性化的本土产品设计，来形成自身的核心

优势。华为是这一层次企业的典型代表,并且从近年的发展态势看,正在提升和转型。

第五层次,追随型的流程升级。即最终制成品加工商,通过把加工效率做到最高,确立自身的核心价值。富士康是这一层次企业最典型的案例。

五个层次中,前面三个属于上端,主要分布在发达国家。第一层次、第二层次的标杆企业,基本都分布在美国;第三层次的典型企业,除了美国之外,还分布在德国、日本、法国、韩国等地。后面两个层次属于下端,这两个层次的企业主要分布在中国、印度、东盟等地,中国相对来说具有比较大的比例和份额。

全球价值链的布局具有显著的不均衡性。从地域来看,以美国、加拿大、墨西哥为主要构成的北美,和以德国、法国、英国为核心的欧洲,以及由中国、日本、韩国为核心的东亚,三方构成全球价值链的主要参与地区,也是全球经济一体化融入程度最高的地区。俄罗斯、阿根廷、乌拉圭、巴西等国家虽然处于全球价值链中,但是因为提供的是初级产品,没有融入到制造业的分层式生产和热门贸易中,没有获得太多的价值增值,对全球价值链的影响不大。

（二）我国在全球价值链的位置和分布

30多年来,随着改革开放的推进,我国参与全球价值链也经历了不断提升的过程。我国抓住了以全球价值链的展开为特征的经济全球化高潮,通过实施一系列卓有远见的对外开放战略和政策,充分发挥了我国的经济比较优势和体制执行优势,占据了全球价值链的工厂制造端,崛起为全球最主要的大型经济和贸易体之一。当前,我国不同地区和不同产业在全球价值链竞争中处于工厂端份额竞争和增加值层级提升竞争的不同阶段。比如联想、海尔、华为、美的、格力等第四层次企业在各自的领域都可圈可点,同时也涌现出以大疆创新为代表的准第三层次企业,和阿里巴巴、腾讯、百度等一批潜在的第二层次企业。向全球价值链更高层次发展,是我国跨国公司的发展使命,也是我国经济发展的必然方向。

从区域经济发展情况看,我国参与全球价值链的生产布局同样呈现显著的不均衡性。我国融入经济全球化的区域,主要是从山东半岛到珠三角的沿海地带,纵深大约300公里左右。这个区域随着我国高速融入经济全球化取得较快的发展,从而吸引包括人口、资金在内的各类要素资源迅速集聚,而其他区域与沿海地带的经济发展差距则越来越大,经济地理学中的区位优势概念在这里得到最直接的验证。

二、从全球价值链的角度认识国际投资

资本作为一种生产要素,在经济全球化浪潮中自然也跟随全球价值链的确立、展开和深化而全球流动。改革开放初期,我国处于全球价值链的最底层,廉价而丰富的劳动力和自然资源构成我国的全球比较优势。因此,当时自然而然地把引进外资等同于引进外商直接投资,相应制定的外商投资政策也基本上围绕外商直接投资展开。这一思维惯性,直至现在仍然时有体现。

随着改革开放的推进,我国资本市场也从无到有日益发展壮大,规模已经跻身全球前列。同时,不断深化的经济全球化趋势,也为越来越多的外商间接投资进入我国创造了良好的基础环境。在新的以全球价值链深化为基本特征的经济全球化视角下,外商投资的内涵亟需重新认识,应该把外商直接投资和外商间接投资共同作为我国外商投资管理的政策目标。相应地,吸收外资政策的创新也必须包括吸收外商直接投资的政策创新和吸收外商间接投资政策的创新。

(一) 从全球价值链的角度界定国际投资

1. 从全球价值链的角度界定国际直接投资

外商直接投资是指一国(地区)的自然人、法人或其他经济组织单独或共同出资,在其他国家(地区)的境内创立新企业,或增加资本扩展原有企业,或收购现有企业,并且拥有对公司的控制权和企业经营管理权的投资行为。

从全球价值链的角度来看,在经济全球化的宏观环境下,外商直接投资活动往往是一个为了实现商品或服务增值而连接生产、销售、回收处理等过程的全球性跨企业网络组织,涉及从原料采购和运输,半成品和成品的生产、组装和分销,直至最终消费和回收处理的整个过程。一个完整的外商直接投资全球价值链,包括分布在世界各地的所有参与者生产销售等活动的组织及其价值、利润分配,当前散布于全球的处于价值链上的各类企业进行着从设计、产品开发、生产制造、营销、交货到消费、售后服务、最后循环利用等各种增值活动。

究其本质而言,在当前经济全球化的条件下,外商直接投资的基本性质是一种与企业生产活动相联系的投资方式,是全球生产性跨国公司直接实现公司内部全球供应链生产布局的主要手段,主要包括绿地投资和并购。

在全球价值链动态重塑过程中,随着我国和欧美、日韩等贸易对手在全球市场比较竞争优势的此消彼长,我国在全球价值链第五层次,甚至包括第四层次,接受的外商直接投资,预计将继续回落。从广东等地的实地调研发现,当

地低端的加工厂一部分向东南亚等新兴国家转移，一部分升级为创新中心的组成模块回流到发达国家或地区，这些趋势已经非常明显。

2. 从全球价值链的角度界定国际间接投资

国际间接投资是指发生在国际资本市场中的投资活动，包括国际信贷投资和国际证券投资。前者是指一国政府、银行或者国际金融组织向第三国政府、银行、自然人或法人提供信贷资金；后者是指以购买国外股票和其他有价证券为内容，以实现货币增值为目标而进行的投资活动。

从全球价值链的角度来看，在经济全球化的宏观环境下，与国际直接投资相类似，国际间接投资活动同样是一个为了实现资本增值而连接资金募集、投向筛选、项目管理、资本退出等过程的全球性跨企业网络组织，呈现出"全球募集资金""全球筛选合格投资项目""全球配置资源进行项目管理""全球优选资本市场退出路径"的特点。一个完整的国际间接投资全球价值链，包括分布在世界各地的所有参与者"募、投、管、退"等活动的组织及其价值、利润分配，当前散布于全球的处于价值链上的各类投资机构进行着从产品发行、资金募集、投资策略研发、投资项目筛选、投资结构设计、投资流程管理到投资项目推出、投资收益清算等各种增值活动。

究其本质而言，在经济全球化的条件下，国际间接投资的基本性质是一种与企业成长性创新活动相联系的投资方式，是全球金融性跨国公司间接参与生产性跨国公司全球供应链生产布局的主要手段。

据此定义，可以把当前我国吸收外商间接投资的主要方式归纳为以下两大类：第一大类是外债（不包括政府举借的外债，但包括外商融资租赁），这类间接投资与供应链的生产布局的关系相对比较密切。因为企业举借外债与融资租赁是技术更新和固定资产投资的重要手段。第二大类是外资创业投资和股权投资（以下简称外资 PE/VC），这类间接投资与企业成长性创新活动的关系相对比较密切。因为 PE/VC 不仅仅是对创业中的企业提供资金，还会利用自身经验、能力和各种资源积极参与所投企业的发展，比如参与制定企业发展战略、生产目标的测定、营销方案的建立、市场开拓、财务状况的分析，甚至参与重要管理人员的聘用等，提供一系列的资本增值服务。

（二）从全球价值链的角度理解我国外商投资的增值逻辑

外商投资总是天然具有逐利的本性。充分认识客观尊重这一规律是科学制定外商投资管理政策，引导外商投资服务于我国经济发展的重要前提。

1. 外商直接投资的增值逻辑

外商直接投资主要体现为外资在投资后掌握经营权的投资行为。根据全球价值链的理论，外资直接投资的增值逻辑可以理解为：跨国配置生产资源，以降低生产成本，提高资本收益率。

外商回收直接投资的收益，主要有两种情况：一是在我国国内市场销售产品实现的投资收益，根据我国的相关法规要求，缴纳相关税费后，按国家外汇管理局有关规定申请出境；二是在国际市场销售产品实现的投资收益，外资可以通过在海外设立销售总部，由销售总部统购国内生产基地产能的方式，仅仅把生产加工这一块的利润留在国内，而把大部分投资收益转移到海外实现。出于国家金融战略的考虑，如果需要影响外商直接投资收益出境的规模，针对第一种情况，往往可以通过国家外汇管理局进行额度调控；第二种情况下，则很难有特别有效的政策。

2. 外商间接投资的增值逻辑

外商间接投资主要体现为外资在投资后不掌握经营权，只是从资本或者股权的层面上进行的投资行为。根据全球价值链的理论，外资间接投资的增值逻辑可以理解为：跨国配置股权投资产业链所需的各类资源，降低包括资金、时间、政策监管在内的综合成本，实现收益的最大化。

外商间接投资要实现在国内投资标的的增值并变现，理论上讲，同样有两种情况：一是在国内资本市场通过上市或者并购的方式，寻找合适路径退出，此时增值部分在国内资本市场实现，如果外资希望回收这部分收益，需要遵循我国国家外汇管理局的有关规定；二是在国际资本市场上通过上市或者并购的方式退出，此时增值部分在国际资本市场实现，收益可以相对自由地回收。

股权投资相对实业投资而言，因为赚取了资本市场的溢价，往往投资回报率更高，而且时间周期更短，更符合资本的逐利本性。国际资本市场的政策管制相对国内而言，总体更为宽松。我国30多年来经济发展中涌现出的数量众多的各行业标杆企业，已成为外资股权投资的优质标的。为了赚取国内优质企业在资本市场上的溢价，外商间接投资需要解决两个问题：一是在国内资本市场退出时，如何实现收益的跨境转移？二是在海外资本市场退出的话，如何把一个国内企业的股权，转移到国外来交易？

针对问题一，有些外商间接投资机构创造了平行基金模式，即在同一主体下同时在国内和国外建立规模相近的人民币和外币基金，通过主体内部的自我利益交换,从而在规避外资监管的同时,比较接近地实现投资收益的跨境转移。

针对问题二,外商间接投资机构创造了 VIE(Variable Interest Entities,直译为"可变利益实体")架构,在国内被称为"协议控制",是指境外注册的上市实体与境内的业务运营实体相分离,境外的上市实体通过协议的方式控制境内的业务实体。通过 VIE 架构,外商间接投资机构不仅顺利地把我国境内优质企业搬到海外资本市场交易,还规避了《外商投资产业指导目录》的限制。百度、阿里巴巴、腾讯、唯品会,凡是外资股权投资介入并在海外上市的公司,都有 VIE 架构。

三、全球价值链深化背景下国际间接投资的新发展趋势

近年来,FinTech、人工智能、机器人、大数据、区块链等新技术驱动的经济形式、商业模式、市场业态成为当下外商间接投资关注的焦点。

FinTech 是近年国际 PE/VC 重点关注的领域。据 CB insight 研究,2015年是全球顶级风投进入 FinTech 企业的高峰,全球 24 家风险投资机构的交易数为 848 单,交易额为 146 亿美元。2016 年对 FinTech 的风险投资规模相对2015 年略有下降。全年全球风投共向 FinTech 创业公司投资 127 亿美元,共计 836 单。过去两年,全球 24 家顶级风投中最热门的是大数据医疗保险和分期付款服务,30％由两家及以上风险投资共同参与。

伦敦科技周创办人对风险资本流动的分析显示,人工智能、机器人和大数据是目前伦敦地区国际间接投资增长最快的三个领域。伦敦的人工智能和机器学习公司尤其受投资者欢迎,2016 年吸引投资额达 8 575 万英镑,比 2011年的 300 万英镑高 20 多倍。伦敦的 Fintech 公司在过去 5 年中吸引了超过20 亿英镑的风投,比 SaaS、移动和电子商务等任何一个垂直领域都多。其中,2017 年第一季度已累计吸收投资 1.77 亿英镑。

近年来,区块链也成了金融科技领域国际 PE/VC 最关注的热点,包括纳斯达克、花旗银行、瑞士联合银行、高盛、摩根、德勤、安永在内的数十个著名金融机构都在开展区块链金融创新。据统计,2012 年,区块链领域的风险投资额仅为 200 万美元,到 2015 年时已增至 4.69 亿美元,增长超过 200 倍。

和全球 PE/VC 相比较,国内的 PE/VC,包括外资 PE/VC 主要投资的是"互联网＋"相关的新经济、新业态等,比如团购、O2O、P2P、直播、外卖、移动打车、移动支付、共享单车,等等。这些领域没有一个是真正有高技术和资源

壁垒的,几乎无一例外地引发大量跟随者模仿跟风,出现了所谓的"千团大战""打车大战""百播大战""单车大战"等。

总体来看,按照全球价值链的理论,境外 PE/VC 投资的行业都处在价值链高端前两个层次的范围内,投资的理念是"技术驱动",由技术驱动供给和需求,真正关注的是高新技术对创新企业和行业的引领和推动作用。而国内的PE/VC(包括在中国的某些外资 PE/VC)投资的行业表面看起来也是有大数据等技术支撑的新模式、新业态,实质上是属于门槛比较低、容易被模仿的价值链低端的层次,投资的理念是"资金驱动",通过资金在短时间内引领需求和增加供给,追求短、平、快,呈现出明显的急功近利的"短视"特征,比如摩拜和ofo 等共享单车的案例(详情参见本节附录)。

在全球价值链深化过程中,如何真正引导外商间接投资服务于我国产业结构的升级和调整,服务于我国在全球价值链中的位置提升,服务于新的生产力的挖掘和解放,是一项具有重要意义的现实任务。

四、以外商投资政策创新促进我国占据全球价值链深化过程中的有利地位

全球价值链理论是对比较优势理论、要素禀赋理论的新发展,对经济全球化的国际分工和布局的形成,起到比较贴合实际的解释作用。围绕经济全球化的再平衡和全球价值链的深化,协调管理外商直接投资和外商间接投资,特别是重点用好、管好外商间接投资,促进我国企业提高整体竞争力,占据国际分工的更有利位置,是我国外商投资政策创新的重要内容。

(一) 以外商投资政策创新促进我国企业巩固在全球价值链中的原有优势

我国企业在全球价值链中,主要分布在第四、五层次中,这是因为相对廉价的劳动力资源和自然资源,是我国相对于发达国家的资源优势。随着我国经济总体发展水平的提高和人口红利的逐渐消失,我国劳动力资源和自然资源在全球价值链中的低成本优势正在消失。但是,考虑到我国境内沿海与内陆地区劳动力资源和自然资源分布的不平衡性,仍然可以通过外商投资政策的创新,尤其是国际间接投资管理政策的创新,来致力于提高我国境内低成本劳动力资源和自然资源的流动性,引导我国更大地理范围内的低成本劳动力资源和自然资源参与到国际供应链之中,从时间上尽可能长地维持我国在全球价值链中的原有优势。

（二）以外商投资政策创新促进我国企业提升在全球价值链中的总体层次

总体提升我国企业在全球价值链中的层次，是关系到我国经济可持续发展、经济增长模式换挡转型的重要任务。这将是一个关联资本、人力资源、土地、信息和技术等各类生产要素的系统整合和整体提升的过程。以人力资源为例，我国除了传统的低成本劳动力优势之外，还拥有一支接受过高等教育、全球规模最大的基础人才队伍，这是新形势下我国最重要的全球比较优势资源之一。通过外商投资政策的创新，用好这个人才资源，引导外商投资服务于我国先进制造、科技创新领域企业的培植和发展。对全球科技巨头、制造业巨头在我国设立全球价值链研发中心、设计中心、先进制造基地等有利于我国经济结构升级转型的企业类型，应予以鼓励，提供税收优惠和政策扶持；对全球一流的理工类大学、研究机构在国内设置分支机构，应予以提倡和支持。

（三）以外商投资政策创新促进我国企业优化参与全球价值链的区位布局

更好地巩固和提升我国企业在全球价值链中的优势和地位，离不开优化我国企业参与全球价值链的整体区位布局。我国是一个地理大国，同时也是一个人口大国，更是一个资源大国。各类资源禀赋在我国的分布具有显著的不平衡性，如何利用好这些资源禀赋，充分动员各类资源发挥比较优势，积极参与全球价值链，是我国宏观经济调节管理的重要目标，也是外商投资政策创新的政策目标。"一带一路"是我国重塑全球价值链格局的重大举措，从构建"一带一路"全球价值链布局的角度重新审视我国现有各类资源禀赋的分布特征，将会带来新的资源应用预期和前景。外商投资政策创新的目标考量，应该适应新的经济全球化趋势和特征，推动我国企业优化参与全球价值链的区位布局，更大程度上发挥我国各类生产要素的内生效用。

附录

案例共享单车——资本的"饕餮盛宴"①

共享单车是目前创业投资和风险投资最热门、受关注度最高的行业。2016 年下半年开始，共享单车迅速席卷了北、上、广、深等一二线大城市。由

---

① 本案例见李儒超：《警惕！别让共享单车沦为一场失控的资本竞赛》，腾讯科技《深网》3 月 13 日；宋玮、张珺：《共享单车：资本局中局》，《财经》2017 年 4 月 17 日等文稿资料。

于迎合了人们对短途出行的需求,以摩拜、ofo为代表的共享单车创业公司也被资本争相竞逐,成为了近几年资本进入密集度最高,融资速度最快的项目。从2016年9月开始的八个月间,两家公司不断融资,估值从几千万美元迅速飙升到了10亿美元以上,其融资速度、资本参与密度、业务扩张速度都是过去几年所罕见的。

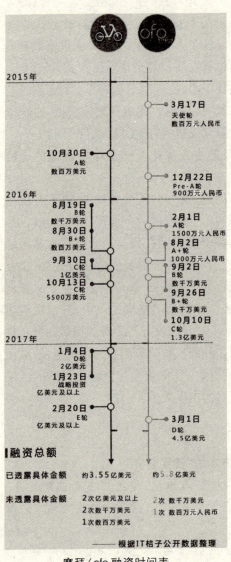

摩拜/ofo融资时间表

截至2017年4月,摩拜、ofo两家公司共计融资总额超过10亿美元,各自估值也都超过10亿美元,在刚刚完成的C轮融资中,ofo估值已经超过16亿美元。根据腾讯创业对公开资料的梳理,摩拜目前已进入E轮融资,总融资额约为3.55亿美元(约24.5亿元人民币);ofo进入D轮,总融资额为5.8亿美元(约40亿元人民币)。除此之外,国内还没有其他共享单车公司获得C轮及以上融资。这意味着在资本上,摩拜与ofo已形成双寡头局面,摩拜、ofo两家公司的融资情况如左图所示。

从左图可以看出,2017年2月20日,摩拜单车宣布获得亿元及以上D轮后新融资;3月1日,ofo宣布完成4.5亿美元D轮融资,创迄今为止共享单车领域最大融资纪录。与此同时,被视为第二阵营的小蓝单车、永安行,也在2月24日、2月28日先后宣布获得融资。仅计算以上数字,近一个月以来共享单车领域的总融资额就已接近40亿元人民币。

根据公开资料,摩拜背后有22位投资方,主要包括高瓴资本、腾讯、华平投资、携程、富士康、华住、红杉资本中国、创新工场等。其中,高瓴资本先后参与其C、C+、D轮后融资,腾讯参与其C、D轮融资,创新工场参与其B、B+、D轮融资,红杉资本中国参与其C、C+、D轮融资。ofo背后有17位投资方,主要包括滴滴、东方弘道、天使投资人王刚、唯猎资本、金沙江创投、中信产业基金、Coatue Management等,其中滴滴参与其B+、C、D轮融资,经纬中国参与其B、C、D轮融资。据《财经》记者了解,腾讯为摩拜第一大机构股东,持股在10%—15%,拥有董事会一席;滴滴为ofo的第一大机构股东,持股在30%上下,拥有董事会两席。同时,腾讯仍为滴滴第一大外部股东,持股在10%左右,略高于阿里巴巴。可以说,两家公司聚拢了中国实力最雄厚的天使投资和风险投资。

资本的涌入,令这个行业陷入空前的躁动。据报道,市面上涌现的共享单车品牌总数约15—20家。粗略统计,全国就已有30多个城市被纳入共享单车版图,单车投放总量已过百万。而这还只是一个开始。腾讯科技此前根据公开信息估算,2017年摩拜、ofo两家投放总量将发生"井喷",极有可能接近2 000万辆,而单车产能甚至将达到3 000万。这个数字有多夸张?根据中国自行车协会的官方文件,在中国每年8 000万辆的产量中,出口是大头,内需则在2 500万辆左右。其中,在2014年,全年自行车内需仅为2 039.7万辆。这意味着,仅摩拜单车、ofo两家巨头2017年的产能就超过往年全国内需总量。

资本带来的最直接影响就是疯狂的造车竞赛与城市扩张——这不得不让人想到曾经同样激烈的专车大战:在大肆烧钱之后,专车领域骤迎洗牌,如今盛况已不复当年。没有人知道共享单车之战是否会复制专车的结局,但在当前过度追捧下,行业已经进入某种不理性之中,这反映在2017年高达3 000万辆的单车产能、供应链跃进、三四线城市快速扩张以及对盈利的思考等方面。企业是否被资本绑架、资本是否被退出绑架,已经成为当前市场参与方必须重视的风险。

第二节　当前我国吸收国际间接投资的主要方式及政策评估

当前我国吸收外商间接投资的方式主要有两大类:第一大类是外债(不包括政府举借的外债,但包括外商融资租赁),这类间接投资与供应链的生产布局的关系相对比较密切。第二大类是外资创业投资和股权投资（以下简称外资 PE/VC），这类间接投资与企业成长性创新活动的关系相对比较密切。

外商间接投资的发展与众多因素紧密相连，其中主要的因素在于我国关于外商间接投资的相关法律规定及政策。

一、外债（不包括政府外债，包括外商融资租赁）

（一）境内非政府机构举借外债

1. 境内机构举借外债的类型与管理模式

根据我国《外债管理暂行办法》，外债是指境内机构对非居民承担的以外币表示的债务，按照债务类型可分为外国政府贷款、国际金融组织贷款和国际商业贷款。其中，外国政府贷款，是指中国政府向外国政府举借的官方信贷；国际金融组织贷款，是指中国政府向世界银行、亚洲开发银行、联合国农业发展基金会和其他国际性、地区性金融机构举借的非商业性信贷；国际商业贷款，是指境内机构向非居民举借的商业性信贷。国际商业贷款，包括：（1）向境外银行和其他金融机构借款；（2）向境外企业、其他机构和自然人借款；（3）境外发行中长期债券（含可转换债券）和短期债券（含商业票据、大额可转让存单等）；（4）买方信贷、延期付款和其他形式的贸易融资；（5）国际融资租赁；（6）非居民外币存款；（7）补偿贸易中用现汇偿还的债务；（8）其他种类国际商业贷款。本研究报告所指的外债是指除了政府机构以外的对外债务，即主要指国际商业贷款。

我国对外债的管理模式有两种：一是中资企业、非银行金融机构及银行可以在国家发改委核定的中长期外债指标或外汇管理局核定的短期外债指标范围内举借外债，外资企业可以在其投资总额和注册资本的差额内举借外债；二是企业、非银行金融机构及银行可以按照跨境融资宏观审慎管理模式举借外债。境内机构举借外债需要办理外债登记，举借外债的企业不存在行业限制，制造业、服务业、农业、房地产业等行业内的企业均可举借外债。外债资金使用用途上实施负面清单管理，即外债资金不得用于企业经营范围之外或者国家法律法规禁止的领域，不得用于证券投资、不得用于非自用房地产投资、不得用于向非关联公司发放委托贷款。外债到期后，其本息均可以合法汇出。

2. 全国情况与上海特点

(1) 全国的情况

2014 年之后，我国的外债余额呈现下降态势，2016 年第一季度以来逐步回升。根据国家外汇管理局统计，截至 2016 年末，我国全口径（含本外币）外债余额为 98 551 亿元人民币（等值 14 207 亿美元，不包括香港特别行政区、澳门特别行政区和台湾地区对外负债，下同）①，较 2014 年末的历史高点下降 3 593 亿美元。其中，本币外债余额为 33 831 亿元人民币（等值 4 877 亿美元），占 34%；外币外债余额（含 SDR 分配）为 64 720 亿元人民币（等值 9 330 亿美元），占 66%。在外币登记外债余额中，美元债务占 82%，欧元债务占 7%，日元债务占 3%。

从期限结构看，中长期外债余额为 38 137 亿元人民币（等值 5 498 亿美元），占 39%；短期外债余额为 60 414 亿元人民币（等值 8 709 亿美元），占 61%。短期外债余额中，与贸易有关的信贷占 47.5%。

从机构部门看，非政府部门外债占 87%，具体来看，银行债务余额为 41 912 亿元人民币（等值 6 042 亿美元），占 42%；其他部门债务余额为 29 669 亿元人民币（等值 4 277 亿美元），占 30%；直接投资公司间贷款债务余额为 14 524 亿元人民币（等值 2 094 亿美元），占 15%。

从风险来看，2016 年末我国负债率（外债余额/GDP）为 13%，债务率（外债余额/货物与服务贸易出口收入）为 65%，偿债率（中长期外债还本付息与短期外债付息额之和/货物与服务贸易出口收入）为 6%，短期外债和外汇储备比为 29%，各指标均在国际公认的安全线以内，外债风险总体可控。

(2) 上海特点

上海市外债余额从 2014 年末的 2 600 多亿美元下降到 2016 年末的 1 600 多亿美元。从自贸区金融改革创新的情况来看，有相应举借外债的典型案例。比如：

兴业银行 2016 年 9 月面向境外发行首单自贸试验区美元同业存单。截至 2016 年 9 月末，具备自贸区同业存单发行资格的机构达到 18 家，已发行规模 48.5 亿元，共有 33 家机构具备投资和交易自贸区同业存单的资格，其中 11 家为境外机构；

---

① 见国家外汇管理局官网，2017 年 3 月 31 日信息，http://www.safe.gov.cn。

海通证券借助自由贸易账户实现跨境融资 1 亿美元；

2016 年 7 月，金砖国家新开发银行发行 30 亿元人民币绿色金融债券。8月，世界银行发行以人民币结算的 5 亿特别提款权债券——"木兰债"（折合人民币 46.6 亿元）。

3. 我国外债管理的主要政策法规

我国外债管理的法规主要包括原国家发展计划委员会、财政部、国家外汇管理局 2003 年 1 月 8 日发布的《外债管理暂行办法》、国家外汇管理局 2013年 4 月 28 日发布的《外债登记管理办法》（汇发〔2013〕19 号文）等。

考虑到我国外债管理整体风险可控的实际预判，最近两年来，国家发改委、中国人民银行、国家国家外汇管理局等部门在外债管理方面出台了较多新的鼓励企业科学合理举债的政策。

国家发展改革委 2016 年 6 月发布公告，确定选择 21 家企业[①]开展 2016年度外债规模管理改革试点。试点企业在年度外债规模内，可自主选择发行窗口，分期分批发行，不再进行事前登记，待发行完成后及时报送发行信息。鼓励试点企业境内母公司直接发行外债，适当控制海外分支机构和子公司发行外债。鼓励外债资金回流结汇，由企业根据需要在境内外自主调配使用，主要用于"一带一路"、京津冀协同发展、长江经济带等国家重大战略规划和城镇化、战略性新兴产业、"双创"、高端装备制造业、互联网＋、绿色发展等重点领域，扩大有效投资。其中，金融机构发行外债应加大对实体经济的支持力度，促进金融资本与产业资本融合发展，助推产业转型升级和供给侧结构性改革，控制外债资金在金融体系内部交叉投资、自我循环。

中国人民银行 2016 年 4 月 29 日发布《关于在全国范围内实施全口径跨境融资宏观审慎管理的通知》（银发〔2016〕132 号文），自 2016 年 5 月 3 日起，将本外币一体化的全口径跨境融资[②]宏观审慎管理试点扩大至全国，中国人民银行和国家外汇管理局此后对金融机构和企业不再实行外债事前审批，其可在与资本或净资产挂钩的跨境融资上限内，自主开展本外币跨境融资。

---

① 包括国家开发银行、中国进出口银行、工商银行、农业银行、中国银行、建设银行、交通银行、中国人寿、中国华融、中国信达、中金公司、中信证券、工银金融租赁、中国中信集团、中国石化、招商局集团有、中国建筑、中国铁建、四川发展、华为投资控股有限公司、海航集团有限公司。

② 跨境融资是指境内机构从非居民融入本、外币资金的行为。该通知适用依法在中国境内成立的企业（以下称企业）和金融机构。

2017年1月13日,中国人民银行发布《关于全口径跨境融资宏观审慎管理有关事宜的通知》(银发〔2017〕9号文),进一步放松跨境融资政策,企业跨境融资额度翻倍。

根据上述银发〔2016〕132号、〔2017〕9号文件,为把握与宏观经济热度、整体偿债能力和国际收支状况相适应的跨境融资水平,控制杠杆率和货币错配风险,实现本外币一体化管理,中国人民银行在总结前期区域性、地方性试点的基础上,将全口径跨境融资宏观审慎管理政策推广至全国范围。同时,明确了中国人民银行与国家外汇管理局的监管分工。中国人民银行对27家银行类金融机构①跨境融资进行宏观审慎管理,国家外汇管理局对企业和除27家银行类金融机构以外的其他金融机构跨境融资进行管理,并对企业②和金融机构进行全口径跨境融资统计监测。中国人民银行、国家外汇管理局之间建立信息共享机制。

4. 对外债管理政策的初步评估

外债在某种意义上与外商投资一样,都是吸引海外资本参与中国经济。只不过前者形成的是债务关系,后者形成的是股权关系。本质上,两者都是一国经济在更广范围内实现优质要素的"为我所用"。两年来我国连续出台支持外债管理发展的诸多政策表明我国经济结构调整升级需要海外资本参与的现实,也表明我国以开放促改革的决心和勇气。

整体而言,在国家经济结构转型、产能调整、产业升级等政策措施推动下,我国经济仍会保持中高速增长。适度规模的借债是企业日常经营活动的必要手段,在我国法律政策范围内,企业将根据国内外经济形势等因素的变化,自主决定借用外债的时期、规模和币种结构,可以预见,在我国经济转型升级、价值链提升的背景下,外债与中国经济的良性互动有望进一步加深。

(二) 外商融资租赁

国际融资租赁属于国际商业贷款,是外债管理的范围。近年来,我国的外

---

① 27家银行类金融机构名单:国家开发银行、进出口银行、农业发展银行、中国工商银行、中国农业银行、中国银行、中国建设银行、交通银行、中信银行、中国光大银行、华夏银行、中国民生银行、招商银行、兴业银行、广发银行、平安银行、浦发银行、恒丰银行、浙商银行、渤海银行、中国邮政储蓄银行、北京银行、上海银行、江苏银行、汇丰银行(中国)有限公司、花旗银行(中国)有限公司、渣打银行(中国)有限公司。

② 企业仅限非金融企业,且不包括政府融资平台和房地产企业。

商融资租赁业发展迅速,国家和地方纷纷出台鼓励、促进外商融资租赁业发展的政策措施。因此,将外资融资租赁业务的发展情况,从外债管理中分离出来专门予以研究和分析。

融资租赁起源于20世纪50年代的美国,我国的现代融资租赁业起步较晚,开始于20世纪80年代的改革开放,当时为了解决资金不足和引进先进技术、设备、管理的需求,作为增加引进外资的渠道。根据商务部《外商投资租赁业管理办法》,外商融资租赁企业是指外国公司、企业和其他经济组织在中华人民共和国境内以中外合资、中外合作以及外商独资的形式设立从事租赁业务、融资租赁业务的外商投资企业。

1. 全国情况与上海特点

近年来,我国融资租赁业步入前所未有的发展阶段,在服务实体经济和供给侧结构性改革及经济转型升级等方面发挥的作用日益凸显,成为继银行、证券和信托后的第四大金融工具。2016年末,全国融资租赁企业总数达7 120家,其中金融租赁59家,内资租赁204家,外资租赁6 857家,融资租赁余额约53 300亿元,其中金融租赁20 400亿元,内资租赁16 200亿元,外资租赁16 700亿元[①]。从租赁公司数量来看,外商融资租赁在整个融资租赁业中占据主导地位。但从租赁规模来看,内资租赁与外资租赁相差不大。究其原因,是外资租赁公司开业率低所造成的,下面将分析详细原因。

2016年末,上海共有融资租赁企业2 090家,其中内资18家,外资2 065家,金融租赁7家。上海市融资租赁行业发展主要呈现以下特点:

(1) 租赁公司数量继续增加,租赁资产规模进一步扩大。从历年租赁公司的增长率及租赁公司资产增长率的情况对比来看,相比前几年以及全国租赁公司数量的增速,2016年上海融资租赁行业发展的增速虽有放缓,但资产增幅没有变化。据2016年度上海第三产业纳税统计,远东租赁和平安租赁跻身纳税百强企业。

(2) 租赁资产呈现集中和多元化共同发展的态势。集中化是指,租赁资产整体的行业集中度有所提升,例如,政府平台类和公共事业类资产相对集中;多元化是指多种创新业务出现,新兴行业的租赁,例如光伏,汽车占比提

---

① 《聚焦2017两会:国银租赁王学东针对当前我国融资租赁业发展情况及政策建议》,参见上海市租赁行业协会官方网站。

升,个人消费类融资租赁等新兴租赁不断涌现。

(3) 租赁服务领域不断增加,业务模式不断创新。综合类、专业类、服务类租赁公司等特色鲜明,创新业务不断,租赁＋X的混合型业务不断涌现。租赁与保理、ABS、供应链金融等其他金融类复合型业务不断增加,同业之间的交易更加频繁多样化。

2. 外资融资租赁公司境外融资渠道

目前,我国对外商投资型融资租赁公司的境外融资管理,采取的是外债规模管理的模式。根据商务部颁发的《外商投资租赁业管理办法》,外商投资租赁公司的风险资产总额不得超过其净资产总额的 10 倍。外商投资租赁公司借入外债形成的资产应全部计为风险资产,因此外商投资型融资租赁公司的融资规模理论上最高可达到其净资产的 10 倍。

外资融资租赁企业的融资渠道主要有银行贷款、银行保理、财务公司借款、境外融资(包括境外股东借款、境外上市或发债)、资产证券化、互联网融资平台借款等。目前,最常用的境外融资渠道为:

(1) 境内保函＋境外贷款。即由境内银行为企业开立融资性保函,境外银行为企业提供资金的融资模式。此种模式具体融资成本为境外利息、境内保函费以及租赁公司代借贷人缴纳的境外利得税(目前基本均由租赁公司承担)。由于境内外利差的存在,此种模式为自 2012 年以来大部分外资型租赁公司采取的最主要的融资渠道之一。但是 2014 年以来,随着开立保函额度纳入银行风险资产管理以及保函需求旺盛等原因,保函成本逐渐递增,同时自美联储宣布进入加息通道,国内中国人民银行 6 次降息、5 次降准政策的推出,使得境内外融资利差有不断缩窄的趋势。

(2) 境外发债。由于拥有外债指标,外资租赁公司已成为境外发债流回境内使用的一种重要通道,但境外发债要求在境外注册成立主体方可完成(个别大型央企获得发改委审批也可发行,但审批难度较大、时间较长,因此尚未普及),境内外资租赁公司若想获取境外发债资金,需要有一定的架构设计。从成本方面来看,由于境外发债面对境外直接投资者,较银行贷款的融资成本更为划算,因此目前环球租赁、远东宏信等租赁公司纷纷已成功完成境外发债事项。同时,国家发改委已再次"松绑"企业海外发债的条件,鼓励境内企业发行外币债券,取消发债审批制,实行备案登记制管理。预计未来将有更多的租赁公司"走出去",完成发债融资。

（3）境外银团贷款。同样是资金来源于境外，此种模式的主要优势在于融资量较大，且可以接触到众多的银行，借此压低融资成本，同时为后续与金融机构的合作开辟更为广阔的空间。

3. 管理法规与政策分析

我国关于融资租赁行业的法律法规主要有：商务部2005年《外商投资租赁业管理办法》、商务部2013年《融资租赁企业监督管理办法》，它们是指导外资融资租赁及监管方面的法规依据。

2013年9月，上海自贸试验区挂牌成立，国务院《总体方案》明确：允许和支持各类融资租赁公司在试验区内设立项目子公司并开展境内外租赁服务，在后续相关细则中，也将外商融资租赁排除在负面清单外，并明确允许融资租赁公司兼营与主营业务有关的商业保理业务。

2015年8月31日，国务院办公厅发布《关于加快融资租赁业发展的指导意见》（国办发〔2015〕68号），以进一步加快融资租赁业发展，更好地发挥融资租赁服务实体经济发展、促进经济稳定增长和转型升级的作用。2016年8月15日，上海市人民政府办公厅出台《关于加快本市融资租赁业发展的实施意见》（沪府办发〔2016〕32号）。随即，在上海自贸区，从2016年10月8日起，外商投资融资租赁纳入注册地备案准入方式，并删除1000万美元注册资本要求。

在诸多利好政策支持下，近年来我国融资租赁业取得长足发展，市场规模和企业竞争力有较快提高，在推动产业转型升级、拓宽中小微企业融资渠道、带动新兴产业发展等方面发挥着不可替代的作用。但总体上看，融资租赁对国民经济各行业的覆盖面和市场渗透率仍低于发达国家水平，尤其是在引导外资参与我国价值链和产业结构优化、推动我国企业参与全球价值链竞争等方面，还存在法律法规不健全、管理体制不适应、发展环境不完善等突出问题。具体来看：

一是融资租赁法律和司法体系不够完善。迄今没有系统的融资租赁立法，涉及融资租赁的相关法律法规较分散，如银监会的《金融租赁公司管理办法》、商务部的《融资租赁企业监督管理办法》、《合同法》第十四章"融资租赁合同"、《企业会计准则第21号—租赁》等。同时，各地在执法上也存在差异，不利于租赁物的登记、公示和保全，租赁公司的合法权益难以得到有效保障。

二是外商投资融资租赁企业开业率偏低，且注册地与经营地分离现象明显。根据上海市商务委的调查数据，上海外商投资融资租赁企业开业率（即开业企业数除以样本企业总数)为37.57％。其中,自贸试验区保税片区开业率仅为25.5％;浦东新区(自贸试验区保税片区以外区域)情况略好,开业率为68.7％。其他企业基数较小、企业成立年限较早的区县开业率则普遍较高。且各区县均存在融资租赁企业注册地与经营地分离的现象,有些区县特别严重。例如,浦东新区(自贸试验区保税片区以外区域)存在注册地与经营地不一致的企业有110家,占反馈企业总数的61.4％。又如,虹口区13家外资融资租赁企业中有12家存在注册地与经营地分离现象。注册地与经营地分离的情况给属地化管理造成极大困扰。

三是不动产融资租赁性质亟待明确。根据《外商投资租赁业管理办法》(2005年商务部令),租赁财产为各类动产、交通工具及其附带软件等无形资产,并不包括不动产。虽然大多数外商投资融资租赁公司的租赁财产均为医疗器械、车辆、发电设备、机床设备、飞机发动机等动产,随着市场需求的不断变化,将租赁资产从动产扩大到不动产的呼声越来越高,有少数外商投资融资租赁公司开展了城市道路、管网、污水处理站、工厂厂房等不动产的融资租赁业务。因《外商投资租赁业管理办法》并未将不动产纳入租赁财产范围,外商投资融资租赁公司从事此类业务,一旦发生违约纠纷将面临无法获得法律保障的风险。

四是融资租赁的税收政策有待进一步与国际水平衔接。目前售后回租业务承租人纳税时无法抵扣租赁利息支出,相比营改增试行期税负上升,承租人融资成本提高;租赁公司经营性租赁业务以收到的全部价款及价外费用作为销售额,不得扣减融资成本,税负成本较高,不但增加承租人的融资成本,也减弱了参与国际租赁市场竞争的能力;融资租赁执行差额征税政策,仅允许扣除对外支付的借款利息及发行债券利息,而与借款直接相关的投融资顾问费、手续费、咨询费等费用纳税时不能抵扣,实际税负成本较高,不利于金融租赁公司多渠道融资以降低融资成本。

五是与互联网融资平台合作亟待规范。约三分之一企业的主要融资渠道仍为传统的银行贷款,但由于外商投资融资租赁企业须符合企业存续一年以上、注册资金实到率、股东背景、项目情况等各种银行授信要求,才能够获得银行授信,因此有部分外商投资融资租赁企业开始尝试资产证券化、互联网融资平台等融资渠道和方式。实践中,融资租赁企业与互联网融资平台合作模式基本分为两类:一是融资租赁企业与第三方P2P平台开展业务合作,主要为短期融资,期限一般为 3—6 个月;二是融资租赁企业设立互联网金融关联企业,为自身租赁项目提供融资支持。无论何种方式,都缺乏相关法律法规依据,在项目真实性判断、排除重复抵押、租赁物所有权保护、资金监管等方面都存在风险隐患。

二、外资 PE/VC

外资 PE/VC 在中国的发展历程与众多因素紧密相连,其中主要因素在于我国关于 PE/VC 的相关法律规定及政策。

(一) 外资 PE/VC 在中国的运作模式

1. 三种类型

(1) 纯外资私募基金(即离岸基金)。该类型私募基金法律实体设立在境外,募集资金来源于境外,基金币种表现为外币。这类基金通常不在中国境内设立实体,投资方式包括直接投资于中国境内企业,或者在红筹模式中投资于设立在离岸地的持有中国境内公司股权或资产的离岸公司。

(2) 资金主要来源于境外的境内私募基金。即法律实体按照中国相关法律设立在中国境内,主要从事创业投资和股权投资,募集资金主要来源于境外,基金币种主要表现为外币。如外资基金管理企业发起的美元基金。

(3) 资金主要来源于境内的私募基金。其与第二类的区别在于募集资金主要在中国境内完成,基金币种主要表现为人民币。如外资基金管理企业发起的人民币基金。

私募基金的类型与投资的退出渠道密切相关,外币基金往往与境外退出相结合,人民币基金往往与境内退出相匹配。

从三种类型的基金比较来看,在法律法规限制和外汇管理趋紧的背景下,现在市场上比较主流的是离岸基金和人民币基金。根据清科研究中心数据,2012 年以来,人民币基金在募集金额和募集规模上一直超过美元基金(见图 6-1)。

之所以出现这种局面,是因为:第一,国内人民币市场快速发展,现在资本市场上不是募集困难而是钱太多。第二,打算在国内上市的项目,更想要人民币投资。这不仅意味着资金到位更快,也省去做海外架构的麻烦。第三,美元基金的投资遭遇重重的政策限制,且在当前外汇管制的情况下,国内的投资项目在产生收益、IPO 退出后,依然要面临漫长的审批、结汇过程。

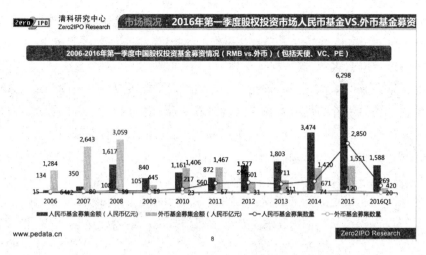

图 6-1　人民币基金与外币基金的比较

2. 相关法律法规沿革与 4 种主要组织形式

1991 年起第一批外资 PE/VC 进入中国,由于当时中国关于外资 PE/VC 的相关规定不健全,外资 PE/VC 在中国摸索前行;随着 2003 年关于外商投资创业投资企业相关规定的出台,2004 年关于外商投资性公司的相关规定的出台以及 2010 年关于外商投资股权投资企业相关规定的出台,外资 PE/VC 的运作制度逐步建立;随着外资在中国的发展的逐步深化,国家从 2008 年颁布 142 号文严控外资热钱流入的宏观调控政策逐步转向到现在鼓励外资流入,外资 PE/VC 在中国的发展也逐渐从低谷走向新一轮的高峰。

在我国的法律环境下,随着相关法律法规的出台,外资 PE/VC 在境内投资主要有 4 种形式:第一种是依据商务部 2004 年颁布的《关于外商投资举办投资性公司的规定》成立投资性公司(WFOE);第二种是依照原外经贸部等五部委联合制定的《外商投资创业投资企业管理办法》设立的外资创业投资企业(FIVC);第三种是成立合伙制的外商投资股权投资企业(QFLP)。第四种模式是平行基金。下面分别介绍四种模式的法律架构、各自的优劣和代表性企业。

(1) 外商投资性公司(WFOE)

在 2001 年《关于设立外商投资创业投资企业的暂行规定》(已废止)颁布之前,并没有专门针对外资股权投资领域的法律规定,在这样的法律环境下,外资私募基金往往将股权投资与其他投资方式混同,即首先设立外商投资企业(Wholly Foreign Owned Enterprise),后将注册资金结汇成人民币,再在中国境内进行股权投资,这种模式被称为"WFOE模式"。

根据商务部2004年颁布的《关于外商投资举办投资性公司的规定》,外商投资性公司是指外国投资者在中国以独资或与中国投资者合资的形式设立的从事直接投资的公司。公司形式为有限责任公司或股份有限公司。外商投资性公司具备股权投资的经营范围,其可以以外汇资金结汇后进行股权投资。2008年8月,随着《关于完善外商投资企业外汇资本金支付结汇管理有关业务操作问题的通知》(汇综发〔2008〕142号)的发布,外商投资企业资本金结汇所得人民币资金,应当在政府审批部门批准的经营范围内使用,除另有规定外,不得用于境内股权投资。这一规定给WFOE模式带来极大的限制。出于以上种种不利因素的考虑,这种模式并未成为外资PE/VC的主流模式。

但是,国家外汇管理局2015年3月30日发布的《关于改革外商投资企业外汇资本金结汇管理方式的通知》规定,外商投资企业资本金结汇制度由过去的支付结汇制度变更为意愿结汇制度,并且允许将结汇所得资金用于开展境内股权投资。这一结汇制度的改变为外资PE带来重大制度利好。2016年6月30日,经中国证券监督管理委员会同意,中国证券投资基金业协会发布《私募基金登记备案相关问题解答(十)》,明确境外金融机构可以通过在中国境内设立外商独资机构(即"WOFE")的方式开展私募证券投资基金管理业务。

在上述背景下,富达利泰投资管理(上海)有限公司于2017年1月3日完成登记,成为首家外商独资私募证券投资基金管理人,即首家可在中国境内募资、投资A股市场的外商独资私募机构。在富达利泰之前,共有10家外商独资私募证券投资基金管理人在基金业协会备案,包括贝莱德(Black-Rock)、美国橡树资本(OakTree)、城堡投资(Citadel)等知名海外机构。与富达利泰不同的是,这10家外商独资私募只能在中国境内募资、投资于海外二级市场。

外资私募基金管理人的进入,对行业发展将发挥积极的正面作用,一方面对A股投资者而言,有更多的投资选择;另一方面,也将使本土私募市场更加多元、更加开放,对本土的私募管理人有正面竞争的促进和交流作用。

设立外商投资性公司进行股权投资的弊端在于：第一，对境内、境外投资者有较高的门槛要求①。第二，设立需经省级商务部门审批再报商务部批准，耗时较长，程序繁琐。第三，在避免双重征税、规避产业投资限制方面无特殊处理。第四，公司制架构下也无法确保基金管理人对基金投资决策的独立性。

（2）外商投资创业投资企业（FIVC）

2003年1月，国家科技部、原外经贸部、税务总局、工商总局及外汇管理局五部委联合颁布《外商投资创业投资企业管理办法》（下称"《外资创投管理办法》"），明确规定外商投资创业投资企业（foreign investment venture capital enterprise，FIVC）是指外国投资者或外国投资者与根据中国法律注册成立的公司、企业或其他经济组织，在中国境内设立的以创业投资为经营活动的外商投资企业。FIVC可以采取公司制组织形式，也可以采取非法人制组织形式。

实践中，相较于公司制创投基金，非法人制基金可以有效规避双重征税问题，被更为广泛地使用。2005年1月，首只非法人制中外合作创投基金——"赛富成长创业投资基金"成立，该基金由天津创业投资有限公司和软银亚洲信息基础投资基金各出资1 000万美元设立，其中，软银亚洲担任必备投资者角色，承担无限责任。双方还在天津开发区注册设立"赛富成长（天津）创业投资管理有限公司"，负责投资基金的管理工作，为基金寻找优质投资项目。

根据上海市商务委提供的数据，上海已通过商务部备案的外商投资创业投资企业有11家②，所投资的行业和我国产业结构升级以及价值链提升是比

①　申请设立投资性公司应符合下列条件：外国投资者资信良好，拥有举办投资性公司所必需的经济实力，申请前一年该投资者的资产总额不低于4亿美元，且该投资者在中国境内已设立外商投资企业，其实际缴付的注册资本的出资额超过1 000万美元，或者外国投资者资信良好，拥有举办投资性公司所必需的经济实力，该投资者在中国境内已设立了10个以上外商投资企业，其实际缴付的注册资本的出资额超过3 000万美元；以合资方式设立投资性公司的，中国投资者应为资信良好，拥有举办投资性公司所必需的经济实力，申请前一年该投资者的资产总额不低于1亿元人民币。

②　其中：中外合作6家、中外合资2家、外商独资3家，合计注册资本（认缴资本）52 249万美元。从资金来源看，除"建银国际"属返程投资外，其余资本来源相对分散，包括美国、英国、瑞士、新加坡、韩国、中国香港及英属维尔京、开曼、萨摩亚等不同的国家和地区。从投资情况看，根据市商务委2015年的调研数据，11家企业中有2家未开展投资业务，已开展业务的9家企业中的6家企业累计投资金额18.34亿元人民币，投资覆盖全国15个省市及香港地区，投放行业涉及生物科技、医药保健、能源环保、新材料工业、互联网信息技术、文化科技、先进及传统制造业、农业科技等行业。

较吻合的。从企业发展阶段来看,6 家企业累计投资参股 68 家企业,其中 48 家处于成长期,20 家处于成熟期(其中 3 家上市),成熟期中的 16 家已退出,初创期和早中期的投资项目较少不利于创新创业企业的发展。在上海地区投资比较活跃的有上海联创永宣创业投资企业、上海华芯创业投资企业以及天云睿海创业投资企业等。2013 年至今,上海没有新设的外商投资创业投资企业。究其原因,可能一方面与我国对外资 PE/VC 本身的统计监测体系有关,另一方面现行的政策设计有很多制约外资 PE/VC 进入的因素,本报告将在第 2.2.2 节进行详细分析。

该模式在实践中的主要弊端:第一,FIVC 有必备投资者要求,且门槛较高。《外资创投管理办法》要求外资创投企业必须有一名必备投资者,并对必备投资者提出较高要求,如在申请设立前 3 年其管理的资本累计不低于 1 亿美元,且其中至少 5 000 万美元已经用于进行创业投资等,必备投资者还可能单独对非法人制创投企业债务承担连带责任(类似合伙企业中的普通合伙人)。第二,投资方向的限制。《外资创投管理办法》规定外资创投企业主要向未上市高新技术企业进行股权投资,不得直接或间接投资于上市交易的股票和企业债券。第三,投资范围的限制。FIVC 境内投资执行《指导外商投资方向规定》和《外商投资产业指导目录》的规定。第四,日常运作手续繁琐。设立时需经过耗时、繁琐的审批流程;投融资情况需要到监管部门备案;结汇方面,在进行股权投资时,应由外资创投企业所在地外汇管理局核准其外汇资本金划转至被投资的企业。被投资的企业经所在地外汇管理局核准可以开立资本项目专用外汇账户,上述股权投资款可进入该账户。经所在地外汇局核准,该账户的外汇资金可以参照资本金进行结汇。

(3) 合伙制的外商投资股权投资企业(QFLP)

有限合伙形式的股权投资企业是国外私募基金最常规的组织形式。尽管《外资创投管理办法》规定外资创业投资企业可以以非法人形式设立,这为以合伙形式设立外资创投企业及管理企业提供了可能性,但 2006 年实施的《合伙企业法》规定"外国企业或者个人在中国境内设立合伙企业的管理办法由国务院规定"。2009 年 12 月,国务院颁布《外国企业或者个人在中国境内设立合伙企业管理办法》,工商总局随即配套颁布《外商投资合伙企业登记管理规定》。这两部法律对外国投资者在中国境内设立合伙企业的程序等进行明确的规定,外资 PE/VC 以设立合伙企业的形式进行股权投资,在法律上获得依据。2010年以来,北京、上海、天津、重庆、深圳(包括前海)等地先后作为合伙制的外商股权投资企业(Qualified Foreign Limited Partnership,QFLP)试点城市,陆续出台相关政策及规定,在吸引外资参与境内股权投资基金方面作出重大突破。但是,对于外商投资股权投资企业,目前尚无全国性的统一立法。

外商投资股权投资企业,是指在我国北京、上海、天津、重庆、深圳(包括前海)等地试行的由外国企业或个人参与投资的合伙企业,以股权的形式投资非上市公司。其运营模式为境外公司作为海外控股股东,以合伙制的形式在境内收购或者成立子公司作为QFLP,由海外股东或海外股东关联公司的境内子公司作为普通合伙人(GP)来管理,GP的出资额一般不超过QFLP募集资金总额的5%。QFLP引入境内或者境外企业作为有限合伙人(LP),资金以GP和LP认缴出资的形式入境,再由QFLP作为投资平台投资项目,投资范围包括在国家允许的范围内,以全部自由资金新设企业、向已设立企业投资、接受已设立投资者股权转让以及国家法律法规允许的其他方式;为所投企业提供管理咨询等。

2010年3月3日,在《外国企业或者个人在中国境内设立合伙企业管理办法》实施后两日,凯雷复星(上海)股权投资企业即在上海宣告成立,该基金采用普通合伙制,由凯雷丝路投资公司及上海复星产业投资有限公司各出资5 000万美元设立,成为国内首只外商投资的合伙制基金。2010年3月14日,国内首家合伙制外商投资股权投资管理企业——上海欣创股权投资管理企业(有限合伙)落户上海。上海欣创由软银中国香港公司和上海信维信息网络技术有限公司共同设立,认缴出资额为200万美元,软银中国香港公司作为有限合伙人出资198万美元,上海信维作为普通合伙人出资2万美元。

根据上海市金融办提供的数据[①],和FIVC一样,QFLP所投资的行业和

----

① 截至2016年末,已有16批41家企业获得外商投资股权投资企业试点资格,试点基金总规模508亿元,其中获批外汇额度77亿美元。境外投资人包括境外养老基金、家族基金和大型专业投资机构等。试点企业中有30家已顺利开展对外投资,共计投资全国近200个项目,投资总额折合人民币约110.8亿元,其中结汇额约16.3亿美元。主要投资领域包括生物制药、医疗器械、互联网技术、大众消费、环保技术等。

我国产业结构升级以及价值链提升是比较吻合的[①]，主要退出方式包括协议转让、回购、上市后退出。

外资股权投资企业明确适用合伙制，具有外商投资性公司和外资创投企业所不具备的优点：第一，合伙企业适用"先分后税"[②]原则，有效避免双重征税。第二，自然人LP可以进行税收优惠，有效降低投资成本。第三，GP执行合伙事务，LP不参与合伙事务执行的制度设计可有效确保普通合伙人（基金管理人）投资决策的独立性。第四，GP投入少量的资金可享受较高比例的分成收益。

（4）平行基金

平行基金模式是通过外资私募基金间接落地，开展私募股权投资业务的一种新型合作模式，即在海外和国内分别募集两只规模差不多大的投资基金，分属外资私募基金和本土私募基金，通过有共同利益的管理公司把两个基金模拟成一个基金进行分配和清算。寻找项目时，两只基金共同投资，一般各占投资额的50%。在该模式下，国外PE在中国境外建立一家创业投资基金，国内创业投资机构在国内建立一家创业投资基金或公司，两家基金平行存在，法律上各自独立。但这两家基金在相互磋商、确立合作意向的基础上，共同在国内建立一家投资管理公司，并委托这家投资管理公司同时管理两只基金。如果投资项目需要人民币背景，就用境内的基金进行投资，将来在境内退出；如果投资的项目需要海外控股的背景，则用境外的基金进行投资，将来在境外退出。投资后所得的收益按照事先约定的比例在双方之间进行分配。

采用平行基金模式的优点在于既可以解决境外资金因外汇管制产生的进入和退出难题，又可以解决境内资金走出国门的困境。然后，如何实现将收益在境内外投资者之间进行分配需要进行相应的筹划。

平行基金的基本构架如图6-2所示：

---

① 在赴上海股权投资基金协会实地调研时了解到，德同新能（上海）股权投资基金企业是上海市外商投资股权投资试点的第一批企业，一同获得试点资格的还有黑石集团和凯雷投资下属的QFLP基金。德同新能主要从事股权投资业务，系已在中国基金业协会完成私募基金备案的股权投资私募基金，其基金管理人为德同（上海）股权投资管理有限公司。2011年获得试点资格以来，德同新能基金在投资期内顺利完成投资工作，共投资8个项目。其中3个为医疗健康领域项目、2个新材料与高端制造领域项目、1个消费升级领域项目、1个清洁环保领域项目以及1个体育产业项目。

② 根据《财政部国家税务总局关于合伙企业合伙人所得税问题的通知》（财税〔2008〕159号）的规定，合伙企业以每一个合伙人为纳税义务人。合伙企业合伙人是自然人的，缴纳个人所得税；合伙人是法人和其他组织的，缴纳企业所得税。

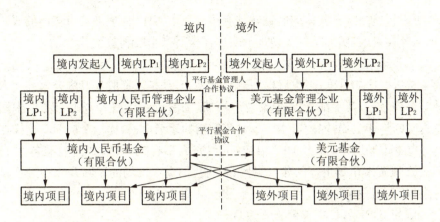

图 6-2　平行基金的基本架构

平行基金最早在我国出现,是中新苏州工业园区创业投资有限公司与台湾创投企业怡和集团设置的平行基金,规模约为 6 000 万美元。其后,2007 年 6 月,天津海泰和戈壁创投组建的"海泰—戈壁滨海高新创业投资基金"也采用平行基金的架构。2009 年创业板启动时,平行基金曾经一度很热。清科研究中心的数据表明,不少外资机构为深度参与中国股权投资市场,采用平行基金的模式。例如 2011 年 11 月,摩根大通在内地筹建 20 亿美元的双币平行基金,日本 SBI 控股与北京股权投资发展基金、上海仪电控股(集团)公司都合作了平行基金。2014 年 10 月,富国富民投资管理有限公司和空中客车公司在成都设立中法第一只平行基金。2016 年 6 月,管金生作为董事长的上海九颂山河基金公司采用的也是平行基金的运作模式。

2015 年以来的中概股回归为平行基金带来发展的大好机遇。国外上市的中国公司如果要回归国内资本市场,首先就要找人民币基金来接盘。在诸多回归国内市场上市的案例中,都是同一家基金管理公司用旗下的人民币基金替换此前的美元基金。平行基金的架构正好可以满足这一要求。

3. 一个特殊运作模式——VIE

VIE 架构,全称为 Variable Interest Entities,也称为"协议控制",是指境外上市实体与境内运营实体相分离,境外上市实体通过协议的方式控制境内运营实体,使该运营实体成为上市实体的可变利益实体。VIE 架构的关键是通过 VIE 协议下的多个协议而不是通过拥有股权来控制国内实体公司,从而获得对国内实体公司的控制权和管理权,实现财务报表的合并,这一点对打算在国际市场上市的公司以及为跨境交易优化税务结构至为关键。通过这种方式,可以将境内运营实体的利益转移至境外上市实体,使境外上市实体的股东(即境外投资人)实际享有境内运营实体经营所产生的利益。

VIE架构最典型的应用是在外商投资受中国法律限制的互联网或电子商务领域。比如百度、阿里巴巴、腾讯、唯品会,凡是外资股权投资介入并在海外上市的公司,几乎都有VIE架构。当然,随着近年来海外资本市场上中国概念股的整体走弱,国内资本市场政策管制的逐渐放松,比如奇虎360这样在海外资本市场退市,拆除VIE架构,重新完成私有化,再回到国内准备2017年在A股资本市场上市的典型案例,表明我国资本市场的不断开放和进步是解决VIE问题的关键。

4. 外资PE/VC政策的初步评估

综上所述,外资PE/VC法律法规的历史沿革决定了其类型、组织形式、法律架构、运作特点等。结合课题组赴相关行业协会、典型企业、律师事务所的调研,对外资PE/VC政策的历史沿革可以初步得出以下主要结论:

第一,整体来看,政策条块化、碎片化、分散化的特点明显。比如从资金募集、投资、管理、退出的政策来看,涉及国家发改委、商务部、科技部、国家工商总局、证监会、外汇管理局等多个部门。以上海外资股权投资企业为例,上海已成立外商投资股权投资企业试点工作联席会议,由上海市政府分管领导召集,成员单位包括市金融办、市商务委、市工商局、市发展改革委、市经济信息化委、市科委、市财政局、市地税局、市住房保障房屋管理局、市政府法制办、外汇局上海市分局、上海银监局、上海证监局和浦东新区政府等,联席会议办公室设在市金融办,具体审批程序如下:

> 向市商务委提出申请,市商务委自收到全部申请文件之日起5个工作日内决定是否受理;在受理后5个工作日内,书面征求市金融办意见。

> 市金融办自收到市商务委征询函和企业全部申请文件之日起10个工作日内书面回复意见。

> 市工商局在接到市金融办书面意见之日起5个工作日内,做出是否登记的决定。予以登记的,发给营业执照;不予登记的,应当给予书面答复,并说明理由。

> 合伙制的外商投资股权投资企业须及时凭工商登记注册等材料至外汇局上海市分局办理外汇登记,核准开户等相关外汇管理手续。

图6-3　上海外资股权投资企业设立审批流程

多个部门监管的直接结果是行业管理职权不明确,分工不清晰。比如2013年2月证监会发布规定,允许创投机构开展公募基金业务。但同年3月,发改委禁止创投机构参与公募基金和私募证券投资基金,与证监会的规定相冲突。为了解决这一问题,中央编办印发《关于私募股权基金管理职责分工的通知》,明确证监会对私募股权基金的监管权,发改委则负责组织拟订促进私募股权基金发展的政策措施,并要求两部门建立协调配合机制,实现信息共享。

第二,从服务全球价值链升级的角度来看,从调研数据来看,无论是FIVC,还是QFLP,外资PE/VC在实际投资中的行业选择大多是战略新兴产业,和我国产业结构升级、价值链提升的方向是比较吻合的。但是,由于受制于《外商投资产业指导目录》的限制,现有的政策体系不利于引导外商投资进入像数据、品牌、科学研发、设计以及软件与组织结构的复杂整合等方面的知识资本领域去。在很多股权投资与创业投资企业重点关注的诸如TMT、文化传媒、科技研发等新经济、新商业模式中,都是禁止外资进入或者限制性进入的行业,外资PE/VC都无法参与其中。

第三,从时间沿革来看,政策的稳定性、预期性、一致性等存在较大的变数。比如QFLP政策目前全国还没有统一的立法,实践中容易受外汇政策影响,申请流程长,对申请额度大小、结汇时点、政策持续性的预期不乐观,导致许多外资股权投资企业放弃申请QFLP。

第四,从顶层设计来看,所有政策法规都要服从"外资三法"的要求。"外资三法"一度奠定我国利用外资的法律基础,为推动我国改革开放进程作出了重大贡献。但随着国内外形势的发展,外商投资企业的相对地位及在我国改革开放中的作用都已经发生天翻地覆的变化,国际投资也开始进入一个战略投资密集的新阶段,监管重心由所有权结构和具体组织形式的强调逐渐转移到对投资产业类型及国家安全新挑战的考量,现行"外资三法"在很多方面已经很难适应全面深化改革和进一步扩大开放的需要,比如其确立的逐案审批制管理模式已不能适应构建开放型经济新体制的需要,不利于激发市场活力和转变政府职能;其关于组织形式、经营活动等规定和《公司法》等有关法律存在重复和冲突。

第十二届全国人大常委会第22次会议审议通过的,2016年10月1日开始施行的新的"外资三法",对外商投资实行负面清单管理模式,将负面清单以外领域外商投资企业设立及变更审批改为备案管理。这一新举措适应外商投资的"新常态",能够为外商投资者提供更加稳定、透明、可预期的法律环境。但是,在外资并购、国家安全审查等重要制度纳入外国投资的基础性法律,适应多边和双边投资自由化谈判的新形势,给予外资企业以国民待遇,更多地和国际惯例和国际通行规则接轨等方面,还需进一步完善。

(二) 外资 PE/VC 境内股权投资的限制和障碍

在现行法律政策下,与国际通行的贸易投资规则相比较,我国外资 PE/VC 在工商注册登记、身份认定、投资范围、收益分配等方面还面临诸多不利于我国全球价值链提升的限制和障碍,主要体现在:

1. 准入前国民待遇的问题——外资 PE/VC 设立及工商变更等行政手续繁杂

准入前国民待遇是传统投资协定采取的控制模式与开放投资体制中的自由模式最重要的差别,主要针对的是外资"门好不好进"的问题。对于外企股权投资企业(QFLP),在全国多数地区或者城市均需要在设立登记手续之前取得当地金融办的前置批准,金融办的前置审批难以预计且不可控,大大增大了基金架构搭建的时间跨度且增加了不确定性。同时,境内法定代表人或其他合伙人有很大比例是外籍高管,在基金变更有关事项时,需要同步更新合伙协议,要求所有合伙人签字,包括公证认证等,对于外籍人士来说造成了行政手续上的不便利(见附录案例 A)。

2. 准入后国民待遇问题——外资身份界定及产业投资限制问题

准入后国民待遇解决的是外资"进门后"能不能受到平等对待的问题。在我国对于有外资成分的有限合伙股权投资基金,如何确定其性质? 属于内资还是外资? 目前法律没有明确界定。拥有外资成分(无论是直接还是间接)的有限合伙股权投资基金对外投资是否要受外商投资产业目录的限制,实际操作层面的认识也相当困惑。很多价值链高端的知识资本领域,外资 PE/VC 是禁止进入的。在这样的背景下,被投资企业在同等条件下往往倾向于选择接受纯内资背景基金的投资,以减少上市审批进程中的不确定性,这显然不利于我国产业结构的提升和综合竞争力的提高(见附录案例 B)。

3. 税收公平的问题——外商投资双重税赋问题

在实践中,美元基金和有限合伙制的外商投资基金在投资收益分配方面存在明显的税收差异。在美元基金的架构下,美元基金就其投资退出收益需要缴纳 10% 的预提所得税；而在有限合伙制的外商投资基金架构下，根据调研中了解到的情况，在上海地区，境外投资者投资退出的收益需要缴纳 25% 的所得税（在部分外省市地区仅需缴纳 10% 的预提所得税）。

此外，外商投资于中外合资创业投资公司，在创业投资公司分配收益时，先在公司层面缴纳 25% 企业所得税，外资在换汇汇出境外前还要征 10% 企业所得税，而中方却无此税负。实质上相同的投资却在税收成本上存在较大差异，这显然不利于吸收和鼓励外资 PE/VC 且容易催生监管套利（见附录案例 C）。

此外，当前背景下，外资基金还普遍存在结汇难、新注册企业难等问题。例如，基金发工资时需要打印工资流水单，购买设备需要按照购置合同，发生一笔结转一笔。有的基金被投企业属于互联网等新兴产业，以大量无形资产为主，不需要购置大型设备和原材料，结汇时也存在手续繁琐流程长的问题，影响企业经营发展。2016 年 4 月，全国启动互联网金融专项整治工作，在整治期内，全国大多数省市已暂停登记注册在名称、经营范围中含有金融相关字样的企业。上海市政府也发布《本市进一步做好防范和处置非法集资工作的实施意见》，收紧投资管理类公司工商信息变更并暂停登记"项目投资""股权投资""投资管理""投资咨询""资产管理"等投资类经营项目，导致许多有想法有实力的机构无法进入市场或不得不通过代理注册的方式将企业注册在外地。

附录

案例 A：关于境内外资基金架构搭建

目前在境内搭建境内外资基金架构通常包括三个主体，包括基金管理人、基金以及合伙人（包括普通合伙人和有限合伙人）。

运作中的常见问题有：

1. 基金设立及变更流程复杂

首先，为完成管理人登记及基金备案，基金及普通合伙人的名称或者经营范围中需要包括"投资管理"或者"基金管理"等与私募基金相关的字样。但是需要完成这类实体的设立，实践中在全国多数地区或者城市均需要在设立登记手续之前取得当地金融办的前置批准。金融办的前置审批难以预计且不可控，大大增大了基金架构搭建的时间跨度且增加了不确定性，与目前简化外商投资流程的大方向并不相符。

其次,基金管理人或普通合伙人的法定代表人、境外投资者的董事等通常为外籍人士,不同地区工商部门的操作实践不同,相关设立和变更登记申请文件被要求进行公证、认证的问题也是一大困扰。具体来看:各地主管机构在公证及认证材料的要求上不统一,有些可以接受境外的公证认证材料,有些地区仅接受境内的公证材料(强制要求外籍人士为签署相关变更登记申请文件到境内公证,很多时候难以做到)。有时候,外籍人士的有权签字人需要授权其他人士代为签署,相应的授权委托书也被要求公证认证,但公证机关往往只能确认该授权书是否本人亲自签署,或相关文件的复印件是否与原件一致,并不能公证授权的有效性。关于公证和认证要求的反复沟通确认以及公证认证本身的时间和经济成本,与目前简化外商投资流程的大方向并不相符。

第三,基金变更登记时,尽管合伙协议中规定了LP授权GP有独立自主权办理某些事宜(如变更基金地址、根据更新后的合伙人名册及认缴和实缴出资情况,办理相应的工商变更登记等),但实践中,往往需要取得全体合伙人签署的书面申请文件。基金开展运作后难免发生某个LP违约、某个LP发生重组等各种各样的情况。在某个LP不予配合的情况下,基金正常的变更登记往往难以完成,倒过来对基金的正常运营和合规性造成不利影响。

2. 有限合伙人无限穿透问题

根据中国证监会审核指导意见,为了核查股东人数是否超过200人,以及与发行人、实际控制人有无关联关系与利益关系,要求拟在境内资本市场上市的企业在反馈阶段提供境内外有限合伙人(LP)穿透,需要穿透到自然人及上市公司层面。外资股权投资企业境外LP穿透与境外LP与其出资人之间的保密协议以及其他相关法律文件存在冲突,故实际操作中很难像境内LP一样实现穿透到自然人与上市公司层面。

3. 基金管理人高管人员登记问题

外资基金管理人的高管人员通常为境外人士,且境外人士通常与其境外母公司签署劳动合同并形成劳动关系,但根据基金业协会的要求,基金管理人高管人员需要与基金管理人签订劳动合同。

境外人士与基金管理人签署劳动合同可能较大地增加个人税收成本,同时可能导致境外母公司也承担额外的税收成本。该规定可能倒逼基金管理人安排其境内员工作为管理公司的高管人员以完成登记,但这些员工资历较浅同时劳动关系并不稳定反而增加了基金管理人的管理风险。

案例 B:关于 QFLP 模式下的 FIE GP 基金性质的认定及《外商投资产业指导目录》的适用

FIE GP 模式即是指在外商投资股权投资企业试点(QFLP)中,普通合伙人(GP)是外商投资企业("FIE GP"),有限合伙人(LP)是境内投资者(不含在中国境内设立的外商投资企业)的人民币基金("FIE GP 基金"),组织架构如图 6-4 所示:

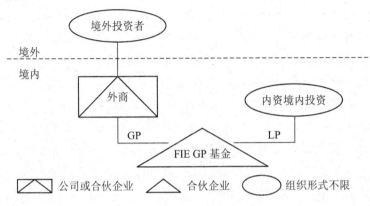

图 6-4　FIE GP 基金架构图

FIE GP 基金架构运作中存在的主要问题是外资身份认定和《外商投资产业指导目录》的限制问题。

1. 外资身份认定的法律依据

对于外资股权投资管理企业作为普通合伙人发起的人民币基金的性质,上海 2010 年制定的《关于本市开展外商投资股权投资企业试点工作的实施办法》规定,如果作为 GP 的外商投资企业符合条件并获准参加上海的试点,其可在不超过总规模 5%的额度范围内向其发起设立的 FIE GP 基金进行出资,且该出资不影响 FIE GP 基金的原有属性。这意味着,尽管 GP 是外商投资企业,FIE GP 基金将被视为一个没有外资成分的纯国内基金,享受"国民待遇"。

但是,在具体实践中,根据《国家发展改革委办公厅关于外资股权投资企业有关问题的复函》(发改办外资〔2012〕1023 号)回复,GP 是外资、LP 是内资的有限合伙制股权投资企业(即 FIE GP 基金),依据《指导外商投资方向规定》(国务院令第 346 号)和《外国企业或者个人在中国境内设立合伙企业管理办法》(国务院令第 567 号)等规定,应按照外资政策法规进行管理,其投资项目适用《外商投资产业指导目录》。

除发改委复函外，监管部门并没有统一的关于 FIE GP 基金投资对于《外商投资产业指导目录》的适用的意见。如果适用《外商投资产业指导目录》，如何对 FIE GP 基金投资是否符合《外商投资产业指导目录》进行监管？实践中，商务部门往往不会对 FIE GP 基金投资进行审批，而发改部门对不涉及建设类项目的投资也不会进行监管。

QFLP 基金外资身份的认定在很大程度上限制了其投资范围，很多股权投资与创业投资重点关注领域，如 TMT 行业中绝大部分领域以及其他外资受限或者禁入领域，外资股权投资企业都无法参与其中。

2. 实践中外资身份认定的标准

关于 FIE GP 基金中如果外资普通合伙人不进行任何出资的情况下，是否可以认定为不存在外资属性，从而可以投资于外资限制或者禁止类行业的问题，在法律法规层面并没有明确。但是实践中关于"外资"属性的认定各主管部门更多采用的还是权益持有的观点，即：即使外资没有实际出资但是持有相关实体的权益就会导致该实体存在外资属性。

在实践中，越来越多的 FIE GP 基金希望参与到外资限制或者禁止类行业（例如支付行业或者 TMT 行业）的投资中，如果（1）这类 FIE GP 基金中存在外资成分的普通合伙人不进行出资，这类外资普通合伙人也不享有相应的投资收益，并且 FIE GP 基金中所有资金均来自境内内资的有限合伙人；或者（2）虽然出资，但是普通合伙人的出资来源均为境内合法所得人民币，是否有可能将 FIE GP 基金视同内资基金对待从而使其下游投资不受《外商投资产业指导目录》的限制，即是否能够从资金来源的角度对"外资"属性进行判断而非单纯从"权益持有"关系角度进行判断。

3. 外资身份并无优惠政策

外资身份导致外资股权投资企业除了需要投资外资允许进入的领域之外，还需要取得被投资企业的同意，在投资完成后将内资企业性质变更为中外合资企业，而中外合资企业已经不再享有税收以及其他优惠，而且在增资转让等各项工作中均需要商务部门审批，与内资企业所需流程相比耗时费力。除此之外，传统行业企业与新兴行业企业都希望将来能拓展新兴业务，互联网、移动互联网、文化传媒、娱乐等均为重点发展目标，这些行业恰恰大多是外资受限或者禁入行业。因此，实务运作过程中，大多数内资企业基于以上两点是非常不愿意接受被变更为中外合资企业,这给外资股权投资企业投资造成非常大的障碍。

案例 C:美元基金架构及境内外商投资基金架构下的税收差异

美元基金架构系指美元基金作为投资人直接对境内企业投资。境内外商投资基金架构系指境外投资者及境内投资者合资设立一家有限合伙制的外商投资基金,并通过该外商投资基金对被投资企业进行投资。组织架构如图 6-5 所示:

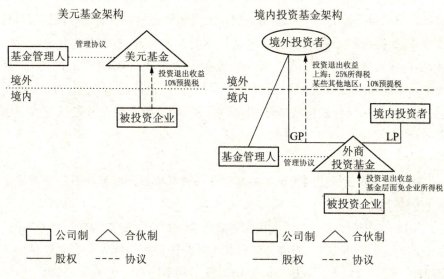

图6-5　股权投资基金税收差异

税收差异主要体现投资收益分配方面,具体来看:在美元基金的架构下,美元基金就其投资退出收益需要缴纳 10% 的预提所得税;而在境内外商投资基金架构下,根据调研中了解到的情况,在上海地区,境外投资者就其投资退出收益需要缴纳 25% 的所得税(在部分外省市仅需缴纳 10% 的预提所得税)。

关于境内外商投资基金架构,实践中还存在一种更复杂的情况:即境外投资者先在境内设立一家外商投资公司(WFOE),然后由外商投资公司和境内投资者合资设立一家有限合伙制的外商投资基金,并通过该外商投资基金对被投资企业进行投资。这种架构下,投资收益分配时,先分到这家外商投资公司,在公司层面缴纳 25% 的企业所得税。之后,外商投资企业向境外投资者分红,境外投资者换汇汇出境外前还要缴纳10％的预提所得税。

实质上相同的投资却在税收成本上存在较大差异,这显然不利于吸收和鼓励外商间接投资且容易催生监管套利。

第三节　关于我国吸收国际间接投资政策创新的若干思考

本节将在我国资本项目开放及利率汇率市场化继续推进背景下,阐述当前吸收国际间接投资政策创新的基础。围绕如何建立有效的外商投资间接统计体系,如何理顺外商间接投资的监管体制机制和建立有效的市场监管体系,如何通过逐步改善投资准入和产业限制以解决VIE结构的问题,探讨我国外商间接投资政策创新的建议。同时,依托上海自贸区和国际金融中心建设的契机,对标国际投资规则,探索外商间接投资在上海先行先试的制度红利。

一、吸收外商间接投资政策创新的基础——资本项目开放和利率汇率市场化的持续推进

2013年7月20日,中国人民银行宣布全面放开金融机构贷款利率管制,2015年10月23日,宣布对商业银行和农村合作金融机构等不再设置存款利率浮动上限。这标志着我国金融机构都有了利率的自主定价权,利率市场化在定价方面基本完成。但是利率改革后续还有很多任务,亟需完成两项重点任务,即强化金融机构的市场化定价能力和进一步疏通利率传导机制[①],从而进一步提高金融资源配置效率,完善金融调控机制。

鉴于此,本部分重点分析资本项目开放和汇率市场化。从本质上而言,资本项目逐步开放的过程即是汇率实现市场化的过程。

---

① 按照中国人民银行研究局首席经济学家马骏的观点,利率管制放开之后,"利率市场化进程中的另外两项重要任务是强化金融机构的市场化定价能力和进一步疏通利率传导机制。要让金融市场和机构更多地使用诸如上海银行间市场利率(Shibor)、短期回购利率、国债收益率、基础利率等市场利率作为产品定价的基础,逐步弱化对央行基准存贷款利率的依赖。同时,要通过一系列改革来疏通利率传导机制,让短期利率的变化(和未来的政策利率)能够有效地影响各种存贷款利率和债券收益率。这两个领域的实质性进展是向新的货币政策框架转型的重要基础"。

（一）辩证看待资本项目可兑换

我国的资本项目可兑换进程始于 1993—1994 年,2001 年加入世界贸易组织后逐步有序推进,先后实施了境内外合格机构投资者(QFII 和 QDII)、人民币跨境贸易投资结算、境外机构用人民币投资境内资本市场等,形成贸易开放和资本双向流动逐步扩大的格局,日益趋近人民币资本项目可兑换。国家外汇管理局评估认为,从国际机构公认的 7 大类 40 项资本交易项目来看,我国仅有 10 项不可兑换,其余 30 项已基本或部分可兑换,除了非居民境内发行股票、货币市场工具和衍生产品业务[①] 3 项不可兑换以外,主要跨境资本交易都有一定正规渠道。

但是,按照国际货币基金组织(IMF)的评估标准[②],由于我国发改委、商务部、中国人民银行、证监会、银监会等监管部门对直接投资、股权投资、货币市场、债券和其他债务类证券、集体投资证券、金融信贷、衍生工具等均设置了前置性审批程序或总量(额度)管理标准,我国 30 余项部分可兑换的资本项目均属于管制范畴,加上 3 项不可兑换的资本项目,即我国资本项目 40 项中的绝大多数依然处于不同程度的被管制状态。由此可见,在资本项目可兑换上,判断标准的差别可能导致完全相反的结论。

资本项目开放的最终目标并不是实现资本项目完全可兑换。根据 IMF 的分类和统计,即使是美国、德国、日本等发达国家,也有 15%—19% 的资本交易项目存在限制,这也从侧面反映一定程度管制的必要性。资本项目开放的根本目的还是在于希望通过开放带来技术创新、产业升级和接轨国际市场,

---

①　国家外汇管理局官员在 2016 年初接受某刊物采访时曾表示,资本项目不可兑换子项目仅剩非居民境内发行股票、货币市场工具和衍生产品业务等 3 项。

②　IMF 并没有明确给出"资本项目可兑换"的标准,对于资本项目是否可兑换的评估或界定,业界基本有两种观点:一是资本项目可兑换就是取消有关资本项目下交易的汇兑限制,二是资本项目可兑换不仅包括取消有关资本项目下交易的兑换限制,还包括取消对有关资本交易本身的限制。我国监管机构对资本项目可兑换的理解采取的是第一种观点。在评估或界定资本项目是否为可兑换的标准或原则上,我国与 IMF 的标准也是有较大区别的:IMF 将资本项目可兑换的评估标准分为存在管制与不存在管制两类,而我国将资本项目可兑换的评估标准分为完全可兑换、基本可兑换、部分可兑换和不可兑换四类。此外,IMF 对列有详细信息的资本项目的评估还有四大原则:一是须授权、批准或许可的资本项目交易被认定该项目存在管制,而只需报告、登记或通知的资本项目交易则不属于管制;二是对项目设定数量型限制的被认定为管制(例如我国的 QFII、QDII),反之相反;三是基于国家安全原因设立的限制性政策不被认定为资本管制,反之相反;四是对某一类行业设定的限制性措施不被认定为资本管制,反之相反。

最终促进经济发展,而过于频繁、大规模的资金流入流出与经济活动的长期性在时间上不匹配,必然造成不利影响。因此,资本"自由"是相对,对资本流动或多或少的限制是不可避免的。

(二) 全面理解资本项目开放的内涵

资本项目可兑换只是资本项目开放的第一步。资本项目开放还包括资本可自由流动①和资本可自由交易②。

我国资本流动的现状是自由度很低。相对资本流出,我国对资本流入一直持高度欢迎的态度,2014 年以前的多年资本项目顺差可以作为历史见证;但对于资本流出,无论企业还是个人,我国的管制是非常严格的,尤其是对个人,仅有每人每年 5 万美元的兑换额度自由。直到我国的外汇储备达到 3.99万亿美元顶峰的 2014 年前后,我国才给予企业直接对外投资一定的政策鼓励和监管放松,2016 年下半年开始又有所收紧。

资本可自由交易不仅指在实体经济中的各类资金(包括经常项下和资本项下)可自由流动、进出国境,还包括在金融市场的各种资金往来及交易。我国的金融市场,只是开放了其中的极小一部分,例如 QFII 和 QDII、沪港通、深港通、允许外资类中国人民银行机构经批准进入中国外汇交易市场、允许境外投资者通过 QFLP 等计划投资 PE/VC 市场、允许外资机构经批准进入中国黄金交易所国际版等。

(三) 在防风险的前提下稳步推进资本项目开放

资本项目开放的同时,必然带来一定的风险,如可能加大国内机构和市场的竞争压力,增加资产错配的风险,一定条件下跨境资本"大进大出"冲击国内资本市场和货币价值,等等。回顾多个率先进行资本项目开放进程的国家经验可以发现,资本项目开放的核心问题在于:如何在逐渐推进资本项目开放的过程中应对由于资本流动对汇率、国际收支、货币政策乃至宏观经济的负面影

---

① 资本可自由流动,是指国内外的机构或个人在无需国内政府批准的情况下就可按官方汇率在本币与外币间自由兑换,并可将投资资金汇入国内或汇出国外。换言之,资本可自由流动是在资本可兑换的基础上,有进出国境的自由(即跨境资本流动的自由)。资本可自由流动是资本可兑换的升级版,是资本项目开放的第二步。

② 资本可自由交易不仅指在实体经济中的各类资金(包括经常项下和资本项下)可自由流动、进出国境,还包括在金融市场的各种资金往来及交易。即,资本可兑换界定的第二种观点——资本项目可兑换不仅包括取消有关资本项目下交易的兑换限制,还包括取消对有关资本交易本身的限制。应该说,资本可自由交易是资本项目开放的第三步,也是终极目标。

响,避免走入"资本项目开放—资本大量流入—经济过热和货币错配—资本外逃—金融危机"的路径,并使经济真正受益于资本项目开放。这取决于资本项目开放的路径、顺序以及彼时的国内外经济形势①。

资本项目开放并不等于实行完全自由汇率制,不等于全面解除对跨境资本自由流动的各种管制。尤其是在当前全球金融环境复杂、经济发展不均衡的情况下,大多数发展中国家和新兴市场国家均着眼于国家安全、审慎宏观管理、反洗钱和反恐融资等,保留不同程度的资本管制。

我国的资本项目也不存在开放的最优路线,应主动、渐进结合国内的经济形势,把握好节奏和力度,在防风险的前提下稳步推进,控制好政策和时间表上的灵活性②。率先"修炼内功",调整结构,在经济全球化再平衡和全球价值链升级的背景下,积极融入国际市场、主动对标国际规则、增强对全球影响力才是资本项目开放的根本。

二、吸收国际间接投资政策创新的几点建议

(一)建立有效的外商间接投资统计体系

我国 2012 年发布的《金融业发展和改革"十二五"规划》明确要求"建立统一、全面的金融业综合统计体系"及"构建金融业综合统计信息平台,完善数据信息共享机制"。我国《十三五规划建议》和《十三五规划纲要》,均明确提出"统筹金融业综合统计"的要求。可见,建立健全适应现代经济金融发展需要的金融业综合统计体系,正日益成为中国金融监管当局的一项重要工作。相应的,外商间接投资也应该纳入金融业综合统计体系。

1. 外商间接投资统计体系实现全口径途径的必要性

近年来,随着经济金融全球化的进一步深化,我国金融业不断发展,且结构正发生着巨大变化,金融市场不断创新和金融产品日益丰富,非银行业金融机构在金融业中的份额不断增加,金融统计工作面临更大的困难和挑战。由于对跨行业、跨市场、跨机构的交叉性金融产品和影子银行业务无法进行准

---

① 摘自谢亚轩、刘亚欣:《资本项目开放的新动向与国际经验借鉴》,《招商宏观研究》2015 年 10 月 26 日。

② 根据我国已明确的资本项目开放的"四项原则"(均衡管理、稳步开放、便利化和国民待遇)、实践经验和行为风格,我国的资本项目开放的总体思路大体可以总结为:先资本流入后资本流出,先直接投资后间接投资,先实体类投资后衍生品类投资,先机构投资个个人投资。

确、及时的统计,作为本课题研究对象的外资 PE/VC、融资租赁等也是如此,"一行三会"等监管部门根据现有的金融统计体系无法有效地全面评估宏观调控的效果和金融体系的整体风险。

实践中,出于金融体系的安全考虑,我国外汇管理政策长期以来保持较为严格的资金流出管控,从而在事实上造成国际间接投资难以通过合规的渠道进行便捷的跨境流动,催生出平行基金、VIE 架构等外资股权投资跨境流动的"翻墙工具"。目前,通过这类工具流出境外的外资投资收益总体规模十分可观,已经到了不能再坐视不管的地步。在我国金融体系相对还未完善、抵御风险能力还未足够强大的当前,外汇资金的管理、国际资本的跨境流动,直接与国家的汇率政策挂钩,影响到经济全球化浪潮中全球各国之间的综合竞争与战略博弈,确实是一个非常敏感而重要的问题,因而不得不慎重从事。当前能否把多头监管、没有准确统计的国际间接投资流动纳入全口径统计范畴,保障"一行三会"等监管当局对国际间接投资状况的全盘认知和逐步管控? 应该成为提高我国国际间接投资管理政策效用的基础目标。

2. 我国金融统计体系的现状

在"一行三会"监管框架下,从金融体系设置看,我国与国际货币基金组织金融机构分布基本一致;但从金融统计看,我国与国际公认的统计标准仍然存在着不小差距。

关于金融统计,IMF 给出如下界定:金融统计是指涵盖经济生活中所有金融存量和流量数据。在数据公布通用信息系统(以下简称 GDDS)下,IMF统计框架主要包括存款公司和金融公司两大概览。存款公司概览是由中央银行和其他存款公司的资产负债表加总合并而成,是宏观经济研究分析的核心数据。金融公司概览是在存款公司概览基础上再合并其他金融公司的数据,是分析经济部门与非常住者之间的债权债务关系扩展数据。

中国还没有按照国际货币基金组织的方法编制出完整的金融概览,公布的货币供应量,没有涵盖证券公司、保险公司、外资银行在华的分支机构、居民的外汇交易活动等。证券市场和保险市场资金活动分别由证监会和保监会统计,这种资金跨市场运行与市场统计不适应,也与金融统计这一概念不相符。简而言之,中国人民银行金融统计反映的仅是货币当局和存款货币银行统计数据合并的银行概览,而不是金融概览。

3. 在金融业综合统计体系下建立外商间接投资统计体系

中国金融业无论是实行分业经营分业监管或是混业经营综合管理,货币供应量统计对象,都应该包括银行、证券、保险及外资金融机构。因此,"一行三会"等监管部门应合理分工,相互补充,建立联合一致的统计方法和统计体系,使金融统计由银行概览向金融概览过渡,是我国金融综合体系建设的核心任务。

具体来看,应尽快修订《中国人民银行法》,将中国人民银行有权要求"银行业金融机构"扩大为"银行业、证券业、保险业及其他金融机构或类金融机构"报送必要的资产负债表、利润表及其他财务会计、统计数据和资料等,以此奠定中国人民银行在金融业综合统计中的核心地位。同时,应该相应调整《商业银行法》《证券法》《保险法》中的条款,明确行业监管部门的统计职责和上报共享义务。

在金融业综合统计体系范围内,应当把以非政府部门外债、融资租赁和外资 PE/VC 为主的外商间接投资包括在内。一方面,应明确将外商间接投资纳入金融统计范围,由中国人民银行统一负责;另一方面,理顺融资租赁和金融租赁、创业投资和股权投资等的监管和统计责任关系,解决政出多门、分别监管、统计混乱的现实问题。

（二）建立统一的外商间接投资监管体系

1. 监管体系设计应服务国家金融战略和经济转型升级

（1）服务国家金融战略的最高原则

正确应对全球价值链再平衡的多方博弈,需要经济、金融、外交、科技战略的一体化融合与协作。进行国际间接投资管理政策的优化和创新,应该以服务国家金融战略为最高指导原则。

当前我国国家金融战略的核心诉求,一是树立与我国全球综合经济实力相称的人民币国际地位,二是提高我国金融体系的风险抵御能力,为逐步提高金融系统的开放性、逐步提升金融服务实体经济的效能夯实金融稳定基础。外商间接投资管理政策的优化和创新,应该高屋建瓴,分清政策目标的轻重缓急,服从国家金融战略的核心诉求。既要遵循国际经济金融演化规律,避免在强势美元周期里与美元的升值趋势强行对抗,又要积极作为,促进我国经济结构转型,通过"一带一路"等战略强化我国在全球经济一体化中的影响力,提升我国在全球价值链中的层级。

(2) 促进经济转型升级的现实效用

国际间接投资在全球价值链再平衡博弈中的趋势变动,主要受"增值"和"避险"两个根本诉求的影响。外商间接投资管理政策的创新和优化,需要结合当前我国供给侧改革和全球科创中心建设的现实需求,把"引资""引智""引知"相融合,制定细分领域的特定优惠政策,如税收优惠、资本跨境流通的便利性等,引导外资股权投资服务供给侧改革,把国内市场过度冗余的产能转移到全球市场去消化,把国内尚且稀缺的科技创新要素和资源通过合适的利益机制引进到国内,从而促进我国经济转型升级。

此外,外商间接投资的政策创新和优化,需要与我国其他相关政策以及政府驾驭和管理宏观经济的能力相互促进。自由贸易试验区的设立,展示我国政府进一步引导国民经济融入全球经济一体化的尝试和决心,也是优化我国在全球价值链再平衡布局中战略地位的可贵探索;建立全球科创中心的战略推进,则表明我国政府对经济转型升级战略方向抉择的清醒判断。在这两个层面上,需要从上到下细化落实、具体推进的政策举措还远远没有到位,外商间接投资政策作为备选的政策工具之一,仍然需要时间,需要跟随管理层的认知逻辑演进,来不断创新和优化调整。

2. 理顺外商间接投资的管理体制

理顺外商间接投资的管理体制,既要适应构建开放安全的金融体系的新形势,又要满足金融业综合统计体系中建立外商间接投资的统计体系的新需要。

整体来看,一方面,在范围上应该涵盖举借外债(含融资租赁)、外资 PE/VC 等各个领域;另一方面,在措施上应该在统一监管基础上形成完善的法律法规体系。在现行统计制度下,统一的监管体系形成之后,多头统计的问题也可以得到解决。

具体来看:(1)调整租赁行业的管理体制。调整国家对融资租赁公司和金融租赁公司的管理体制,由同一个监管部门实行统一监管。比如,考虑到融资租赁公司具有较强的金融属性,可以由中国银监会统一行使监督管理职权?参照商务部 2013 年《融资租赁企业监督管理办法》、2005 年《外商投资租赁业管理办法》和中国银监会 2014 年《金融租赁公司管理办法》,由国务院制定统一的《融资租赁法》,确立统一适用于内、外资融资租赁企业的管理制度和具体规则。(2)统一外资 PE/VC 的管理体制。完善外资 PE/VC 的管理体制,与国内股权投资的管理进行统筹,由同一个监管部门实行统一监管。比如,考虑到 PE/VC 股权投资的金融属性,可以由中国证监会统一行使对内资和外资 PE/VC 的监督管理职权? 更为重要的是,在与国家发改委、商务部、各地方金融办相关市场准入政策相衔接,与中国人民银行、国家外汇管理局相关外汇政策相协调的基础上,完善监管法律法规和操作规范,解决外资身份认定标准、基金设立与变更程序、境外有限合伙人(LP)身份核查穿透等问题,确保外资 PE/VC 发挥促进科技创新创业企业发展的积极作用。

3. 创新外商间接投资过程监管,提升投资效用

一个完整的国际间接投资全球价值链,包括分布在世界各地的所有参与者"募、投、管、退"等活动的组织及其价值、利润分配,具有"全球募集资金""全球筛选合格投资项目""全球配置资源进行项目管理""全球优选资本市场退出路径"的特点。建立有效的外商国际间接投资的监管体系,可以根据国际间接投资的过程环节,创新设置监管指标,引导资源要素有序流动。比如,在"资金募集"环节,对资金是否全部来自境外设立观测指标;在"投向筛选"环节,对所投项目属于全球价值链哪个层次设立观测指标;在"项目过程管理"环节,对外商是否为项目导入境内稀缺的技术、人才等国际一流核心资源设立观测指标;在"资本退出"环节,对项目是否激发或带动我国同类型产业发展设立观测指标等。

具体操作中,可以结合我国宏观经济发展的阶段策略和目标,适当调整外商间接投资各个过程环节的观测指标权重和评价方法,形成一套对外商间接投资的资金来源与资金规模、所投产业领域及其在全球价值链中的层次、撬动和吸附其他生产要素资源的规模和周期、在境内资本市场退出所能享受的税收优惠和资金流转便利等关键要素具有显著调节作用的外商间接投资过程监管体系,有效引导外商间接投资推动我国经济转型升级和参与全球价值链升级。

(三) VIE 结构的问题及其解决的基本路径

对于我国资本市场上的 VIE[①] 现象,上文已有初步分析。2015 年以来,

---

① VIE 模式是在 2001 年美国安然事件之后产生的,美国财务会计标准委员会出台了 FIN46 进行规定。根据该条款,凡是满足以下三个条件任一条件的 SPE(特殊目的实体)都应被视作 VIE,将其损益状况并入"第一受益人"的资产负债表中:(1)风险股本少,这个实体主要由外部投资支持,实体本身的股东只有很少的投票权;(2)该实体的股东无法控制该公司;(3)股东享受的投票权和股东享受的利益分成不成比例。

我国监管部门开始逐步放开对外商投资的监管政策,部分放开外商投资 TMT 企业的限制,众多 TMT 企业选择从境外回归,如暴风影音、京东金融等,这之前为回避行业投资限制而设计的 VIE 模式被拆分。这种 VIE 结构,曾对我国法律与监管体制带来较大的负面影响,引起各界的广泛关注。

1. VIE 结构规避了我国相关法律规定

2000 年赴美国上市的新浪首创 VIE 结构,这一模式后来被赴境外上市的中国公司广泛借鉴。究其原因,企业搭建 VIE 结构的根本目的在于规避我国相关法律限制。具体而言,VIE 结构要绕开中国企业赴海外上市有两个限制:

其一,直接以注册在中国的公司去境外上市存在障碍。这里存在两种原因:(1)境外交易所如纽交所、港交所,所接受的注册地不包括中国大陆;(2)即使境外交易所接受注册在中国大陆的公司,但中国公司赴境外上市必须得到证监会的审批同意,而现实中除了 H 股外,此前赴境外上市获得证监会审批同意的概率非常低。为规避这一限制,就需要上市主体公司在境外注册,而之所以通常选择开曼等地,主要在于这些地方是避税天堂,而且监管宽松。

其二,我国对包括互联网通信(TMT)在内的一些行业存在外资进入限制。理论上来说,在境外注册公司后,可以直接选择外资入股的方式来控制在中国境内的经营实体,即 WFOE 直接股权投资中国大陆的内资公司,但由于内资公司所处行业存在外资进入限制(比如,拥有 ICP 证的 TMT 公司都是限制外资进入的),所以新浪上市时设计出通过一系列的协议(VIE 协议)来锁定 WFOE 及其境外一系列股东对境内公司经营权的控制,而这种设计又是符合境外交易所上市要求的。这些协议包括《股权质押协议》《业务经营协议》《独家咨询和服务协议》《借款协议》《投票权协议》等。

2. VIE 结构在法律认定上具有不确定性

在商业投资中,关于企业控制权的安排,股权和契约是两种主要途径。但是,在法律认定上,或者在获得法律保护方面的确定性上,股权无疑更胜一筹,而契约的确定性则相对较弱。正因为此,美国及香港的证券监管部门都对 VIE 结构表示出担忧,如 SEC 担心,如果太多公司都采用 VIE 构架上市,其本土实体公司经营就会与上市主体公司"脱节",美国投资者失去对其投资的直接控制权。2012 年 7 月上演的新东方 VIE 风波,在某种程度上就是对这一担心的一个脚注。

而且,在 VIE 搭建中,需要到国家外汇管理局办理外汇登记(原为 75 号文登记,目现为 37 号文登记),只有合法办理外汇登记,才能把境外募资的资金、境内公司经营利润等汇入或汇出。拆除 VIE 结构时,同样存在这个问题。

3. VIE 结构规避了我国关于关联并购交易的审批要求

根据商务部《关于外国投资者并购境内企业的规定》(2009 年修改)(商务部令 2009 年第 6 号)的规定,关联并购应当获得商务部审批,企业取得此项审批往往难度极大。VIE 模式的搭建,使得境外上市主体无需并购,只是通过协议安排对境内运营实体进行控制,即绕开了关联交易的审批要求。

4. 解决 VIE 问题关键在于完善资本市场和放宽外商投资限制

随着我国证券市场功能的逐步完善,越来越多的内地企业不需要绕道海外上市,搭建 VIE 结构越来越成为不必要的事情。事实上,2015 年以来,国家积极推动特殊股权结构创业企业在境内上市,IPO、新三板、创业板等多渠道上市平台得到不断完善,相关政策措施相继推出,对外资投资限制逐步放宽,创造了积极的政策环境,如工信部放宽外资持股增值电信业务股权比例,可至100％,等等。于是,绿盟科技、中搜网络、创博国际、神州数码、暴风科技、京东金融等一系列企业,通过拆分 VIE 模式,回归国内 A 股资本市场。

因此,随着我国多层次资本市场的不断完善,国内市场估值相对更高,外商投资政策逐步放宽,以及企业提升公司品牌、做大做强国内业务的需要,国内企业搭建 VIE 结构,赴海外上市的情况将越来越少,加之我国正在修订的《外商投资法》将对 VIE 予以法律界定,真正从顶层设计上解决这一问题。可以预见未来 VIE 结构在我国将不再是一个规避法律与监管措施的重要问题。

(四) 依托自贸区,探索上海国际金融中心建设先行先试的制度红利

1. 探索研究包括外商间接投资在内的金融业负面清单

负面清单[①]是我国在 BIT(双边投资协定)谈判中引入的概念。世界上大多数国家针对外商投资均实行负面清单的管理模式。2013 年国务院开始在上海进行以"准入前国民待遇＋负面清单"的外商投资管理体制先行试验。

上海自贸区的负面清单经历了 2013 年推出、2014 年完善、2015 年公用、2016 年协同的过程。2013 年首个负面清单有 190 条特别监管措施,2014 年

---

① 负面清单(Negative List),是国际上重要的投资准入制度,相当于投资领域的"黑名单",其中要列明针对外资的与国民待遇、最惠国待遇不符的管理措施,或业绩要求、高管要求等方面的管理限制措施。

版缩减到139条。2015年,在自贸区扩围之际,上海、广东、天津、福建4个自贸区使用同一份负面清单,该清单又减至122项。相较前两版,有些行业的限制彻底解除了,也有些行业的要求被大大扩充。限制条件被细化和扩充的有金融和文化娱乐业。金融业的负面清单从2013年的5条扩展为10大类26小条,新增了两项"禁止":外资不得成为证券交易所和期货交易所会员,不得开立A股账户,禁止外资成为证券交易所会员、开通A股账户,禁止外资从事再保险分入或分出业务。文化娱乐行业的负面清单,从2013年的12条扩充一倍,至24条。

2015年第三版的负面清单中所列出的金融业主要是银行、证券、期货、保险等传统行业,对PE/VC等没有涉及。这就意味着PE/VC是不受限制的行业,但是在实践中,由于外资PE/VC涉及不同的监管部门,没有限制的结果可能出现"多头管理、权责不清"的局面,且一旦出了问题,又往往是"无人负责"。2016年以来,上海自贸区正在研究探索推出金融业负面清单,建议在细致研究和科学规划的基础上,将外商间接投资的负面清单纳入拟出台的金融业负面清单中,探索在自贸区先行先试的制度红利。在此基础上,进一步理顺对有关行业的监管体制,形成分工负责、有效协同的统计和监管体系。

2. 构建跨境绿色债券市场,拓展境外举债新渠道

2016年7月18日,金砖银行人民币绿色债券成功发行①,9月23日,上海清算所自贸区债券柜台业务推出②,标志着在银行间市场和交易所市场之外,中国第三个债券市场的诞生——自贸区债券市场。

自贸区债券市场,实质上是"在岸的离岸市场",即债券在中国境内发行,适用中国在岸的法律、监管和结算体系,但投资的资金却来自离岸。此笔地方债券,面向的主要是上海自贸区内已开立自由贸易(FT)账户等的区内及境外机构投资者,而且是在银行间债市的自贸区国际金融资产交易平台内交易流

---

① 金砖国家新开发银行在银行间市场成功发行总额30亿元,期限5年的人民币绿色金融债券。此次发行的债券,俗称"熊猫债",特指境外机构在中国银行间债券市场发行人民币计价的债券。而且,该国际金融机构首次发行债券,即选择在中国发行绿色金融债券,体现出金砖国家新开发银行的投融资方向突出绿色可持续的发展理念。

② 该业务可支持经备案的承办机构在其自贸试验区分行柜台,面向已开立自贸区柜台债券账户的区内和境外投资人销售人民币债券,并提供做市、二级托管服务。上海清算所作为总托管机构,负责总登记和日常监测。中国银行作为首家接入承办银行,与其非金融企业客户完成首笔自贸区柜台债券交易。

通。本质上来看,自贸区债券市场开辟了境外举借外债的新渠道。

上海自贸区应发挥"在岸的离岸市场"拓展国际化功能的独特优势,探索形成国际化和绿色化发展的机制和制度,为我国金融机构和绿色企业发行绿色债券、获得离岸融资探索新的平台和机制。

具体建议如下:(1)通过体制机制创新,以打造面向全球投资者的绿色债券发行和交易的国际化平台为目标,制定和实行全新的成套的规则体系,把自贸区债券柜台业务、自贸区绿色债券业务等融合起来,建立中国(上海)自贸区跨境绿色债券市场。(2)借鉴绿色认证的国际标准,如国际资本市场协会(ICMA)的"绿色债券原则"(GBP)和气候债券倡议组织(CBI)的"气候债券标准"(CBS),参考中国金融学会"绿金委"的《绿色债券支持项目目录》,制定和实行适应自贸区绿色债券市场特殊性的绿色界定、绿色认证和效益评估的系列规范。(3)依托自贸区 FT 账户体系,拓展账户范围和功能,放宽相关外汇管理政策,吸引更多的国际投资者参与自贸区绿色债券市场。(4)采取扶持政策,培育专业化的绿色债券服务机构,逐步形成自贸区绿色债券市场得到中介服务机构体系。

3. 探索建立对标国际投资规则的外商间接投资制度安排

结合《国务院关于印发全面深化中国(上海)自由贸易试验区改革开放方案的通知》(国发〔2017〕23 号),在对外商间接投资政策进行系统梳理的基础上,探索建立和国际投资规则接轨的外商间接投资制度安排。

(1) 探索内外资一致的市场准入安排

在外资间接投资公司设立登记、外资身份认定等方面,对标国际上准入前和准入后国民待遇的规则,探索内外资一致的实施方案。比如,第一,在外资PE/VC 基金架构中,外资以有限合伙人(LP)身份通过境内普通合伙人(GP)管理的股权投资基金进入境内运作,仅作为出资人且对基金投资决策无重大影响权的情况下(一般采用有限合伙形式的基金实际控制人为 GP),基金是否能够被认定为内资身份;第二,有外资 LP 出资的股权投资基金在投资境内内资企业少数股权后,持股在一定比例范围以下且对公司实际经营无决策权的情况下,能否不需要变更企业性质为中外合资企业。即使变更为中外合资企业,只要在第一次变更时取得商务部门审批/备案,后续运作外资成分不超过一定比例的无需再履行商务部门审批环节,从而减少外资股权投资企业变更工商登记的繁杂手续。

（2）探索具有国际竞争力的离岸税制安排

上海自贸区离岸税制改革已经有初步进展，依托服务贸易创新试点政策，上海自贸区在研发、中医药等四个领域已经拓展税制范围，参照 15% 的所得税税率执行。在不导致税基侵蚀和利润转移的前提下，基于真实项目和投资背景，研究探索外资融资租赁、外资 PE/VC 创新试点扩围的税收政策安排。比如对外资 PE/VC 在上海自贸区和科创中心投资战略性新兴产业，尤其是投资处于价值链前三个层次的科技研发企业，或者和国内企业设立联合创新平台（比如众创空间、科技孵化器等），在基金层面国内纳税、投资收益境外汇出等方面，在税收抵扣、减免等方面探索具有国际竞争力的优惠制度安排，以吸引外资融资租赁、外资 PE/VC 等参与上海科创中心建设，促进科创成果转化，推动我国价值链升级。

第七章 区块链思维下上海科技创新中心的系统集成建设研究

随着区块链技术的日趋成熟和被越来越多的人所关注，目前上海已通过建立区块链技术领域的研究平台和举行高端论坛等方式，为区块链技术在上海科创中心和上海国际金融中心建设发挥作用提供了知识启蒙的土壤，为区块链技术服务经济与生活提供了理论支撑，但仍需进一步探索区块链如何更好地助力上海建设全球有影响力的科创中心。

Chapter 7   A Study of Constructing Integrated System for Shanghai Technology Innovation Centre Under Block-chain Thinking

With the maturity and heated discussion of block-chain technology, Shanghai is pushing ahead the initiation and theoretical exploration of knowledge related to block-chain technology through forging research platforms and holding forums, since the city has takes dominant position in China's national strategy as one of the global financial centers, a free trade zone, and as the hub of technological innovation.

The discussion and research on such platforms, forums and seminars support the center of technological innovation by providing a rich soil of knowledge for block-chain technology and a solid pillar for block-chain technology to serve for economy and welfare. Chapter 7 analyzes the Construction Integrated System for Shanghai Technology Innovation Centre Under Block-chain Thinking.

第一节　区块链技术的应用与发展亟待全社会系统重视

一、区块链技术及其国际与国内应用

（一）区块链技术的起源

区块链技术源于一个古老的数学问题：拜占庭将军问题。在东罗马帝国时期，几个只能靠信使传递信息围攻城堡的将军，如何防止不被叛徒欺骗以避免作出错误的决策。数学家设计了一套算法，让将军们在接到上一位将军的信息后，加上自己的签名再转发给除自己之外的将军，在信息的连环周转之中，让将军们能在不找出叛徒的情况下达成共识，确保信息和决策的正确性。今天，当我们探源区块链时，不约而同地归集于此。事实上，历史总在给新的东西找到它的过去及其萌芽。

（二）区块链技术及其特点

区块链技术，本质上是一个用于维持信息共享来源的分布式计算机网络（节点），每个节点通过保存一套完整历史数据库的副本，参与维护信息的安全性和准确性。从财务信息角度讲，每个节点均保存一套完整的分布式账簿副本，其中包含了参与者的所有历史交易记录。因此，由于所有参与的节点保存在一套不能改变的、分布式账簿内，汇集了这些节点的账簿是能够信赖的。同时，区块链还通过加密确保安全，所有交易会以加密形式登录，包括时间、日期、参与者等。交易一旦入账，不可被删除、撤销或修改。

（三）区块链技术在国际上的应用

正是由于"区块链"技术的如下 4 个特征：去中心化、去信任、集体维护、可靠数据库，该项技术在国际上已经有较为广泛的应用，其中的若干实例汇总如表 7-1 所示：

表 7-1　区块链技术在国际的应用实例

项　目	简　介	主　要　内　容
研究与开发	ViewBTC	面向数字加密货币的独立第三方产业研究和资讯机构，业务包括维优指数、维优行业分析、维优数据分析。
	BitSE	成立于 2013 年，全球区块链服务平台，提供算力管理、数字资产管理与交易、物联网、防伪、IP 注册等服务。提出 Blockchain As A Service，结合知识产权防伪检验的痛点，利用区块链及侧链的智能合约技术，以区块链安全芯片及区块链物联网芯片为核心提供服务。

项　目	简　介	主　要　内　容
研究与开发	德勤 Rubix 团队	是全球最早致力于研究区块链技术在金融行业运用的领导者，已经与多家全球系统性重要银行合作开发多个基于区块链技术在金融行业的应用实例。
	CertChain	以去中心化、纯粹数学算法的方式提供匿名且安全的存在证明，可根据用户需求便捷和极低成本的证明某个人对任意类型文件的所有权，无需透露任何鉴证内容给第三方就可完成鉴证，公开、透明且免费。
金融应用领域	R3	致力于研究和发现区块链技术在金融业中的应用，联盟成员包括摩根士丹利、平安银行、富国银行、高盛、汇丰银行、荷兰国际集团(ING)、花旗银行等几十多家国际大型金融机构。
	Chain.com	于 2015 年底在 Linq 上发行股份，成为首例纳斯达克在其私人市场开发的一个基于区块链技术的新型股权交易平台。
	小蚁	基于区块链技术的股权登记、管理和交易系统，区块链用以保存交易记录，是带自动执行功能的电子合同签署系统。
	雷盈投资管理公司	通过区块链金融大数据服务、数字资产行情趋势分析、数字资产量化投资技术支持、数字资产投资管理与市值管理等一系列金融科技服务。
	华尔街金融创新公司 Circle	Circle 是一家开发比特币钱包的数字货币初创公司，致力于通过比特币后台网络的区块链技术，使涉及国家货币间的资金转移更加简单和便宜。该公司在 2016 年获得英国政府颁发的首张电子货币牌照，其客户可以在美元与英镑之间进行即时转账。此外，该公司还是全球第一家、也是唯一一获得纽约州金融服务局颁发比特币运营牌照的公司。不仅如此，该公司在中国完成了由美国国际数据集团(IDG)领投的 6 000 万美元 D 轮融资，并正式宣布进入中国市场。
	瑞士联合银行(UBS)	在区块链上试验了 20 多项金融应用，包括金融交易，支付结算和发行智能债券等。
	巴克莱银行	在一家以色列区块链公司的协助下，通过区块链完成全球首次贸易交易，让原先 7—10 天的贸易流程缩减到 4 小时。
	科技公司 Wave	与巴克莱银行进行战略合作，通过区块链技术推动贸易金融与供应链业务的数字化应用，将信用证与提货单、国际贸易流程的文件放到公链上，通过公链进行认证与不可篡改的验证；同时，基于区块链的数字化解决方案，达到完全取代现今的纸笔人工流程，实现端到端完全的透明化，提高处理的效率并减少风险。

（续表）

项　目	简　介	主　要　内　容
金融平台服务	美国金融科技公司 Ripple	构建一个没有中央节点的分布式支付网络,希望提供一个能取代 SWIFT(环球同业银行金融电讯协会)网络的跨境转账平台,构造出全球统一的网络金融传输协议。据悉,Ripple 的跨账本协议可以让参与协议的各方看到同样的账本,通过该公司的网络,银行客户能够实现实时的点对点跨国转账,不需中心组织管理,且支持各国不同货币。
	德国去中心化实体组织 DAO	DAO 旗下的以太坊是一个区块链平台,发起了区块链首次公开募股,发行比特币代币以太币,主要是允许市场参与者为初创公司业务和项目提供以太币形式的资金来换取投票权。在众筹过程中不需要银行、律师、监管人员和证券交易所。资料显示,DAO 的总融资额已经突破 1.32 亿美元,成为区块链平台下全球最大的众筹项目。基于以太坊的价值已攀升至 10 亿美金的现实,全球不少 PE、VC 机构正在积极研究是否跟进对 DAO 的投资。
生产制造服务类项目	Visa 和 DocuSign 汽车租赁	2015 年,Visa 和 DocuSign 达成合作协议,决定合伙使用区块链建立一个概念证明来简化汽车租赁过程,并将其建成一个"点击、签约和驾驶"的简单过程。用户选择他们想要租赁的汽车,进入区块链的公共总账,然后坐在驾驶座上,签订租赁协议和保险政策,而区块链则是同步更新信息。通过基于区块链的安全且防篡改的系统,用户可以更容易地自证身份,进而提高主客双方的使用便捷度和安全性。
	Genecoin 医疗	能够将把你的基因图谱复制一份在区块链上。除了让你可以实现"复制自己"的科幻想法之外,保存你的 DNA 图谱方便且容易获得,将会有很大的医学作用。
	Wave 进出口	把供应链上所有的成员都放在去中心化的区块链上,允许他们在成员之间直接交换文件,解决航运业最大的问题。WAVE 的应用程序可以在区块链上管理文档的所有权,消除争议、伪造和不必要的风险。
	IBM-Kinno "物流业区块链"项目	致力于开展 SmartLog 项目,旨在构建基于区块链的物流应用,彻底变革供应链行业。同时也帮助 IBM 构建区块链生态系统。
	甲骨文公司	尝试利用区块链优化内部工作流程。

（续表）

项　目	简　介	主　要　内　容
证明公证项目	麻省理工学院的媒体实验室	应用区块链技术研发学习证书平台，并发布相关的手机 App。该基于比特币区块链的证书系统包含三个部分：Cert-schema，Cert-issuer 和 Cert-viewer，这两个部分共同协作，将学习证书的数据广播到区块链上。颁发证书的主要步骤如下：首先，创建一个包含基本信息的数字文件，如，证书获得者的姓名、证书内容、发行方的名字（如，MIT MediaLab）、发行日期等。然后，使用一个仅有发行方能够访问的私钥对证书内容签名，并封装到证书中。再后，生成一个哈希作为水印，供以后验证是否有人篡改证书的内容。最后，再次使用发行方的私钥在比特币区块链上创建一条记录，表明发布者在某个日期为某人颁发了某一证书。
	霍伯顿学校	位于旧金山的软件培训机构——霍伯顿学校（Holberton School）是世界上第一个使用区块链技术记录学历的学校，并将从 2017 年开始在区块链上共享学历证书信息。
	尼科西亚大学	塞浦路斯最大的私立大学尼科西亚大学（University of Nicosia）是世界上最早使用区块链技术记录学生学习成果的大学之一，他们把学生的获奖情况储存在分布式账簿上，保证了记录的安全和可信。
	索尼全球教育	索尼全球教育（Sony Global Education）是 2015 年索尼公司在教育领域内专门成立的子公司。2016 年 2 月，该公司宣布在教育领域应用区块链技术，开发出学习数据共享技术，用于开放、安全地分享学术水平与学业进步记录。索尼公司从教育内容开始，搭建面向第三方企业的技术基础服务平台，这将开创一个崭新的教育服务领域。
	Ascribe	让艺术家们可以使用区块链技术来声明所有权，发行可编号，限量版的作品，可以针对任何类型艺术品的数字形式。
	Everledger	使用区块链来追踪每颗钻石，从矿山开始一直到消费者，甚至更远。这将解决长久以来，保险行业内长期存在的问题，并且每年将会节省超过 3 亿英镑的资金，能够解决钻石检测冲突和保险欺诈。
	国际比特币房地产协会（IBREA）	促进区块链以及比特币技术在房地产领域的应用，计划能够让整个产业链流程变得更加现代化，解决每个人在参与房地产面临的各种问题，包括命名过程、土地登记、代理中介等。

通过表 7-1 的初步汇总可以发现，区块链的国际应用场景从单一向丰富拓展，从应用范围上大体可分为研究与开发、金融应用领域、金融平台服务、生

产制造服务类项目和证明公证项目等 5 个方面，从应用对象来看已经渗透到金融服务、物流、公证、医疗、技术开发等各个领域，展示出区块链技术生命力的前景。

(四) 区块链技术在国内的应用

除了国际应用与拓展之外，区块链技术在国内也得到蓬勃发展起来，其商业用途应用成为重要方面。与商业用途相关的场景与表 7-1 大体保持一致，具体如表 7-2 所示：

表 7-2　区块链技术在国内的应用实例

类　别	企　业	主　要　内　容
研究与开发	万向区块链实验室	专注于区块链技术的非盈利前沿研究组织，就技术研发、商业应用、产业战略等方面进行探讨，行业技术交流和基础理论研究，区块链技术培训认证及推广、区块链丛书出版。
	布　比	2014 年 9 月正式开始区块链技术开发，创始团队主要来自中科院计算技术研究所，2015 年 3 月正式成立布比公司开展商业化应用的尝试，2016 年 8 月，基于布比区块链的数字资产平台布萌上线。
	重庆科技学院	运用区块链技术设计出上课考勤系统。
金融服务领域	中国邮政储蓄银行、招商银行、兴业银行、平安集团、浙商银行、众安保险、微众银行	2016 年末至 2017 年初为止，区块链技术在包括商业银行在内的金融机构业务中广泛出现应用场景，大体包括：中国邮政储蓄银行携手 IBM 宣布推出基于区块链的资产托管系统、招商银行推出了基于区块链的跨境清算系统、兴业银行提出了区块链防伪平台、平安集团设计了金融壹账通、浙商银行将区块链技术应用于移动数字汇票、众安保险宣布正式成立全资子公司众安信息技术服务有限公司，未来将输出一个区块链云平台；立足金融、健康两个命题，微众银行联合华瑞银行开发的基于联盟型区块链技术的银行间联合贷款清算平台投入试运行，用于优化两家银行"微粒贷"联合贷款的结算、清算等。
	中国银联	2016 年 9 月，IBM 宣布和中国信用卡公司中国银联完成一个试点项目，通过使用区块链技术可以促进银行间的积分共享。
	世纪互联	中国领先的中立 IDC 服务提供商世纪互联也与 IBM 共同宣布，为进一步推进中国云计算创新发展，基于 IBM 云平台 Bluemix，双方将共同支持区块链、物联网及先进的云数据服务。
	随你花	通过专有的区块链技术对接大数据平台，提供金融分期等生活服务，专注于大学生的互联网消费金融服务，通过对用户的个人核心信息分析，掌握用户的日常行为轨迹，管控交易用户风险。

类　别	企　业	主　要　内　容
金融平台领域	联通数据	其与全球知名区块链公司 Factom 公司合作股票价格数据实时发布于区块链上，为金融领域的开发者提供了连接金融应用产品和区块链技术的新工具。
	安存正信	以区块链的时间戳为基础，提供数据真实性、有效性、证据化的基础服务，关联用户的线下真实身份提供存在性证明，在国内司法体系对电子证据认可的基础上，叠加基于区块链的存证技术，以"存证"为切入点。
	趣链科技	杭州趣链科技有限公司成立于 2016 年。公司的核心技术为自主可控的企业级联盟链云平台，并服务于金融、电子商务、国际航运、版权保护、不动产交易、健康医疗等众多领域。
	布比区块链	布比（北京）网络技术有限公司是国内领先的区块链服务商，专注于区块链技术和产品的研发与创新，已经拥有数十项核心专利技术，开发了高可扩展和高性能的区块链基础服务平台。布比以去（多）中心信任为核心，构建开放式价值流通网络，让数字资产都自由流动起来。布比区块链已经应用于数字资产、贸易金融、股权债券、供应链溯源、商业积分、联合征信、公示公证、电子发票、数据安全等领域，并与交易所、银行等主流金融机构开展应用合作。2016 年 9 月布比发布《布比区块链产品白皮书》。
	云象区块链	杭州云象网络技术有限公司是国际知名开源区块链项目 Hyperledger 成员，旨在打造全球领先的企业级区块链技术服务平台，服务领域包括金融、供应链、不动产登记、征信等。
生产制造服务等项目	中国证券登记结算有限公司	2016 年 10 月，俄罗斯中央证券存管机构（CSDs）与中国证券登记结算有限公司（CSDC）合作并签署谅解备忘录，开启交易后区块链应用合作。俄罗斯国家结算托管局（NSD）宣布与中国证券登记结算有限公司（CSDC）就很多问题"交换了经验和信息"。两家机构还会进行互联网金融技术试验，其中包括区块链技术测试。
	众安在线财产保险公司	2016 年 10 月，众安在线财产保险公司宣布创建一家新的技术型附属公司，将开发人工智能、云计算以及区块链领域的产品和服务。该公司被媒体称为中国首家纯网络保险公司。众安保险表示其正在开发一个以以太坊为基础的保险交易平台。
	钱香金融	开展黄金珠宝终端供应链金融服务，依托区块链技术对加盟商的资金用途、进货渠道、还款能力等实现全方位管控。

类　别	企　业	主　要　内　容
生产制造服务等项目	中央财经大学	发起了一项"校园区块链"项目，由世纪互联公司与微软公司共同研发，旨在利用区块链技术帮助学生记录相关证明文件，形成一条长时间有效、不被篡改、不可造假、去中心化的信用链条。他们将学生在校期间的所有学业成就记录在案，方便招聘单位获取和查证。
	蚂蚁金服	用区块链技术记录公益捐款去向，在蚂蚁金服公益平台上，用户可以查询自己的捐款用在什么地方，有哪些人受益了，可以保证资金流向的清晰可查。

通过表7-2的初步汇总可以发现，区块链在国内也日渐兴盛起来，应用场景从应用范围上大体可分为研究与开发、金融应用领域、金融平台服务、生产制造服务类项目等四方面。从应用对象则重点首先集中在金融服务领域，在包括物流、公证、医疗、技术开发等在内的其他领域的应用则较少，即使落到金融服务领域，较多的情形也需要与海外知名技术开发企业合作共同开发应用项目，能够拥有自主知识产权和技术产权的应用项目极为有限，函待认真对待。

（五）区块链技术结合大数据资源的贵州整体推进

除了商业用途之外，贵州省围绕大数据综合试验区建设和区块链技术应用，作为"大扶贫、大数据、大生态"省级战略之一，在整体推进区块链技术在政务、民生、商务等方面，进行大胆的尝试和探索。

贵州省已经开展的试点工作大体主要围绕大数据综合试验区建设和区块链技术应用两方面。

在大数据综合试验区建设方面的工作主要有：

（1）大数据制度创新试验。持续推进服务模式创新、政策制度突破和体制机制探索，先行先试制定一批大数据地方法规、关键共性标准，探索建立有利于推动大数据创新发展的政策体系。

（2）数据开放共享试验。充分利用"云上贵州"政府数据共享交换平台和数据开放平台，建成人口、法人单位、自然资源和空间地理、宏观经济等四大基础信息共享数据库，推动政府数据共享交换平台和数据开放平台实现省市县三级全覆盖，依法有序开放公共数据，带动社会、行业、企业及互联网数据开放共享。

（3）数据中心整合利用试验。整合一批分散的数据中心，集聚一批云计算数据中心，建成绿色环保、低成本、高效率的中国南方数据中心，立足本省、面向国际国内用户提供应用承载、数据存储、容灾备份等数据中心服务，为建立国家数据中心的体系提供探索。

（4）大数据创新应用试验。开展政府治理大数据创新应用，实施"数据铁笼"、大数据综合治税等重点工程，提升政府治理能力。推进重点民生领域大数据创新应用，实施大数据惠民工程，提升公共服务水平。推动大数据与各产业、各企业深度融合，实现信息化改造和数字化转型。

（5）大数据产业聚集发展试验。充分发挥贵州省大数据发展的先天优势和先行优势，打造大数据产业生态体系，培育发展大数据核心业态、关联业态、衍生业态，丰富大数据产品服务供给，带动大众创业万众创新，建成有特色、可示范的大数据产业发展集聚区。

（6）大数据资源流通与交易试验。建立以贵阳大数据交易所为核心的大数据资源流通与交易服务平台，培育一批大数据资源流通与交易服务市场主体，丰富大数据产品体系和交易模式，建立完整的大数据资源流通与交易机制、制度和标准，打造大数据资源流通与交易的生态圈，促进大数据跨行业、跨区域流通和开发利用。

（7）大数据国内外交流合作试验。持续打造"数博会"等国际会展交流平台，开展国际合作框架体系内的大数据合作交流，引入一批国内外高端人才、数据资源和产业技术合作项目，推动一批大数据企业"走出去"，探索建立数字"一带一路"。

区块链的技术应用方面主要有：

第一，引导培育企业。积极发展培育区块链企业，引导国内外区块链企业落户贵阳。已有布比、上海远东、工信部电子五所、北京全息互信、贵阳数字经济研究院、井通科技、天德科技、贵州翰权铸文化有限公司、区块链联合发展组织、爱立示、北京众签科技有限公司等落户贵阳。

第二，重视技术研发。组建"贵阳布比区块链实验室"、"国家大数据（贵州）综合试验区区块链互联网实验室"，为贵州省在大数据、区块链、互联网发展方面提供强有力的技术支撑和智库支持。初步建成区块链产品测试子平台，初步实现区块链产品测试，有效帮助企业确认区块链产品的特性，为企业提升产品质量提供了可靠的参考。

第三,突出应用场景。把区块链应用场景摆在突出位置,出台《贵阳区块链应用场景推进工作规程》,在技术反腐、精准扶贫、社会诚信等领域部署"数据铁笼"、"双龙数链"、"身份链"、"画版"等一批应用场景。

第四,打造对外交流平台。推动区块链相关的高峰对话以及 5 个论坛在数博会上举办,聚集全球顶级区块链技术专家学者、企业领袖围绕区块链相关话题开展对话讨论与分享,促进区块链行业发展交流。建成贵阳·区块链体验交流中心,全面展示区块链的发展背景、区块链产业全景以及区块链应用场景等内容,积极打造贵州省区块链品牌。

我国贵州省在实施"大数据"战略的进程中有效利用区块链技术的重点突破战略,积累了协同集成、整体推进的成功经验。

(六) 区块链技术应用的国内外比较

对上述区块链技术国内外发展和应用的情况进行比较,可以有以下一些基本发现:

第一,对于商业用途而言,区块链技术在金融业的启动与需求要快于其他行业;相较于国外在区块链技术方面的起步较早而言,国内对区块链技术更注重技术研究和推广(如万向集团专门成立了研究室),力求将区块链技术推广到包括金融行业在内的更多应用场景中,应用方向朝着丰富宽阔的内容上辐射。

第二,对于整体推进而言,贵州将区块链技术与丰富的大数据资源结合起来,能够在政务、民生、商务等与民生紧密相关的方面实现多维度的发展,而明细的政策顶层设计,亟待政府部门和技术部门的通力合作,还需要进一步细化更多非盈利性的建设目标,深化区块链技术的完善、集成各项创新活动十分必要。

第三,区块链技术仍然处于研发阶段,与其他技术融合、自身的必要扬弃、未来的完善成型以及其自身进程中的风险防范,仍需通过脚踏实地的探索,循序前行。时间是发展区块链技术的重要所在。

二、上海科创中心建设进程中区块链技术的初步启动及应用

(一) 知识启蒙先行,促进理论研究

随着区块链技术的日趋成熟和热烈讨论和关注,上海依托国际金融中心、

自贸试验区和科创中心建设等国家战略优势,通过成立各类研究平台和举办高峰论坛,推动区块链知识的启蒙及理论探索。

2016 年 4 月,中国分布式总账基础协议联盟(简称 China Ledger 联盟)成立①。同年,9 月上旬,上海区块链技术应用联盟成立②。9 月中旬,上海区块链产业发展研究联盟成立③。10 月上旬,陆家嘴区块链金融发展联盟成立④。11 月上旬,上海区块链企业发展促进联盟成立⑤。

2016 年 7 月,中国分布式总账基础协议联盟⑥于上海国际会议中心召开由海外顾问和联盟成员共同参与的技术研讨会,就开展区域性和行业性的技术开发合作、应用场景探索等领域进行深度交流。9 月上旬,由《华夏时报》、共享财经联合主办的"2016 中国(上海)首届区块链新金融高峰论坛"在陆家嘴会议中心举行,超过 100 家国内外金融机构和区块链公司参加。11 月中旬,上海市发展改革研究院等主办的"上海区块链产业发展高峰论坛"在陆家嘴召开。

---

① 中国分布式总账基础协议联盟是 2016 年 4 月 19 日由中证机构间报价系统股份有限公司等 11 家机构共同发起的区块链联盟,上海证券交易所前工程师白硕出任该联盟技术委员会主任,联盟秘书处设在万向集团旗下的万向区块链实验室。

② 上海区块链技术应用联盟由上海金融信息行业协会牵头,万向区块链实验室、东软集团担任主任单位,世纪互联、微软中国、同济大学大数据与网络安全中心等国内外知名企业、研究机构共同参与。联盟将整合国内外区块链人才、技术、资金等各方资源,加快区块链技术成果产业化进程,促进区块链技术在社会经济建设各领域的推广应用。

③ 上海区块链产业发展研究联盟是由上海市区块链政策研究、技术研发、企业孵化等企事业单位和相关机构自发自愿组成的学术性、公益性、服务性、非营利性组织,由上海市发展改革研究院、中国金融信息中心、万向区块链实验室和区块链铅笔主要发起,BitSE、布萌(上海)科技有限公司、上海钜真金融信息服务有限公司、上海市科学学研究所、嘉定工业区经济发展有限公司、陆家嘴互联网金融协会等机构联合发起,致力于搭建连接政府部门、相关企业、科研院所、金融机构、产业园区的合作交流和对话平台,组织开展政、产、学、研、金等的深度合作。

④ 陆家嘴区块链金融发展联盟由上海市互联网金融行业协会、上海金融业联合会和中国金融信息中心等 13 家机构共同发起成立,将依托上海陆家嘴在金融行业的中心地位,聚焦于区块链技术在银行、证券、保险、互联网金融等金融服务领域的应用延伸。

⑤ 上海区块链企业发展促进联盟是众安科技联合 24 家商业合作伙伴共同成立的国内首个跨行业商业化的区块链联盟,致力于打造开放共享的区块链生态圈。

⑥ 2016 年 4 月 19 日由中证机构间报价系统股份有限公司等 11 家机构共同发起的区块链联盟即中国分布式总账基础协议联盟(China Ledger 联盟),由上海证券交易所前工程师白硕出任联盟技术委员会主任,联盟秘书处则设在万向集团旗下的万向区块链实验室。联盟主要致力于开发研究分布式总账系统及其衍生技术,还有,基础代码将用于开源共享。中国分布式总账基础协议联盟主要聚焦区块链资产端应用,兼顾资金端探索,构建满足共性需求的基础分布式账本以及精选落地场景,还有,开发针对性解决方案和基础代码开源,并用来解决方案在成员间共享。

这些区块链技术领域的研究平台、高端论坛与会议的开展,以探讨和研究的方式,为区块链技术在上海科创中心发挥作用提供了知识启蒙的土壤,为区块链技术服务经济与生活提供了理论支撑。

(二)启动技术研发,探索技术与行业的融合型对接

在区块链探索方面,上海按照国家部署,坚持鼓励创新与稳健发展并重,聚焦区块链核心技术研发和创新应用探索,推进政府、企业、高校和行业组织的合作,区块链发展生态正逐步拉开帷幕。

2016年7月,"中国分布式总账基础协议联盟"(简称"China Ledger 联盟")于上海国际会议中心召开,就开展区域性和行业性的技术开发合作、应用场景探索等领域进行交流。2016年9月中下旬,上海区块链国际周在上海外滩茂悦酒店举办,30个区块链初创企业和项目参与 Demo Day,带来各自领域的应用,向大型投资者和创新者展现自己的进展,探索中国的潜在创业机会。2016年11月,中关村区块链产业联盟与上海智力产业园达成合作,在上海智力产业园卓越时代广场,共同创建中关村区块链产业联盟上海协同创新中心,中国首个应用区块链孵化基地也落户上海宝山庙行镇。2016年底,区块链金融发展联盟在上海成立,该联盟将依托上海陆家嘴在金融行业的中心地位,聚焦于区块链技术在银行、证券、保险、互联网金融等金融服务领域的应用延伸。

2017年1月中旬,在国家工信部支持下,上海市经济和信息化委员会与中国信息通信研究院携手合作,组织举办"2017上海区块链和大数据技术发展论坛"。2017年2月下旬,中国区块链应用研究中心(上海)揭牌成立,中国保监会原副主席魏迎宁和中共上海市金融工作委员会书记、上海市金融服务办公室主任郑杨出席活动。对于区块链的发展,郑杨呼吁法规先行,并表示有可能上海法律界和金融界将先行先试。2017年7月下旬,纷智·全球区块链峰会将在上海举办,来自国内外传统金融、科技金融、区块链等行业2 000余名嘉宾,200余家投资机构到场,该峰会在推动中国科技金融在全球的发展,帮助中国的优秀区块链团队登上世界舞台,向世界展示中国的科技金融力量上有了很好的体现。

从区块链技术与上海的行业融合对接来看,已有的应用场景包括快贝科技、比特币中国、钜真金融,其相关简介如表7-3所示。

表7-3 区块链技术在上海的应用实例

类　别	企　业	主　要　内　容
金融平台领域	比特币中国 BTCCHINA	早在2011年6月,中国第一家比特币交易所比特币中国BTCC在上海浦东成立,BTCC主要专注于交易所、矿池和钱包业务,是全世界运营历史最长的比特币交易所,2013年已发展成为全球比特币交易量最大的平台。
	快贝科技	上海快贝网络科技有限公司(快贝)2015年4月在上海成立,是一个用区块链技术打造了一个私有链的底层公司。
	钜真金融	主要为各类型金融机构提供覆盖支付清算、登记存托、资产交易等领域的系统建设、业务流程外包和运营推广服务,正联合国内多家金融机构自主研发区块链底层架构协议,以及现券全额交易结算、区块链股权交易系统、物联网安全认证区块链等应用。

通过实地调研,区块链技术与行业需求的融合型对接已越来越成为内容创新的纽带,令人刮目相看且充满期待。

(三)切入金融领域,努力形成以点辐射态势

从表7-3汇总结果的对比可以看出,行业分布主要集中在金融行业,而将其延伸至其他实体行业仍存在一定的技术、人才、硬件等方面的不足。因此,当前阶段更应当注重将区块链技术的应用领域从金融服务和金融平台等方面拓展到更多的已有应用场景,创造好基础条件,使得区块链技术在更快更好地为实体经济服务、为上海科创中心服务方面实现初创期的效率型增长。

(四)聚集科创中心,追求顶层设计与重点突破的协同起步

从表7-2和表7-3的汇总情况对比来看,国内依托区块链技术所开发的项目,其企业和总部分别以北京、杭州居多,应用场景的范围集中在金融平台服务这一方面,应用对象侧重于金融服务领域,在其他生产制造服务领域的应用还不多。

进入2016年以来,上海市围绕大数据和区块链技术开展的多项工作,包括高水平高峰论坛、行业联盟、区块链国际周、孵化基地等,大有后来居上的态势,尽管应用场景范围尚集中在金融领域,但随着上海四个中心建设的不断推进,区块链孵化基地的不断成熟,可应用的范围也已渐渐扩散到保险、法律、制造、市民生活等各方面。

聚焦上海科创中心建设的总体目标,追求区块链技术顶层设计与重点突破的协同起步,十分关键。从顶层设计系统集成的角度出发,努力为区块链技

术的更广泛的应用提供便利,并以金融服务为重点突破,实施以点带面、共同发展的策略,已经有了一定的阶段性成果。研究区块链技术在上海科创中心建设中发挥作用,正得到社会各层面的关注和更多的认同,我们的调研证明,上海科创中心建设需要包括区块链技术在内的创新活动的助推,其初步启动应用已经显示出相应的发展导向。

三、推广区块链技术函待科学正视的若干关键环节

(一) 技术层面的主要缺陷

1. 隐私保护不足

信任和隐私是一个硬币的两面,在区块链中,每个节点都必须在网络连接开始前囊括整个数据库,这些信息都是公开的,然而在市场竞争、隐私保护、产业战略等多方位角度下,竞争者都希望保护自己的交易信息。隐私如何得到保护？ 这一问题一直以来都是饱受诟病,区块链现有的匿名化技术还不能完美地保证匿名,也给用户带来交易与隐私上的风险。除了交易隐私,诸如以太坊等区块链技术中的智能合约隐私也是一个很值得关注的问题。

2. 运行效率不适应高频要求

区块链技术尚无法满足金融市场高频交易的需求,如比特币区块链的交易频率仅为 6.67 笔/秒,每次交易需要 6 个区块确认,10 分钟才能产生一个区块,全网确认一次交易需要一个小时,远不如现有的中心化的支付清算系统高效。如美国存管信托和结算公司的处理能力可达到 1 万笔/秒,VISA 的峰值处理能力可达到 5.6 万笔/秒,支付宝的峰值处理能力甚至高达 8.59 万笔/秒。

3. 能源和资源消耗高

巨大的区块链数据集合包含每一笔交易的全部记录,随着应用的不断推广,数据规模会越来越大,每笔交易都在全网中所有节点复制,将给存储容量和贷款资源带来极大挑战。

(二) 配套制度层面的缺失

1. 法律法规存在空白

从应用现状可以看出,一拥而上,技术的应用缺乏统一的制度规范,根本是要解决"不信任"的问题,用技术方法形成法律制度约束以实现信任。

2. 技术的行业应用推广缺乏相应的人才支撑

上海目前在金融区块链应用领域发展较快,区块链的应用场景也比较丰

富,例如医疗记录、数据存储、知识产权保护、身份认证、防伪公证、物联网等领域,都有较大的应用空间。但是,上海除了在防伪公证金融等领域,其他的场景和行业应用几乎没有,这些领域对区块链技术也知之甚少,缺乏技术和行业应用结合和推广的机制,相应的人才也极度匮乏,缺少大量既了解区块链技术又了解金融和实务专业的复合型人才,懂技术的人不懂细分行业,懂细分行业的人又完全不懂区块链技术,跨界人才凤毛麟角。

(三) 生态环境层面的不足

电动汽车再好也得有充电桩,区块链再好也得有一系列为其服务的基础设施,比如适用于区块链的数据库和存储方案,为区块链加速的网络服务,提高安全性的硬件密钥的广泛应用等。虽然有不少相应实力的公司联盟、开源组织的支持,但离生态体系的基本要求仍有距离。构筑完善的生态系统,不但要求技术上的突破,也需要综合各个方面的立体关联式衔接,需要花大力气改善。

(四) 思维导向层面的不足

区块链技术的完善,特别需要正确、系统的思维导向。忽略了科学思维的引领,从本质上说,也就缺失了纲领和灵魂。特别是全社会的系统重视,准确认知区块链的来龙去脉和前世今生,客观对待区块链底层技术发展不同阶段的特点,加强和重视对区块链思维的相应研究,无疑是推广区块链技术不可或缺的关键环节之一。

综上所述,区块链技术是当今社会科技生产力发展值得关注的一项新技术。它是大数据革命进程中的一项重要突破方式,其应用及其发展值得整个社会重视,其探索中的风险防范和融合集成值得整个社会思考。而理清思维上的导向和脉络,恐怕更值得整个社会系统集成、共同担当。

第二节　丰富完善区块链思维,引领区块链技术可持续进步,助力上海科创中心建设

区块链技术作为一种对当前许多产业和社会管理具有一定程度颠覆性改造的新技术,其自诞生并渗透到政务、民生、商务等的应用,就注定会与当前许多固有的制度、固化的思维模式以及固有的利益分配模式发生一定的根本性冲突,而区块链底层技术研发的不成熟、固有的一些应用缺陷和风险引爆点,

也不同程度阻碍了该项技术的广泛推进与全面应用。

在区块链技术为世界广泛关注、极为火爆的当下,科学、辩证地认识区块链技术的技术特色、应用前景、技术缺陷,是促进区块链技术健康发展和合理科学应用的基础。在区块链技术广泛渗透相关领域尚存诸多障碍的情况下,在推动和加强区块链技术和区块链产品研发的基础上,推动政府、社会、相关机构用区块链思维来改造和创新相关制度、平台,并系统集成各种资源,是区块链技术发展值得重点关注的命题。

一、辩证认识区块链技术是丰富充实区块链思维的重要内容

(一) 区块链技术可以为数字经济、共享经济的发展提供技术支撑

1. 区块链技术可以适应数字经济的发展特色

数字经济指以使用数字化的知识和信息作为关键生产要素、以现代信息网络作为重要载体、以信息通信技术的有效使用作为效率提升和经济结构优化的重要推动力的一系列经济活动。

数字经济为世界经济发展注入新活力,二十国集团(G20)杭州峰会首次将"数字经济"列为一项重要议题,并通过《G20 数字经济发展与合作倡议》。2017 年 G20 主席国德国也明确表示,将数字经济列为 2017 年 G20 峰会主要任务之一。数字经济正在全球范围极速发展。波士顿咨询公司(BCG)最新报告显示,2035 年中国整体数字经济规模接近 16 万亿美元,数字经济渗透率 48%,总就业容量达 4.15 亿人。

数字经济发展具有开放创新、包容共享和安全可控三大特点。由此,离不开前沿信息技术的支持,而区块链技术作为一种可广泛应用的新型分布式技术,未来可以为全球数字经济发展提供新的探索空间和架构支撑。区块链用加密和共识算法建立了信任机制,让抵赖、篡改和欺诈行为的成本巨大,保证了数据的真实、完整和一致性,推动建立可信安全的数字经济。

2. 区块链技术可以支持共享经济的发展

共享经济是借助互联网技术高效利用闲置资源的新兴商业模式。该模式下,拥有闲置资源的机构或个人有偿让渡资源使用权给他人,让渡者获取回报,分享者利用分享他人的闲置资源创造价值。具有自动计算和匹配供需关系、社交化经济关系、开放式信用评价体系的特征。

基于区块链技术建立的网络化信用框架具有契合共享经济运行特性的先

天优势,有望支撑实现共享交通、共享教育、共享住房、共享能源等多个共享经济场景。区块链技术通过提供技术基础、信用保障和解决方案等,支持共享经济发展。

一是实时匹配供需,为共享经济提供技术基础。传统互联网中的交易过程涉及供应、需求和中介三方共同实现,通过使用区块链技术能够将传统互联网交易中的"中介系统"彻底摒弃,把供给和需求双方直接对接在一起,实现供应和需求的最优匹配。由于在共享经济场景中共享产品和用户双方将发生频繁的匹配过程,区块链技术是实现共享经济的一种非常理想的解决方案。二是数据公开透明,为共享经济提供信用保障。区块链本身即为一个大型海量数据库,记录在链上的所有数据和信息都是公开透明的,任何节点都可以通过互联网在区块链平台进行信息查询。任何第三方机构无法将记录在区块链上的已有信息进行修改或撤销,从而便于公众监督和审计。这种体现为"公正性"的技术优势,使得区块链技术在金融、选举、保险、知识产权、慈善公益等领域都具有广泛深入的应用价值。具体到共享经济当中,也能够为形成以用户体验为核心的信用体系提供根本保障。三是催生智能合约,为共享经济提供解决方案。智能合约是当一定条件被满足的情况下,就可以在网络信息平台和系统中得到自动执行的合约。智能合约是区块链技术发展中最被看好的一种商业模式,被称为区块链2.0。当时的比特币作为区块链1.0解决了货币和支付手段的去中心化问题,而智能合约将整个市场去中心化,利用区块链技术来交易任何形式的数字资产。基于区块链技术的智能合约系统兼具自动执行和可信任性的双重优点,使其可以帮助实现共享经济中的诸如产品预约、违约赔付等多种涉及网上信任的商业情景,使共享经济更加完善可靠。可以预见,随着区块链技术水平的不断提高,智能合约将有望成为未来共享经济在具体应用场景的一种标准化解决方案。

(二)区块链技术将有利于降低各种经济行为的交易成本

首先,一个完整的交易包含三个基本元素:参与交易的主体,用于交换的物质或权利,交易过程的时间序列。交易成本(也称交易费用)指完整交易过程中所有参与者发生的费用之和,包含交易前寻找、识别交易对手的成本,交易过程中执行交易条款的成本、缴纳的税费,以及交易对手未正常履约发生纠纷的或然成本。交易成本中除执行成本、税费两项固定构成外,其他项均由交易对手不正常履约的不确定性导致,且交易费用与不确定性正相关。威廉姆森认为,交易中的不确定性是交易费用产生的主要原因。交易对手未正常履约的主要原因:在交易的某个时点交易双方会进入非对等状态(交易的时间序列特征),使交易一方产生不正常履约的动力;对交易条款的主观认知上的差异,在某些情形下主观认定对方未正常履约。

其次,信用指交易主体在某项交易中被交易对手主观认定的正常履约的可能性。信用越好一般被认为不正常履约的可能性越低。信任指一方为了达成交易愿意承担对方不正常履约的不确定性的行为。用纯粹的市场手段(如执行附加条款,或某种形式的预先预防措施)应对交易对手不正常履约将产生交易费用,信任行为能显著降低该种情形下的交易费用。交易对手信用越好,另一方承担的不确定性就越低,其相应的交易费用就越低。信任关系广泛存在于商业活动尤其是金融系统中,交易中每一组信任关系背后,都代表着相应不确定性的存在,与相应交易费用的节省。

由此,区块链技术让可绝对信任的交易信息流成为现实,这使许多交易环节中人与人的信任关系能够转为人与技术的信任,将不确定性降至0,以及整个交易过程中的信任关系重新组织,让交易费用整体下降成为可能。区块链技术应用于实践,除了整体上提高效率,还需不带来负面影响。区块链的应用在交易速度、隐私性、资产可追回性(Mt.Gox被黑)等存在一些不够理想的地方,以及商业组织中一种业务稳定运作,其相关业态将随之配套,利益分配机制也相应确定,区块链在应用时需对技术采用与否的决策者的利益不带来显著负面影响(如区块链技术能解决车管所官员删除违章记录的问题,但现有技术体系的操作空间被决策层视作给下级的隐性收入以提升队伍积极性,因此区块链技术暂时难被其采用)。

更为一般化地,传统商业组织的交易活动中,所有交易信息在向全民传播时均存在人为操作空间(修改增加删除某些交易信息),没有任何交易信息对全民而言是绝对可信的。区块链技术的革命性进步之一是让绝对可信的交易信息流成为现实,这衍生出绝对可信的交易信息数据库,绝对可信的资产所有权,绝对可信的交易执行者(智能合约),等等。一般交易中有普遍的信任问题,区块链就有潜在的应用空间,看得见的应用如造假(简历造假、票据造假、财务造假)、公证(财产公证、遗嘱公证)、印章(电子签章)、管理员违规修改信息(删除征信黑名单、删除车辆违章、互助保险平台骗保)等等,以及区块链绝对可信的交易信息流能辅助优质交易主体证明其信用水平,如股票交易员跟投平台、智能投顾跟投平台等。

伴随着区块链不断生产绝对可信的交易信息流，及其衍生出的绝对可信的其他信息或行为，在降低交易费用的理性行为驱使下，交易中将会有越来越多的人与人的信任关系转向人与技术的信任，不确定性大幅降低，商业活动得以更低成本实现。由于信任关系在商业活动中普遍存在，区块链的应用空间将十分广阔。[1]

(三) 区块链技术离科学商业化、产业化尚有许多瓶颈亟待突破

然而，一个新生事物从诞生到实际运用绝非一帆风顺。区块链技术面临的问题和 20 世纪的互联网类似，该技术的应用推广除了技术本身的条件成熟外，还需要系统考虑技术应用推广的成本—收益，更需要社会对该技术功能在认知基础上形成一种社会共识。

首先，区块链技术本身的瓶颈。一方面，从技术性能来看，区块链技术自身还存在占用资源比较多、交易效率和速度不够、确认时间长等技术瓶颈。另一方面，面临潜在的安全性隐忧。区块链技术的算法是相对安全的，但是随着量子计算机等新计算技术的发展，未来非对称加密算法具有一定的破解可能性，这也是区块链技术面临的潜在安全威胁。

同时，在安全协议方面，基于工作量证明的共识过程可能受到"51％算力攻击"的威胁[2]。即某用户通过掌握全网超过 51％的算力就有能力成功篡改和伪造区块链数据。若共享经济场景广泛采用区块链技术进行支撑，那么攻击者就有可能利用该缺陷不计成本地对提供共享服务的机构进行攻击，在此条件下区块链技术存在巨大的安全隐患。此外，还面临节点存储的区块链数

---

[1]　见舒国柱：《区块链应用的经济学原理》，《凤凰财经》，http://finance.ifeng.com/a/20161128/15039440_0.shtml。

[2]　区块链记账效率低下与"51％算力攻击"的原生缺陷已有优化行为，例如，区块链固有的低效问题可通过"侧链"技术进行缓解，即主链按照原有机制进行记账，而有多条侧链负责实时记录交易信息，并在主链生成新的区块时将这些记录进行记账，这样就规避了必须等到生成新区块时才能记账的低效问题。对于区块链"51％攻击"的缺陷，目前可通过应用联盟链来规避，即将记账权限限制在少数几个可控的参与者手中，大多数个体参与者只能进行交易，甚至联盟链还包括了"超级管理员"，能够控制参与者授权的结点，从而实现对整个区块链的安全管控。此外，还可通过投票机制随机产生记账结点，避免纯粹依靠计算能力优势进行记账权的抢夺。但是，上述改进使得区块链的去中心化实际上成为空谈：侧链是由信任机构进行记载的，因此记录在侧链的交易信息完全丧失区块链去中心化、分散的信任特性，而联盟链更是强化了联盟准入的"超级管理员"权限。详见：宋土正和臧铖：《区块链热潮下的冷思考》，《中国银行业》2016 年第 12 期。

据体积会越来越大、存储和计算负担将越来越重问题,交易频率过低的问题,区块链系统尤其是金融区块链系统中,存在数据确认时间较长的问题,等等。

其次,缺乏完善有效的"共识机制"。促使各节点事务形成分布式共识的核心算法,就是区块链技术中的"共识机制",目前存在工作量证明(PoW)、权益证明(PoS)以及Pool验证池证明等数种共识机制。区块链节点需要根据共识机制通过随机的散列运算,来争夺区块链的记账权,以此避免欺诈交易、"双重支付"等恶意行为发生。然而这些现有共识机制都存在一定缺陷,以比特币所使用的区块链技术为例,它是通过工作量证明机制维护区块链的整体运行及其安全性,然而这一过程需要消耗大量电力来完成,据估计,比特币网络每天消耗的电力资源已经达到700万元。然而尚没有一种完善的共识机制能够同时解决安全性、环保性、高效性等问题,将对区块链技术在共享经济中的大规模应用构成一定障碍。

第三,监管机构与仲裁方式尚未明确。为保证交易的安全性和公正性,在共享经济等应用场景中应设有权威机构或组织对交易过程进行有效监管,并对产生的分歧进行合理仲裁。而在现有区块链技术下,当用户对交易的公平性产生质疑时无法向任何机构进行申诉,只能接受交易结果。同时,区块链被设计成环环相扣,能够从任何一点追溯至初始区块,查询到链上所有信息。然而这只能确保通过区块链交易的公平性,却不能保证区块链交易的合法性。以现有区块链技术架构为例,犯罪分子将赃款通过区块链技术在网上同时与多方进行交易时,警方若想获得其犯罪证据必须将涉及该交易所有人的信息同时进行取证,当其他交易人来自多个不同国家时,追踪犯罪行为将变得异常困难。为保障未来共享经济的健康发展,必须设立专业的监管和仲裁机构,针对区块链交易进行科学合理的监管。

此外,顶层设计和场景试验的落地推广需要多方面条件。针对许多行业痛点,区块链技术有望提供良好的解决方案。2016年工信部《中国区块链技术和应用发展白皮书》曾列举金融服务、供应链管理、文化娱乐、智能制造、社会公益、教育就业等6个行业的应用场景作为代表。但是除金融服务行业外,其他行业应用还处在探索起步阶段。作为区块链技术应用的一个行业,除了比特币外,金融业本身真正得以实际应用的区块链技术仍比较少见。而且,现有的虚拟货币一直面临安全问题。作为全球最大比特币交易所之一,Bitfinex2016年曾丢失价值6 000万美元的比特币。这些行业应用场景的落地和推广不仅要克服传统模式下行业既有参与者和既得利益者的障碍,还受到公共管理区块链发展基础设施的制约,以及公共管理机构可为商用区块链提供可信基础社会数据、区块链标准制定、区块链技术应用的监管和引导制度的影响。据统计,现有 70 多种不同的区块链平台技术可以使用,但大多数区块链平台在未来 24 个月内都还处于不成熟状态,还在进行多分类账本测试及以"测试与学习"为目的的概念验证。智能合约仍缺乏可扩展性、可审计性、可管理性和可验证性,本地或全球应用尚无法律框架可循①。

　　政府助力区块链技术应用方面,比如,贵州作为首个国家大数据综合实验区,是国内大数据建设和区块链技术应用的先行者。我们实地调研"贵州大数据综合实验区展示中心"和"贵阳·区块链体验交流中心"发现,贵阳虽然提出了区块链技术在政务、民生、商务等方面的 12 个应用场景试点②,但据反映这些试点面临着技术、人才、标准、基础设施、配套政策等瓶颈,场景能否落地推广和形成区块链行业的应用经验,仍存在相应的不确定性和检验环节。

二、丰富充实区块链思维的基础架构是促进区块链技术健康发展应用的保障

(一)区块链思维的提出和体系的核心观点

　　《2016 年上海国际金融中心建设蓝皮书》第三编中,本课题组负责人吴大器及其团队首次提出区块链思维的概念,并逐渐丰富与完善,目前发展的区块链思维体系的核心观点为:第一,区块链技术是由诸多学科智慧、互联网思维组合的技术创新;第二,区块链技术的试验应用反映着互联网思维、大数据思维的探索高度;第三,区块链技术的成熟完善和风险防控需要全社会协同集成,在由点及面的试验中形成突破与推广(或终止);第四,加强区块链技术相应层次的科学导向引领,建立分类针对性的思维体系已成当务之需;第五,"辩证认识区块链技术"是区块链思维体系核心观点的重要体现,必须充分认识。其中,辩证认识继承与发展,循序渐进的推广节奏,加强协同后的有效应用突破,明确底线思维和区块链泡沫或膨胀,纵深融合于实体经济的发展等已经成

---

　　①　福布斯:《区块链 10 大可避免误区》,搜狐网,http://www.sohu.com/a/163561818_651743,2017-08-10。

　　②　政用领域:数据开放共享、数据铁笼监管、互联网金融监管 3 个应用项目;民用领域:精准扶贫、个人数据服务中心、医疗健康、智慧出行 4 个应用项目;商用领域:供应链管理、数字物流、数据交易流通、金融票据、小微企业信用认证 5 个应用项目。

为区块链应用的思维导向体系的直接话题。

(二) 区块链技术系统发展的思维引导体系

在区块链技术循序起步的今天,如何从理论导向上明晰脉络,建立规范,十分关键。区块链思维下的区块链技术系统发展的思维引导体系,如图 7-1 所示。

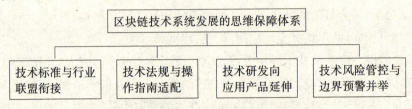

图 7-1   区块链技术系统发展的思维保障体系

1. 技术标准与行业联盟的衔接体系

区块链底层技术元素已基本形成,但尚缺统一的技术标准,"区块链+金融"标准化需求高,可以看到许多如 R3 和中国互联网金融协会等权威机构正率先推进区块链在金融行业统一标准的建立。由于尚处技术探索期,除了统一的技术标准外,还存在如 51% 攻击问题,工作效率、资源消耗等方面的问题。短期内,以金融行业为首通过建立"有限的去中心化应用"将成为较大的可能。

区块链技术尚处于发展初期,在技术上仍存在瓶颈。部分交易平台比特币被盗的事件,暴露区块链现有技术结构存在的缺陷,包括智能合约编程漏洞、交易系统漏洞和记账系统漏洞。另外,也存在计算速度相对较慢、存储空间不足等的缺陷。同样,区块链的应用场景还没有统一标准,缺乏成熟案例,监管法规相对滞后等,这些都需要一个演变和发展的过程。

行业标准的制定要尽快推动相关行业协会的成立,由行业协会组织协调好行业的从业单位共同研讨、设置标准。2016 年 3 月成立的中国互联网金融协会在制定与形成互联网金融行业的相关规章、制度及监管标准等方面作出较好的示范,吸取其经验,推广形成区块链方面的行业标准,以引导区块链技术的健康发展。

当前,加强技术和应用标准的统一,在这方面的监管十分必要,特别是中国作为互联网应用十分广泛的国家,一定要加快技术应用的标准和互联网金融监管的规则的制定,带动全球来加强技术应用与技术标准的统一,发挥中国在互联网金融方面的影响力和未来网络世界的主导力。

2. 技术法规与操作指南的适配体系

区块链尚处在法律的灰色地带,要想大规模推广应用,法律保障必不可少,The DAO 被攻击事件有望促使相关法规的先行,对于区块链长远的发展是有利的。

在有效防范风险的基础上推动区块链技术的创新发展,首先要推动区块链技术发展的法规先行,上海应尽快配合国家金融管理部门,并通过成立区块链行业协会,协调制定区块链技术应用法规及操作指南,引导区块链在相关产业的应用与实践。同时,依托好区块链行业协会,在实践中为区块链技术的金融应用试点,尽快制定法律法规和监管规则,为区块链技术在更大范围内的应用提供可复制,可推广的上海经验。

协调推进技术法规的制定需要发挥社会各界的力量。比如倡导区块链应用领域行业自律,遵守业界秩序,保护个人隐私;在支持区块链技术研究开发,鼓励高校智库、信息技术类科技企业、金融机构研究力量等主动参与区块链技术的基础研究、应用开发以及标准的制定,形成百花齐放的发展格局,探讨区块链技术发展的各种可能的路径;同时推进区块链技术金融应用试点,探索区块链技术在金融机构市场等不同领域的应用场景,了解并防范其潜在的风险,推动其规范发展。

3. 技术研发与应用产品的延伸体系

区块链技术的特点是去中心化、公开透明,让每个人均可参与数据库记录。区块链技术主要分为"底层技术"(分布式存储、加密、通信等分布式技术和芯片)、"开发层技术"(协议类、侧链、闪电网络、API 等创新开发)、"应用层技术"(虚拟币、价值资产、信用增信等领域)。

区块链分公有链(Public blockchains)和广义的私有链(Private blockchains)。公有链是指世界上任何个体或者机构都可以发送交易,且交易能够获得该区块链的有效确认,任何人都可参与其共识过程,记账权完全由公开的共识算法决定,即整个网络是开放的。公有链的典型代表是比特币区块链,任何人都可以通过交易或挖矿读取和写入数据。

广义的私有链又分联盟链(Consortium chains)和完全私有链(Private chains)。其中联盟链,又称许可链,一般是指由少数的机构组成联盟节点,联盟之间是有价值传输的,属于协作关系但同时又不能完全信任。典型的场景有跨境支付、票据市场、场外市场等等，一般由 PBFT 一致性算法改造的共识算法，节点数不会太多，同时要求出块速度快，并且所有节点是需要准入的。完全私有链是仅仅使用区块链的分布式账本技术进行记账，与其他的分布式存储方案没有太大区别，基本没有什么应用场景，发挥不出区块链优势，使用传统数据库可以达到存储的效果。

区块链的应用主要体现在公有链和联盟链，其应用前景广泛，未来在银行、审计、物联、医疗、公证、版权、社交等领域有广泛应用前景，其中区块链技术最先可能的是率先在金融、医疗等领域广泛应用。

区块链使用去中心化的数据安全技术，可提升数据安全性、降低数据维护成本、推动组织智能化发展，未来有望在银行、审计、物联网、医疗、公证、版权管理等领域广泛应用，给予"增持"评级。

数据中心化存储存在诸多痛点，区块链技术望成救星。大数据和云计算时代数据的集中程度较高，导致云端中心的操纵权力过高，数据集体泄露的危险性加大，且所有数据都经过云端，效率低、成本高。区块链技术可以在保障内容不被篡改的前提下实现数据的去中心化存储，根本性地解决上述问题。

其广泛的应用前景需要有对应的核心技术以及相应的应用产品与之配套。以公有链和联盟链的技术特色，开发相应的可靠产品，才能更好地推进在金融、社会管理等领域的广泛、大幅度应用。与技术相配套的应用产品的开发和推广，是区块链技术得以在相关领域运用的抓手；在推广区块链技术及思维的过程中，做好相应的技术与产品研发是关键，是基础架构。

4. 风险管控和边界预警的协同体系

安全性威胁是区块链迄今为止面临的最重要问题。其中，基于 PoW 共识过程的区块链面临的主要是 51% 攻击问题，即节点通过掌握全网超过 51% 的算力就有能力成功篡改和伪造区块链数据。以比特币为例，据统计中国大型矿池的算力已占全网总算力的 60% 以上，理论上这些矿池可以通过合作实施 51% 攻击，从而实现比特币的双重支付。虽然实际系统中为掌握全网 51% 算力所需的成本投入远超成功实施攻击后的收益，但 51% 攻击的安全性威胁始终存在。基于 PoS 共识过程在一定程度上解决了 51% 攻击问题，但同时也引入了区块分叉时的 N@S(Nothing at stake) 攻击问题。研究者已经提出通过构造同时依赖高算力和高内存的 PoW 共识算法来部分解决 51% 攻击问题,更为安全和有效的共识机制尚有待于更加深入的研究和设计。

区块链的非对称加密机制也将随着数学、密码学和计算技术的发展而变得越来越脆弱。据估计,以天河二号的算力,产生比特币 SHA256 哈希算法的一个哈希碰撞大约需要 2^{48} 年,但随着量子计算机等新计算技术的发展,未来非对称加密算法具有一定的破解可能性,这也是区块链技术面临的潜在安全威胁。

区块链的隐私保护也存在安全性风险。区块链系统内各节点并非完全匿名,而是通过类似电子邮件地址的地址标识(例如比特币公钥地址)来实现数据传输。虽然地址标识并未直接与真实世界的人物身份相关联,但区块链数据是完全公开透明的,随着各类反匿名身份甄别技术的发展,实现部分重点目标的定位和识别仍是有可能的。

从安全性角度,做好区块链技术发展风险控制的底层架构,控制好风险爆发的边界,管控好区块链技术应用各领域可能引发的安全性问题,是区块链技术发展的基础架构之一。

三、完善区块链思维,细化区块链技术发展特定阶段引领体系的基础方针

正确科学的引领能带给区块链技术有序、适时、健康的可持续推进,函待重视。

(一) 循序渐进推进区块链技术研发,助力区块链技术全方位应用与发展

从历史经验来看,重大的基础创新从模式完善到能够实现技术应用,再到成为市场主流的应用方案,是一个渐进的过程。当前区块链技术虽然受到重视,但多数还在研究测试阶段,区块链真正大规模商业化应用还有待时间检验。

区块链思维中所体现出的"开放化"和"去中心化"的互联网思维以及区块链技术可以帮助初创公司通过这种技术快速、低成本地建立立信机制等功能,体现了区块链技术的价值。但对于区块链技术本身而言,还需要在安全、效率等方面进行改进和发展。

当前如何稳妥有效地利用区块链技术,实现与传统产业的融合,在保证安全的前提下提升社会运行效率,是区块链技术应用与发展的关键。做好区块链技术发展的安全措施,循序渐进推荐区块链技术的研发,是区块链技术健康有序发展的出发点。

(二) 全面科学做好风险管控,确保区块链应用发展的健康成长

区块链技术的应用,还处在试验推进阶段,人们更加关注的是如何把复杂的经济生活变得简单易行。例如,将区块链技术应用于跨境回款,节省时间,便捷支付。在医疗保健、互联网等等领域应用区块链技术,以提高效率,节约成本。与此同时,区块链技术应用的潜在风险也开始暴露,对于区块链技术的应用风险管控越来越受到重视。

譬如,2016 年 5 月,The DAO 刚刚创造全球最大的众筹记录,集资 1.5 亿美元,但 6 月 17 日 The DAO 遭遇黑客的攻击,价值 6 000 万美元的比特币被劫持,在单个交易过程中实现了多次提取,劫持了资金。7 月 20 日以太坊通过集体决策采用硬分权方案,将被劫持的资金返回初始投资者的手里。这起事件,再次印证互联网金融业务发展过程中的潜在风险,规避、控制好风险,是区块链技术应用与健康发展的基石。

在区块链技术应用发展的起步阶段,发生一些风险的事件是难以避免的,必须从中总结经验教训。有两点必须强调:第一,新技术开启新的应用,也会带来新的风险。因为高新技术必须注意防范技术垄断风险和技术性的操作风险,必须构建预防道德风险的技术防火墙,在不同场景的区块链技术应用中,必须对智能合约、时间戳等安全性、稳定性、可靠性作深入的分析和权威的论证。第二,新技术有新特征,风险的管控要适应新的结构。区块链技术引发 The DAO 遭遇黑客攻击等风险事件,表明区块链技术离形成成熟、可靠的应用产品还有不少的细节需要处理,不少的结构化风险需要控制。

因此,在推广区块链技术全面应用的过程中,先从制度上、系统化方面全面思考,有序推进,合理控制风险是关键,避免出现互联网金融野蛮生长、无序发展形成的尴尬局面。健康有序推进,科学把控风险是基础。

(三) 系统集成政府的适时引导,形成区块链应用与发展的助力元素

任何新兴产业的形成与发展,都离不开资本的助推。在区块链技术发展与应用过程,以政府的政策支持与相关区块链产业引导基金的成立为基础,撬动民间社会资本,带动行业研发力量与技术应用,是政府引导、助推区块链技术应用与有序发展的可行途径。

区块链正快速走进全球公众和中国决策层的视野,知名风投机构也纷纷发出对区块链的行业研究报告并付诸行动,如万向集团已投资 27 家区块链相关企业,但中国公司仅为 3 家,从一个侧面反映出国内区块链技术领域的企业

仍亟待孵化和发展。

目前，从事区块链相关的成熟从业人员屈指可数，真正掌握技术的不到千人，我国很少有针对"区块链技术"的产业园和孵化器，这与庞大的市场需求呈严重的反差。因此，政府可以率先在科创中心功能区设立"区块链技术"产业基地，聚集一批相关的产业和优秀人才及资本，引领区块链创新发展，构建新型区块链产业体系。

政府可以"区块链技术"产业基地为基础，依托自主研发区块链底层技术，打造"区块链产业园""区块链学院"。围绕产业链、部署创新链、配置资源链，聚焦以区块链技术为核心的新兴优秀企业，聚焦该产业相关的人才和企业，努力成为战略性新兴产业的重要承载区。

同时，以金融服务加快推进区块链产业园的发展。区块链产业园的运营主导方为专业投资机构，产业园将以"基金＋产业孵化"方式，发挥上海市科技创新相关引导基金、产业基金、专项投资基金对社会资本的引领作用。发挥运营团队的优势，辅导企业在上海股权托管交易中心（简称上股交）"科技创新板"进行挂牌，发掘企业亮点、发挥中小企业融资平台的品牌优势，促进科技与金融结合，拓宽中小微企业融资渠道，推动企业直接融资规模上新台阶，并积极培育企业进一步向交易所市场迈进。

四、系统集成，择点突破，强化区块链思维，聚焦科创中心的核心攻坚

梅拉妮·斯旺（Melanie Swan）在《区块链—新经济的蓝图》中对区块链的应用前景提出三个阶段的构想。区块链 1.0 版的应用是数字货币，如支付、转账、汇款等；区块链 2.0 版的应用是金融合约，如股票、债券、贷款、金融衍生产品等更广泛的非货币应用；最后将进化到 3.0 阶段，在社会、政府、文化、艺术和健康等方面有所应用。从应用发展的三个阶段来看，目前并不适用按部就班的逐个阶段升级完成，可能的方式是在不同领域进行重点突破，协同发展。

在区块链已成全球创新领域最受关注的技术且正在受到风投热烈追捧的大背景下，可以适时启动政府相关资源，引导社会资本参与区块链技术的研发与区块链初创企业的发展，并能集成相关资源建设区块链公共研发平台，从资本、制度、平台、社会环境等方面系统集成资源，支持区块链技术的全面发展与区块链技术产品的研发。

结合上海全面建设科创中心、自贸试验区和国际金融中心的战略背景以

及形成的发展优势,突出高科技技术与金融、社会服务事业等的融合提升,体现科技服务经济、服务社会的发展趋势,选择相关优势领域进行重点突破是上海发展区块链技术,贯通区块链思维的可行路径。

(一) 平衡协调价值转移,用区块链思维引导金融的关键突破

任何一项新技术的发展进程不仅与技术本身的实现有关,还受制于系统中各利益主体的博弈竞合关系,会受到来自现有系统的阻力。区块链技术的核心功能是价值转移,天然应用于金融领域,但其去中心化、自治的特征决定了来自传统金融领域的阻力将十分明显,如何在价值转移过程中平衡金融领域的阻力十分关键。

区块链是一个完全依靠技术实现价值转移的精妙的系统。单从效率上看,区块链技术应用于货币转移、证券买卖等方面无疑会大幅降低交易成本,缩短交易时间。然后从其对金融系统中各方利益的影响来看,区块链技术很有可能会损害多方面的利益。

其一是监管层的利益,区块链系统中每个节点是平等的,没有中心,或者说每个节点都是中心,拥有整个系统所有的交易记录,监管者丧失了其权威地位。如比特币对央行货币发行的权威地位构成深刻的挑战,削弱央行通过货币政策调控经济的能力,因此大部分国家的货币当局对比特币持否定态度。

其二是传统金融机构的业务将被大量削减,地位会被严重弱化。比如传统的证券交易,证券所有人发出交易指令后,指令需要先经过证券经纪人和资产托管人,最后到达交易所,才能完成执行,相应产生了投行的经纪业务和商业银行的资产托管业务,但区块链技术通过智能合约直接实现自动配对,并通过分布式的数字化登记系统,自动实现结算和清算,不再需要投行和商业银行充当中介。目前花旗银行、瑞士银行、摩根大通等传统金融机构看似非常积极地拥抱区块链,但主要目的是为了利用区块链技术提高内部系统的自动化和运行效率,对区块链在整个金融网络中的应用非常谨慎。

其三是区块链上的账户安全存在隐患。尽管区块链上的记录不可篡改,可追溯,但并不能防止盗窃和诈骗的发生。当盗窃、诈骗在区块链上发生后,理论上更容易跟踪和追回,但由于监管缺失,没有类似传统金融系统中的账户实名制及相关法规保护,区块链账户的安全性非常低。2014年全球最大的比特币交易平台Mt.Gox发生巨额比特币失窃而束手无策,最后只得破产,该平台上的交易者遭受巨大损失。

　　金融领域是关系国计民生的重要行业,是国家经济发展的命脉与血液。上海在推进金融改革开放方面迈出了坚实的一步,形成了较好的产业基础,通过区块链技术更好地服务金融业态的发展,用科技推动金融产业的转型升级,并抢占金融制高点,是上海全面建成国际金融中心的重要环节。但区块链技术固有的属性及可能对现有金融产业的发展局面所造成的影响也是显而易见的。因此,突破的关键是综合考虑金融领域相关部门的突出利益,在协调平衡好利益的过程中,推进区块链技术的全面应用与发展。

　　（二）优化区块链底层技术,全面提升社会领域的服务效率

　　区块链技术运用于社会生活领域受到的阻力会小得多。在这些领域中有些中介机构具有公益性或公共性,不以盈利为目的,而有些不涉及价值转移,只进行信息记录和共享,因此这些机构更有可能为了整个系统效率的提高而接受其机构本身中心地位的弱化。区块链技术在金融领域每一次小的举动都受到广泛关注,但除了比特币外,大部分应用仍停留在技术开发和标准制定阶段,然而与此同时,区块链在某些社会生活领域已悄然付诸实践。

　　例如,征信。91 征信利用分布式技术方案联通 P2P 公司数据库,每个公司无需上传数据到中央数据库,就能实现信息互联互通,防止借款人同时多处借贷。2015 年 9 月产品上线至今已签约 200 余公司。尽管区块链征信目前还无法解决数据源质量问题,但实现了信用信息的高效共享,通过不断累积,信用信息会更加全面,质量会逐渐提高,借款人的信用画像会更加清晰。与此类似,区块链在信息共享上的应用还有反洗钱等。这些应用不涉及价值的转移,只是利用区块链技术提高信息记录和共享的效率。

　　又如,慈善捐赠。7 月蚂蚁金服正式宣布将上线区块链业务,并会率先应用于支付宝的爱心捐赠平台,目的是让每一笔款项的生命周期都记录在区块链上。区块链技术的引入,让用户可以追溯捐款的任何变动和流向,解决了传统慈善机构面临的信任危机。另外一个实例是 Bitgive。尽管比特币被多国货币当局否定,但借助比特币的跨国捐赠活动却受到鼓励。Bitgive 于 2014 年 8 月获得美国 501(c)(3)慈善机构认证,该机构基于区块链技术构建了一个透明化捐赠平台,实现了跨国小额捐赠,这在传统体系下的成本极高(1 美元的跨国成本接近 10 美元),完全无法实现。由于慈善捐赠各方都是出于公益的目的,比较容易达成合作。

　　再如,品牌防伪。传统的品牌防伪手段一般是商品上的识别码加上企业

后台中心化的查询系统,识别码的可伪造性与后台系统查询系统的可篡改性使假货无法从根本上杜绝。Vechain通过对商品植入芯片,芯片所对应的商品的各种动态信息将会被放置在全球统一的分布式账链系统中,完全解决了原来信息孤岛导致假冒商品的问题。该系统已经进入内测阶段。与此类似,区块链在信息防伪方面的应用还有学历认证、宝石鉴定、食品安全等。

区块链技术作为信息储存、记录与共享等方面的作用,有效地提升了社会领域方面的管理效率与服务水平,但底层技术的开发和稳定性,是保证其服务社会领域有效性、安全性的关键。

(三) 系统集成相关资源,促进区块链技术的健康、持续、可靠发展

1. 系统集成社会资源,营造区块链应用发展的良好环境

区块链技术已经形成齐头并进的格局,2016年5月,金融区块链合作联盟成立,2016年6月中国互联网金融协会成立区块链研究工作组。区块链的技术从比特币应用扩展到金融领域,已经形成的趋势不可逆转,但总体上还处在起跑阶段,作为一项革新性的技术面临的风险巨大,社会力量全面参与的积极性还有待引导,政府的适时引导与合理投入和支持更显必要。

如针对区块链技术研发的不确定性高,投入大等问题,可以借鉴上海市科委在推进科创中心建设过程中系统集成的多个专业公共研发平台的建设经验,由政府机构适时推动区块链技术的公共研发平台的建设,推动相应的产业联盟建设,支持区块链技术与产品研发的一些共性方面的推进;又如可以由市科委支持、协助成立相关方面的区块链技术与应用方面的引导基金,吸引社会资本参与投资;再如鼓励高校与社会培训机构积极参与到区块链底层技术研发人才和区块链应用场景综合方案解决的应用型人才的培养体系的建设等。

科委等政府部门加强与相关部门、机构的沟通协调,集聚产学研用等多方资源,密切跟踪国际产业发展前沿动向,通过多种形式、多个平台共同推进区块链相关理论研究、技术研发、应用推广、人才培养等工作,优化区块链技术产业发展的社会环境,力争在新一轮的产业竞争中取得先机。

2. 加速区块链底层技术的研发,推动区块链技术的应用落地

区块链的发展给软件和信息技术服务业带来全新的机遇和挑战。从技术的角度来看,区块链技术是具有普适性的底层技术框架,实行数据库、分布式计算、安全加密等多种新技术,将改变数据的存储和使用方式,也将带动软件开发环境,软件连接的方式和数据应用模式的创新。区块链技术作为服务相

关领域的底层技术，其研发的开拓性、高难度均对现有的信息技术等领域提出一定的挑战，集中社会资本、研发团队，加强底层技术的研发，是实现其应用的基础。

引导软件和信息技术服务企业充实区块链技术对数据存储、管理、使用方式的优化、重构作用，加强技术储备，加大研发投入，加快推动形成行业应用解决方案。面向基础条件好、示范效应强的行业领域，探索组织开展试点示范工作，推动区块链技术和行业应用的融合发展。

3. 加快推动区块链领域的标准体系建设

区块链技术和应用正经历快速发展的过程，但国际、国内在区块链领域的标准仍属空白，行业发展呈现碎片化，行业应用存在一定的盲目性，不利于区块链的应用落地和技术发展。区块链的标准化有助于统一对区块链的认识，规范和指导区块链在各行业的应用，以及促进解决区块链的关键技术问题，对于区块链产业生态发展意义重大。

结合区块链技术特点和发展现状，可以着重从四个方面加快区块链标准体系的建设：一是构建区块链标准化的语言，统一对区块链的认识；二是统一区块链底层开发平台和应用编程接口，为区块链的开发、移植和互操作提供支持；三是统一不同区块链间的链接、实现信任和交换数据的标准化，建立区块链间互操作基础；四是构建安全和可信环境，规范基于区块链的服务，营造良好的应用环境。

围绕科技产业发展的重点环节，加快推进关键标准的部署和制定，逐步完善区块链技术和应用标准体系。推动上海区块链研发力量积极参与国际标准研制工作，对接国际化标准机构和开源社区组织，加强国际交流合作，在积极作出贡献的同时，不断提升我国区块链技术标准工作的国际话语权，在支持上海科创中心建设进程中形成区块链特有的支持效率。

综上所述，区块链思维是推动区块链技术渐进成熟、完善生产力创新的引领型思想体系，是大数据革命进程中的一项必要的思想先行工程。尽可能系统地把握区块链技术的寻源、认知、试验、借鉴、融合、扬弃等环节的导向及策略，必须用科学、辩证、系统的思想分阶段分类别地形成观点和指导思想。而引领区块链技术的可持续进步，助力上海科创中心建设，更需要实现引领目标上的快马加鞭。

第三节　创新思维，建设上海科创中心区块链应用试验区的设想

2017 年两会期间，习近平总书记在参加上海代表团审议时指出，上海要以全球视野、国际标准建设张江综合性国家科学中心，提升科学中心的集中度和显示度。作为效率提升、成本降低、技术升级的有效手段，区块链技术为上海科创中心建设提供了新的思路。上海应抓住区块链技术应用的机遇，依托国际金融中心、自贸试验区和科创中心建设等国家战略优势，依托张江国家级高科技园区的载体，建设上海科创中心区块链应用试验区，进行打造区块链发展和应用高地的探索和实践。

一、上海科创中心区块链应用试验区的基础方向

（一）发挥国家战略优势，形成区块链技术应用高地的先行试验区

发挥上海国际金融中心、自贸试验区和科创中心的政策优势，填补底层发展制度缺失，以科技创新推动制度创新、金融创新，加快布局区块链技术在实体中的发展和应用，推进技术落地。

在新常态下，动力转换就是要从要素驱动、投资驱动转向创新驱动。建设具有全球影响力的科技创新中心，是上海的新的战略任务。建设科创中心，核心是全球影响力，关键是在全球范围内配置科技创新资源。要实现这一目标，就要充分用好上海自贸区的制度创新成果，上海自贸区也要根据打造科创中心的要求进一步扩大开放、深化改革。国内很多城市已经开始积极探索和布局区块链技术的发展和运用，相对而言，具有先天优势的上海，更多地注重于区块链的底层技术研发和设计，已成功引进万向区块链实验室、BitSE、钜真等机构，从技术研发、应用、资金及人才投入等方面，为上海依托国际金融中心、自贸试验区和科创中心建设等国家战略优势，打造区块链发展和应用高地打下了坚实的基础。

（二）以区块链技术建设"智慧社区"，丰富上海卓越社会治理的模式

智慧社区治理的核心理念，即让智慧融入治理，让治理体现智慧，最终达到卓越治理的目标。区块链技术可以为实现城乡协调、区域联动发展、打造"15 分钟智慧社区生活圈"等提供技术支持。

（1）组团式集约紧凑发展，加强交通网体系建设，提升市民出行的便捷度和体验度。依托以轨道交通为主的公共交通站点，基本实现步行600米社区生活圈覆盖，强调多中心组团式集约紧凑发展。

区块链运行系统在智慧社区中的最终目标，是从公众利益出发来解决城市社区运行和发展中的问题，建设核心围绕"人"的幸福生活和全面发展，将公共服务、公共管理、公共安全、社区活力、市民参与、信息化应用等因素，作为整体化考虑，完善社区服务与管理、基层建设与社会动员等模式，优化创新社会治理机制，实现社区善治。

（2）发展大健康产业，在保持各医疗机构独立性的同时，实现关键信息的可靠共享，解决跨机构的医疗病例存证、医疗检测数据共享、健康档案的完整建立。为以南部国际医学园区为中心的张江科学城的发展注入创新因素，推行公民素质实践认证计划，将健康管理纳入医疗保险体系、社会保障补充模式、长者生活服务模式等，力求通过科创中心应用试点，实现可复制、可推广的模式。

（三）创建科创主线架构的区块链共享平台，为上海国企和中小企业服务

（1）推动培育经济发展新动能，结合张江科学城建设，培育特色优势产业。依托张江和临港地区，加快"产学研用"联动协同，进一步提升科创中心建设的集中度和显示度。在金融服务等行业进一步结合科学城建设目标，加速数据流通、应用和孵化等新型业态的出现。

（2）聚焦上海国资国企改革，以科技创新中心为主线，围绕价值链布局产业链，围绕创新链配置资源链，吸引人才、留住人才、激励人才，努力实现改革转制、创新转型双轮驱动，推动国资国企改革发展再上新台阶。

（3）以区块链技术嵌入众创空间，保障实体经济发展。通过区块链技术为中小微企业开辟包括托管、质押、转让、融资一体的全环节金融服务，为区域内中小企业打造一站式服务平台，更好地缓解中小微企业融资难问题。完善小微企业成长基金构建，助推"众创空间＋孵化期＋加速器"的链式孵化体系。

在区块链运行系统中引导金融机构与监管部门密切沟通，形成资源共享态势，提高中后台运营效率。通过数据安全共享平台，数据需求方可以更加便捷地从数据提供方处查询或确认相关信息，由此可以建立起企业信息的良性交换机制，链接起原先相对割裂和独立的机构间数据，通过大数据形成企业完整的信用画像，为企业提供增信服务。

（四）优化智能政务环境,打造服务科创中心建设的浦东政务云一体化基地,创建科创中心数据共享政府先导区

基于区块链技术的不可篡改、可追溯等特征,实现政府信息公开化、透明化,加快政府各部门之间信息共享。同时,区块链在政府互联网金融监管、权力监督、审计、税收征管等方面也有较大的应用潜力,能显著提升政府的治理能力和办事效率,集聚科创设施,引入高级公共服务和科技金融等生产性服务,形成以科创为特色的市级城市副中心。

（1）政府通过购买服务,将区块链技术应用于监管领域,作为提高透明度和信任度的可选择手段。基于区块链技术的去中心化、去信任化、集体维护和可靠数据库的特征,通过区块链技术建立一个具有隐私保护的数据协同计算平台,能够在数据不离开本机构的前提下,完成数据的分析、处理和结果发布,并提供数据访问权限的控制和数据交换一致性的保障。

（2）形成网格化政府信息共享模式,加快审批效率,实现扁平化管理。区块链运行系统通过去中心化技术,电子化政务办公系统,加大政府部门参与度,打破部门信息壁垒,为跨部门综合监管提供切实可行的技术途径。对于经营效益不显著但对社会有益的区块链应用,政府可以通过购买公共服务的方式支持创新。

二、上海科创中心建设区块链技术应用场景规划设计

（一）政务应用

第一,以陆家嘴金融城为载体,探索区块链技术下互联网金融监管的新模式。

互联网金融为金融业发展注入了新鲜的活力,但同时也暴露出一些问题。互联网金融监管现在面临着新的挑战,如在分业监管体制下,互联网金融跨界经营易产生监管套利;互联网金融面临较大法律风险,合规成本和监管成本高;信息披露监管机制缺失,信用信息不对称,严重妨碍互联网金融健康发展;由于市场准入门槛低,商业模式灵活,互联网金融面临更大的金融欺诈和反洗钱监管压力;在互联网金融投资者保护监管中,普遍存在维权难和取证难的问题。

（1）建设性意见。基于主权区块链构建互联网金融监管平台,每个节点有自主权利,监管机构对每个节点的账户信息有依法进行实名化穿透式管理

的特权,司法部门对特定账户内的资产具有进行冻结的特权,对于显失公平或存在违法问题的交易,监管机构有予以撤销或者强制停止的权利。互联网金融监管区块链应用不仅限于单链发挥作用,需要与其他区块链应用紧密链接,结绳成网,并充分利用区块数据资源,做到有效而全面的互联网金融监管。以网贷平台监管区块链应用为例,利用区块链技术记录网贷重要客户信息和交易信息,提供多方信任;保证交易可见的同时保护客户隐私;联通监管机构和中介机构,确保用户身份识别和信用筛选,通过共识算法验证交易,保证监管机构对节点的控制和可见;引入第三方征信等机构参与,形成对共识算法主体的补充,并形成激励机制;通过撮合机制提供增值服务。

(2)社会价值。互联网金融监管区块链可以实现多方面的价值,主要包括:降低监管成本;促进互联网金融更好更规范发展;通过营造良好的金融信用环境,推动消费金融快速发展,为真正实现普惠金融奠定基础,更好地促进中小微企业和实体经济的发展。结合陆家嘴金融城的发展实践,互联网金融监管的区块链应用可以采用三种商业模式:一是组建区块链金融联盟,对成员单位收取一定的入盟费用,共同开展应用;二是通过政府购买服务等方式,支付区块链建设与运营;三是为区块链参与主体提供风险评估和撮合交易等服务,收取服务费用。

(3)规则创新。制定区块链联盟标准;以出借人、借款人、互联网金融平台、担保机构与监管机构等进行交叉验证的方式作为共识机制;通过提高征信评级以及给予认证资质等方式作为激励机制;对监管机构具有访问节点完整信息的授权机制。

(4)配套制度。建立约束各个节点行为的制度规范。如对违规行为实施承接的条款;在行业区块链中公开警示;暂停其在行业区块链中的节点权利;取消其参与区块链的资格;引入行政辅助手段,对一些违规行为进行行政处罚;将违规行为连通征信系统,降低征信评级。

第二,以上海自贸区新一轮改革为契机,打造区块链技术下政府数据共享开放平台。

设立基于主权区块链的政府数据共享开放平台,根据数据载体、数据受体、数据拥有者三方的敏感程度,构建政府各职能部门的联盟链,形成政府数据共享开放的区块链"绳网"结构,打造可信的政府数据共享开放平台,保障政府各职能部门之间的数据共享开放安全,解决大数据关联风险。

（1）建设性建议。一是建立身份公信力系统，对数据的共享、开放、获取与使用的主体及其行为进行权威记录和公信力评价。二是建立联盟业务公信力支撑系统，并与身份公信力系统组成大数据应用安全机制。三是形成数据共享开放的应用成果监管平台，构建有数据的使用者、数据价值输出、数据兼职分配共同带动的基础产业转型态势系统。

（2）社会价值。政府数据共享开放区块链应用有助于构建一个合理、合规、合法、公开、公平、公正的数据共享开放平台，能为政府提供可信、可靠、可执行的数据共享开放监管措施，为拥有、使用、传播政府数据保驾护航，助力产业发展、维护社会稳定，进而为国家层面数据资源共享积累经验。组建政府数据共享开放的专门运营机构，按照数据增值的一定比例收取运营费用。

（3）规则创新。参与政府数据共享开放的各方都可在所属权限内使用数据，同时受大数据监管智能合约的约束，追溯与举证维权机制保障数据不会轻易流失到其他领域。获得政府数据的第三方社会机构，将产生更大的数据应用价值。为获得更多新的政府数据，第三方社会机构也会积极拓展更多的数据应用方向，公开政府数据的应用价值，保证数据资源源源不断地汇聚。

（4）配套政策制度。在国家网络安全法框架下，提供区块链维权与举证的法律保障。区块链的记账系统内容应通过法律权威部门鉴定，形成具有法律依据的电子证据。在"使用数据、数据付费、数据资产评估、数据权属、数据溯源与追责"等方面形成支撑性电子凭证。

第三，以"放管服"改革为突破口，建立基于主权区块链的权力运行监督系统。

以区块链数据资源为基础，实现政府权力运行监督、绩效考核和风险防范的大数据应用工程。政府权力运行中存在的问题：一是被动接受监管。各政府部门主动应用大数据技术，进行政务公开的积极性不高。监管部门履行数字化监督责任也未常态化。二是数据相对独立。各委办局独立建设和运营数据库，难以形成综合考核和评价系统。数据由各单位自行管理，公务员遵规守纪履职档案也限于部门内部使用。

（1）建设性建议。一是建立基于主权区块链的监管平台。推进各部门重要权力运行数据在区块链上形成不可篡改的加密记录，促进权力运行的相互监督，建立各委办局数据应用的综合考核和评价系统，使数据跟牢固、更透明、更具约束力。二是建立基于主权区块链的公务员遵规守纪诚信系统。在区块链上记录公务员遵规守纪、履职效能等重要信息,各部门节点共同验证和审核,建立一条不可篡改的公务员"诚信链",各部门根据权限查询公务员诚信记录。在公务员遵规守纪诚信系统基础上,建立"权力运行监督系统"应用的价值激励机制,如工作量激励和"点赞"机制,将公务员遵规守纪诚信系统作为考核、任用和奖惩的重要依据。对领导干部和纪检委员的应用情况形成督查积分,并记录于公务员遵规守纪遵规守纪诚信系统中。

(2) 社会价值。通过"权力运行监督系统"的应用,推动公务员遵纪守法和诚信管理,实现对领导履行主体责任与驻部门纪检委员履行监督责任的在线有效监督和记录,建立诚信文化。"权力运行监督系统"的商业模式可通过政府购买服务建立。

(3) 规则创新。按照权力运行监督的总体要求,探索各委办局数据记录的共同验证和审核规则,用诚信公务员的经济于社会价值奖励来激励部门参与,用领导干部和纪检干部履职评价来激励领导参与。

(4) 配套政策制度。"权力运行监督系统"的应用将涉及公务员诚信管理制度、部门间数据共享制度、"权力运行监督系统"评价制度等政策和制度的创新。

(二) 民生应用

第一,依托上海智慧城市建设整体规划,探索智慧出行区块链应用方案。

现在城市的交通非常复杂,出行者需要及时有效获取城市实时动态交通信息,在可选择的出行手段及可选线路中进行决策并及时调整;在城市基础资源受限的情况下,城市管理者应保证交通出行各项要素如交通工具、道路、车位、充电桩等得到充分利用。智慧出行系统是实现供需匹配的关键,但也存在一些问题:一是由于城市交通资源提供方众多,资源分散,产权情况亦复杂,并不适合简单的强力整合。二是由于城市交通出行各要素构成复杂,造成数据分散且缺乏组织,不能形成完整的区块数据,数据价值得不到充分的体现。如何整合跨行业信息,解决多角色、多要素、实时动态的城市智慧出行领域问题,实现交通出行各要素的最优选择和资源预留,是当前城市交通面对得极有价值的课题。

(1) 建设性建议。智慧出行区块链应用方案应从出行者规划出行开始,利用主权区块链,实现交通工具选择、路线选择、停车选择及天气、路况信息服务提供等全流程支持。根据当前关注的痛点,建立引导链、停车链、充电链三个区块链,并相互链接成网,为市民提供出行服务。此"网"可不断扩张,纳入更多信息,如车辆租赁、公共交通等,组建更有价值的出行大网,实现更进一步的智慧交通。

(2)社会价值。智慧出行区块链应用,能够优化公共交通资源的利用效率,为参与各方提供更好的商业环境和创新平台,引导区块链系统着眼于强化交通信息的有效利用,提升市民的出行效率,缓解交通压力;停车区块链系统重点在于整合行业资源,挖掘停车资源潜力;充电区块链系统为新能源汽车在城市的进一步推广创造条件。在商业模式上,以类"产业联盟"的方式通过分享共赢的商业手段,以平等方式聚合大小资源拥有者,打造各类关键数据拥有者、出行交通工具资源拥有者、停车资源拥有者、充电资源拥有者、创新商业模式提供者的另类"淘宝市场",为市民提供"一站式"的出行服务。

(3)规则创新。在城市智慧出行区块链中,无论是发布数据还是查询数据都必须按照职能合约来实施,以此来保证数据安全和权益的对等。发布数据前要对发布频次和发布位置作合法性校验。查询和使用数据前要对查询者的资质做合法校验,权益高的参与者可以获得完整的数据,根据规则权益低的参与者只能获得地理位置和实践范围受限制的数据。

(4)配套政策制度。公交车位置信息,交管实时路况信息向第三方可控开放。引导社会车位、充电位信息积极共享。政府部分车位在闲时向社会开放、参与分享。整合政府行政资源,对智慧泊车的土地供应、规划审批、购买公益性服务、科学定价和数据共享给予制度上的支持。

第二,以浦东为试点,打造个人医疗健康数据主权区块链应用新模式。

个人健康与医疗数据的可信整合,是实现分级诊疗和建立大健康大卫生管理模式的基础。但在实践中存在三大问题:一是数据分散。不同医疗机构、不同信息系统形成数据孤岛,难以实现以居民为中心的统一视图。二是数据不完整。如对高血压、糖尿病等常见慢性病人和高危人群的合理膳食、行为习惯、健康心理等多方面管理和干预的日常健康数据尚未被数字化,或是零散地分布在职能终端、可穿戴设备厂商的系统中。三是数据共享难。缺乏数据安全保障、隐私保护以及数据所有权等规范机制,个人和数据拥有者不愿主动开放共享。

(1)建设性建议。个人医疗健康数据主权区块链是由获得授权的医疗机构或第三方运营机构节点组成的联盟链。由政府牵头监管和验证的病人主索引记录在区块链上,患者的每一次医疗信息,经过数据脱敏等处理,也存储在授权节点上。任何一个授权节点通过解密区块信息后可获得病人主索引信息,并依据医疗信息产生记录追溯记录行为。医疗信息由生产该医疗信息方存储并为其所有,经过脱敏后可供所有授权节点进行调阅。经过脱敏的数据成为开放的病案,无关个人隐私,有效实现医疗健康隐私保护。二是建立医疗信息记录和共识机制。每一次医疗信息及其记录行为数据(如医疗机构、记录时间、记录场合等),都计算哈希散列值,同时加入记录者的签名、扰动后的病人主索引等信息按时间顺序生成区块链信息。三是辅助医生实现对不同患者的精准标识,依据标识实现动态集群分组,并实施针对性更强的精确化的健康干预和服务。四是建立激励机制,确保各级医疗机构和第三方运营机构节点的参与积极性。

(2)社会价值。个人医疗健康数据区块链应用的价值:一是推动形成以居民为中心的完整的个人健康视图,整合可穿戴设备、个人智能终端、医疗机构电子病历、健康管理记录以及健康生活轨迹的自我记录,每个数据的贡献者都成为数据使用者,实现数据共建、共享和公用。二是支持以基层为中心、多级专家参与的慢性管理与常见病诊疗服务,把患者真正留在基层,减少院内诊疗行为,降低院内诊疗成本,促进分级诊疗的切实落实。商业模式的创新重点在于慢性病管理服务模式的创新。慢性病是我国致死的首要原因,要管好慢性病,需要将预防与治疗结合、将个人健康与医疗服务结合。以区块链技术为支点,将居家慢性病管理服务纳入家庭医生签约服务内容,实现远程血压、血糖监测、异常预警、在线讲堂、贴身健康管理服务等综合性互联网化服务创新。要实现居民自付一部分、政府补贴一部分、社保支付一部分的模式创新,包括政府对特定人群的采购服务模式、医保对纳入特殊门诊的慢病患者支付模式、商业保险采购服务、药品器械厂商采购服务、患者自行支付模式等。

(3)规则创新。在医疗健康领域应用区块链技术,不是针对全部医疗数据进行区块链化处理,而是通过区块链技术处理病人主索引,针对性实施患者个人信息安全保护机制。

(4)配套政策制度。一是制定财政帮扶政策,对参与的各级医院的平台建设费用全额补助,加快推动多方共同参与的区块链共享数据平台建设。二是设计慢性病门诊签约个性化管理服务包,纳入慢性病特殊门诊的医保报销范畴,内容包括远程测量和提醒、日常化医疗级干预管理管理服务、远程线上咨询、全年定额专家会诊等。三是落实居民健康管理的政府引导资金与PPP

模式,共同开展居民健康管理工作。针对非特殊门诊慢性病患者,由民政、残联、农办等相关部门对口支持,以政府采购的方式推动居民慢性病管理工作。四是落实网上支付方式的支撑保障。要将网上支付方式纳入医疗保障支付体系,实现对支付最后一公里的闭环管理。

(三)商务应用

第一,以陆家嘴金融城为载体,探索构建基于区块链技术的小微企业信用平台。

小微企业在国民经济发展中具有重要的意义,在解决就业、增加税收、经济增长中发挥了积极的作用。但小微企业融资难、融资贵的问题已成为阻碍中小微企业快速发展的重要因素。商业银行信贷模式,基本上都是先评级、后贷款,传统的信用评级是基于财务收据的,而小微企业并没有规范的财务数据的积累,很难获得较高的信用评级,自然出现商业银行"不敢贷"的情况。小微企业一般贷款业务办理的成本是大企业的6—8倍,大部分成本投入在信息收集、调研、分析和决策等过程。由于小微企业征信质量和信息不对称,商业银行出于整体风险控制及业务成本的考虑,往往要求更高的风险溢价。针对小微企业的专项扶持资金也由于缺乏足够的信用信息,易被一些企业骗取和套取。金融机构传统信用评估模式无法解决对小微企业的融资问题,而区块链金融将是解决之道。

(1)建设性建议。利用区块链技术处理、分析、建模,还原小微企业行为特征、风险画像、信用水平,形成基于区块链技术的贷前、贷中、贷后智慧风控解决方案,在信息不对称、不确定的环境下,利用区块链建设满足经济活动赖以发生、发展的"信任"生态体系。一是建立金融机构和小微企业的联盟链。二是加强信用数据质量管理与数据共享。基于区块链将多元数据整合成为链上数字资产,成为企业产权清晰的信用资源。三是多维度还原小微企业信用。

(2)社会价值。信用认证区块链应用的价值:一是通过区块链技术手段,形成贷前、贷中、贷后一整套智慧风控解决方案,有效识别风险,实现信贷业务的自动化审批,最大限度解决信息不对称问题,有效解决小微企业融资难题。二是可以完善小微企业征信数据维度,消除原有不同平台分隔造成的"数据孤岛",改善征信大数据质量不佳的状况。三是根据小微企业信用数据,可更合理和有针对性地发放小微企业专项扶持资金,并有效监管扶持资金的使用。基于链上可信赖资源,系统地对客户未来的信用表现作出预测,面向金融企业、有数据交换需求的政企部门、银行、保险等联盟成员,为其提供征信服务。同时将这些机构产生的履约数据作为数据交易中的主要资产,免费给联盟会员和商户提供服务,而且从联盟会员的通道获得的数据,还能进行交易而获得收益。

(3) 规则创新。基于区块链技术的小微企业信用平台为银行业带来全新的服务体验和获客方式。可以依据场景数据对客户进行风险预筛选,形成白名单,控制风险入口。同时,银行和客户通过平台更加快捷地完成信息甄别、匹配、授信和定价,交易双方信息更透明、便捷、有效率。

(4) 配套政策制度。制定鼓励数据开放与共享的政策,明确数据的归属权,调动数据所有者的积极性,让信用市场主体充分参与其中。

第二,以陆家嘴金融城为载体建立票据区块链平台。

票据是企业融资和银行提高资产流动性、规避风险的重要途径,市场呈现快速发展态势。但票据市场也存在诸多问题:一是市场上存在票据循环"空转"现象,形成货币信贷几何级数的虚增,易引起系统性风险;二是票据交易规则尚不完善,信息交流不畅,市场割裂严重;三是缺乏对票据市场灵活有效的监控手段,审查流程、监管规则无法标准化,监管成本居高不下;四是票据市场交易环节复杂,边界摩擦系数高,存在商业承兑汇票难于跨区域流转、中小银行承兑的小票贴现未能充分体现风险溢价等问题,影响交易规模。

(1) 建设性建议。建立票据区块链平台,链接企业客户、银行、投资方和监管方,提升票据市场应用的安全性和可追溯性,建立互信,降低交易成本,提高风险管控能力和监管能力,实现传统票据市场向数字票据市场的跨越式发展。遵循业务流程实现票据资产的链上流转,相关方在区块链账本上共同记录票据数据信息和交易信息,可追溯、无法篡改,保证交易安全透明,实现资金流闭环。监管机构可获得监管节点对票据全部交易流程的监管。

(2) 社会价值。一是实现票据价值在点对点之间的"无形"传递,提升协作性和效率。二是通过一套可信、可靠、不可篡改的分布式账本体系,有效防范票据市场"一票多卖"、"打款背书不同步"等现象,控制市场风险。三是通过构建票据链全新的连续"背书"机制,保障整个产业链业务运作、共识决策、权力义务履行,加速票据交易及资金融通。四是立足"主权区块链",建立区块链特殊监管节点,提高票据链金融行为安全审计和行业合规监管的效率。票据区块链商业模式的核心是构建银行、企业客户、通道机构、交易平台等各相关方的联盟,通过区块链技术平台实现票据资产的全生命周期管理,通过智能合约实现联盟内业务运作、共识决策、管理运营、权力义务履行，最终通过票据价值传递去中介化、降低票据流通风险、提升运作效率等手段创造商业价值。

（3）规则创新。一是推动票据链技术标准体系建设。二是推进链式金融应用，扩大链上票据交易体系，促进票据链生态体系发展。三是结合法定数字货币应用，构建票据链业务流与资金流交互机制，深化票据链应用模式。四是稳步推动数字票据市场基础设施建设，推进数字票据发行和交易试验，为区块链技术在数字票据市场的全面应用夯实基础、创造条件。

（4）配套政策制度。一是综合运用财税减免、奖励和补助政策，对于票据区块链技术研发企业给予必要的政策支持。二是积极发展使用于商业票据市场运作规律的资金管理体制，打破信贷规模、业务经营范围限定对于专业化票据市场体系的制约。三是创建灵活的监管机制，在公正、公开、公平的监管原则基础上，积极探索结合区块链技术和应用特征的新型监管方式。

三、建设上海科创中心区块链应用试验区的几点建议

（一）构建区块链技术研发应用的法制环境体系

结合自贸试验区新三年发展规划和上海科创中心建设的新要求，把区块链技术应用作为未来改革创新的实践探索，在标准规范、地方立法、监管方式等方面争取先行先试。

一是抢占标准规范先机。国际标准化组织正着手区块链技术全球统一标准的制定，一些国际组织和金融机构已参与其中。上海应该把握区块链标准化的"窗口期"，积极支持在沪举办各类高端论坛、沙龙和多种形式的合作交流机制，支持上海企业参与国际区块链开源社区合作和区块链技术标准的制定，积极推广和普及区块链知识，提升上海乃至中国在全球区块链版图中的影响力和话语权。

二是探索地方立法。研究出台区块链技术研发和应用条例，明确各方责任义务，保障网络和数据安全，维护市场秩序和效率。

三是引入"监管沙盒"①机制，鼓励区块链创新创业企业在事先报备的前

---

① 沙盒是计算机专业术语，指在受限的安全环境中运行应用程序，并通过限制授予应用程序的代码访问权限，为一些来源不可信、具备破坏力或无法判断程序意图的程序提供实验环境。为全力打造金融科技（Fintech）全球领导者地位，英国于 2015 年首先将此理念引入到金融监管领域，设立了"监管沙盒"制度。

提下,放开手脚探索行业发展的新模式、新业态、新经济,自由开展经济社会领域的应用创新,在小范围对小样本群体进行内部测试和验证,经过评估获得成功后再进行面上复制和推广。

（二）构建区块链技术研发应用的金融支持体系

近年以来,区块链成了金融科技领域风险投资最受关注的热点,包括纳斯达克、花旗银行、瑞士联合银行、高盛、摩根、德勤、安永在内的数十个著名金融机构都在开展区块链金融创新。2012 年,区块链领域的风险投资额仅为 200 万美元,到 2015 年时已增至 4.69 亿美元,增长超过 200 倍。

建议上海一方面依托上海自贸区和科创中心的优势,积极引入国内外天使投资、创业投资和股权投资等投身区块链技术的研发和应用,通过市场机制积极支持区块链领域的高科技企业创新创业;另一方面成立区块链技术政府引导基金,为区块链技术推广应用环节中的平台研发、安全保障系统建设、基础设施升级、实践场景应用等提供专项资金支持,通过政府引导资金撬动更多的社会资本积极参与区块链技术的研发和应用。

（三）构建区块链技术研发应用的人才支撑体系和产业园区载体

围绕区块链技术研发和应用需求,加强区块链技术人才培育和引进,鼓励本市高校和科研机构与区块链企业合作培养人才,比如开设区块链专业课程、联合建设区块链实验室和实践培训基地,打造区块链人才高地。

积极支持人才创新产业。依托张江等高科技园区、众创空间等,建设区块链技术研发和产业化基地,打造区块链人才创新创业载体。支持建立区块链孵化器,通过孵化区块链项目和公司,培养区块链创新人才和创业团队。

四、上海科创中心区块链应用试验区三年行动建议

以陆家嘴金融城和张江科技城为实验基地,力争通过 3 年系统推进全面创新改革试验,基本构建区块链技术在科技金融创新、人才引进、科技成果转化、开放创新等场景中的建设,取得一批重大创新改革成果,形成一批可复制、可推广的创新改革经验。通过滚动创新改革试验,在 2020 年前,助推科创中心形成全球影响力的基本框架体系,大众创业、万众创新的发展格局,最终全面建成具有全球影响力的科技创新中心,成为与我国经济科技实力和综合国力相匹配的全球创新城市。

（一）总体构架（为期 6 个月，顶层设计、试点启动）

制定张江科学城区块链发展和应用的顶层设计，明确区块链发展的目标任务、技术路径、工作计划、行动方案和保障措施等。

选取首批应用场景作为试点，政用方面实施数据共享开放、互联网金融监管和政府权力运行监督；民用方面实现医疗健康、智慧出行领域的应用；商用方面实现小微企业信用认证和金融票据方面的应用。

（二）应用推广（为期 24 个月，多场景应用成效）

编制区块链在更多领域和场景的应用方案，制定在不同行业和领域的应用标准和规范，围绕科技金融、能源区块链、共享经济、知识产权等领域开辟更为全面的应用场景，全面开展区块链在各行各业的推广应用，初步建立区块链产业生态，形成较为成熟、可复制的商业模式。

根据在多个场景下的应用成效，进一步完善区块链发展的总体架构和推广工作机制；建立人才培养基地和人才供给体系；初步建立区块链技术的创新能力体系；探索建立推动区块链发展和应用的地方法规。

（三）形成体系（为期 6 个月，在政用、民用、商用领域全面推广）

全面总结区块链发展经验，在征用、民用、商用领域全方位推广，形成区块链创新应用的全产业链、全治理链和全服务链。产生一批有竞争力的领军型区块链企业，建成一批区块链技术创新中心、工程研究中心和应用示范中心，形成一批主权区块链的理论研究和技术创新成果，基本形成区块链技术创新生态体系，基本确立区块链创新发展在全国的领跑地位。

综上所述，上海科创中心区块链应用试验区建设应紧紧依托上海国际金融中心、自贸试验区和张江综合性国家科学中心建设等国家战略优势，既要做好法律标准、制度监管等方面的顶层设计，更要在资金、人才、载体等方面出台具体扶持措施，加大政策支持力度，积极探索区块链技术在政务、民生、商务等场景应用上的重点突破。

上海科创中心建设体现着上海发展的境界、层次和追求，充分抓住区块链技术的发展，审慎筑牢风险防范的堤坝，在科学完善区块链思维体系上深耕细作、系统集成，上海科创中心的区块链应用试验区建设一定能创造更好的经验成果，成为具有世界影响力科创中心的一道亮丽的风景线。

第三编

上海国际金融中心建设专项建议

2017年3月31日，国务院公布《全面深化中国(上海)自由贸易试验区改革开放方案》(以下简称"全改方案")。这是上海自贸区历经2013年"总体方案"、2015年"深改方案"后的3.0版本，"全改方案"确立上海自贸区"三区一堡"的新目标：即建设开放和创新融为一体的综合改革试验区、开放型经济体系的风险压力测试区、提升政府治理能力的先行区、服务国家"一带一路"建设和推动市场主体走出去的桥头堡。方案明确提出，要设立"自由贸易港区"。

　　本编基于中国(上海)自由贸易试验区3.0版本全改方案的战略方向，从新一轮金融改革做到"顶天立地"出发，既开展中国(上海)自贸区时代特色、深化上海自贸区金融改革中负面清单模式和先行先试"投贷联动"的研究和建议，引领全局发展；又开展建设上海金融综合监测预警平台、推动自贸区金融改革政策落到实处的研究和建议，推动实成产生；而且，提出推动科技创新、学习先进经验的若干启示与建议。我们相信，实施中央"全改方案"，努力开拓创新，就一定能够尽快把上海自贸区建设成为更加自由化、国际化、绿色化的自由贸易港区。

第八章 加强中国(上海)自贸区时代特征建设,推动金融创新稳步前行的建议[①]

2017年3月31日,国务院公布了《全面深化中国(上海)自由贸易试验区改革开放方案》。这是上海自贸区历经2013年"总体方案"、2015年"深改方案"后的3.0版本,也是上海自贸区今后相当长一段时间内深化改革的行动纲领,因此有必要对这"深改方案"的特色进行研究,尤其是对其中的金融改革进行深入研究。

Chapter 8   **Proposals for Strengthening Constructing China (Shanghai) Free Trade Zone with Features of Its Time, Pushing Ahead Financial Innovation to Advance Steadily**

China State Council issued *The Plan for the All-around Deepening of Opening-up of China(Shanghai) Free Trade Zone*, version 3.0 following the general plan of 2013 and the in-depth reform version of 2015. Chapter 8 bases itself upon the strategic direction set up by version 3.0 of *The Plan for the All-around Deepening of Opening-up of China(Shanghai) Free Trade Zone*, and analyzes the time features for China(Shanghai) Free Trade Zone, starting from the premier's prospect that the new round of financial reform should be of indomitable spirit.

[①] 本章主要建议已获上海市人民政府主要领导批示。

第一节　中国(上海)自由贸易试验区时代特色

2016年末,习近平对中国(上海)自贸区2013年以来的工作作了重要指示,肯定"三年来密切融合,攻坚克难,紧抓制度创新这个核心,主动服务国家战略,工作取得了多方面重大进步,一批重要成果复制推广到全国,总体上实现了初衷"。同时,希望中国(上海)自贸区坚持五大发展理念引领,把握基本定位,强化使命担当,继续解放思想,力争取得更多可复制、推广的制度创新成果。

一、上海自贸区形成的创新试验体系凸显时代特色

上海自贸区的战略选择,开放与改革相辅相成,缺一不可。开放窗口的制度创新,一定需要改革的勇气、胆略。只有把上海自贸区制度创新的先手转化为胜势,加快开放倒逼改革的实践,战略选择才可能实现突破。在参与和关注随之如火如荼的上海自贸区试验的过程中,上海的试验与制定"十三五"规划紧密相连,上海自贸区创新、上海的四个中心建设、上海科创中心建设"联动共生"发展,形成大戏连台、价值连城的态势。自贸区的突破会对上海"十三五"规划起到"定海神针"的作用,未来,上海自贸区"含金量"值得期待。中国(上海)自贸区已经形成凸显上海特色的创新试验体系,取得弥足珍贵的重大进展。

中国(上海)自贸区形成的颇具时代特色的上海试验的创新体系,可以作如下基础描述:2013年以来的中国(上海)自由贸易区试验已经初步形成一个原则、二组关系、三个方面、四项改革递进程序的体系雏形。创新试验系统在我国已有的11个自贸区行列中,是唯一的由一级地方政府和自贸区合一运行的系统型试验。在120平方公里的覆盖浦东新区经济密集度最高地区的四个片区组成的上海自贸区土地上试验,牢牢抓住制度创新这个核心,循序渐进地初步形成了面向国际的开放型管理体系、体现透明的市场体系、注重监管能力提升的事中事后体系的以政府职能转变为特点的重要成果,为新形势下的自贸试验政府职能再造区奠定了厚重的基石。

中国(上海)自由贸易区创新试验系统的一个原则是服务国家战略,事实上,2013年以来,我国迫切需要接轨和融入全球经济新规则体系的这个战略

使命已经成为上海乃至浦东新区试验自贸区开放与改革的政府治理转型的重要目标,其中,服务国家战略的核心要求突出体现为政府职能转变的三化实现上,即国际化、市场化和政府创新化的系统集成。三化实现,从根本上的追求,是需要抓住三个基本环节,这就是以国际化为基础动力、以市场配置为追求标准、以政府的监管、服务并举为创新途径,在建立高度开放的管理体系上下功夫,在建立公开透明的市场体系上下功夫,在建立全方位的监管体系和建立效能型的职能体系上下功夫,创新试验系统服务了国家战略,在制度创新的构架上开拓了我国前所未有的战略标杆。

中国(上海)自由贸易区创新试验系统的两组关系是优化协同好政府与社会、政府与市场的关系。制度创新的本质是走出试验前的政府主导运行经济的传统思维与路径,把政府与社会、政府与市场两组关系的科学维系进行脱胎换骨型重塑。三年来,已经建立起支撑这两组关系的系列制度架构和衔接这两组关系的运行秩序指南,坚持不懈地在试验进程中贯彻两组关系的循序优化,动态平衡成为创新试验体系中的聚焦中枢。

中国(上海)自由贸易区创新试验体系有机融合的三个方面是始终把简政放权、放管结合和优化服务作为制度创新同一系统的三个组成部分合一试验,把优化协同政府与市场、政府与社会两组关系放到政府简政放权、创新监管和优化服务的全过程。"放、管、服"的系统试验是一个有机的整体,其中,在政府与市场的关系上,通过"放、管、服"的厘清边界,营造出上海自贸区内市场环境的法制、透明与规范,在政府与开放的关系上,通过优化深度国际化的目标,初步探索出负面清单为核心的投资管理模式,单一窗口为基础的贸易便利化模式和安全审慎为重点的风险防范体系,营造出国际化的开放辐射境界;在政府创新事中、事后监管的试验中,通过多元监管格局、平台建设和补齐短板,在市场主体自律、业界自治、社会监督、综合监管与专业监管结合上,初步形成与政府监管相匹配的立体形态,初步构建起全方位的监管体系,为更活的放、更科学的管和更优质的服提供了重要基础,均衡融合、齐头并进、初展风采。

中国(上海)自由贸易区创新试验体系改革递进的四项程序是按照梯次递进的逻辑程序、借鉴国际经验、把握内在的关联顺序的科学规律,依次在清单、标准、规范等递进环节上循序试验,最终形成可复制、可推广的相应的制度系列。通过"负面清单＋权力清单＋责任清单"的改革内容,试验明晰"法无禁止皆可为,法无授权不可为,法定责任必须为"的政府、企业的法定试验导则,在此基础上,探索循规蹈矩、分类分项的政府职能运作的标准化框架,特别是着力在政府的每一项行政权力的责任及追责上确定具体的清单条目,使责任事项和追责情形一一对应、一目了然,从而为"规范"环节的政府行政行为套上"紧箍咒",在经过分门别类地标准规范运行后,综合汇总,归纳形成了制度的系列集成。其中,梯次递进的成效凸显了虚实相间、以实为主的指导方针,更显珍贵。

中国(上海)自由贸易区2013年以来的创新试验体系凸显上海的时代特色。"1、2、3、4"特色的精髓是步调一致、齐步向前,地方一级政府与自贸区管委会一体化运行,突出了"政府职能转变"的核心主题,聚焦了制度创新的战略价值,也为上海浦东新区努力争当排头兵中的排头兵、先行者中的先行者,提供了先发和继续先行的动力和胆略。从这个意义上说,过去三年的经验体系弥足珍贵,而新的目标更催人奋进、任重道远。

二、明确五大目标,建设更高水平的"政府职能再造区"

习近平要求我们:"勇于突破,当好标杆,强化大胆试、大胆闯、自主改的力度举措","对照最高标准,查找短板弱项,进一步彰显全面深化改革和扩大开放的试验田作用"。李克强也要求"牢固树立新发展理念,立足中国国情,拓展国际视野"。在2017年的上海市两会上,中共上海市委书记韩正对上海浦东新区提出了具体的目标。上海自贸区下一步工作即建设政府再造区,深化政府职能转变,发挥浦东新区与自贸试验区一体化运作优势,以"放管服"为重点,加快探索建立和完善与开放型经济相适应的政府经济管理体制机制。上海自贸区2017年的新一阶段工作已经整装再出发,令各界拭目以待。如何坚持五大发展理念引领,百尺竿头更进一步,值得共同认真思考。

面对国际经济复杂多变、全球治理体系和经济贸易规则重构的态势,中国(上海)自由贸易区要紧紧围绕制度创新,明确五大目标,把建设更高水平的"政府职能再造区"放到更加重要的位置。主动开放和非对称性开放,需要有更多的自信和对策,需要有更多的市场经验和制度创新带来的效果。通过学习、调研与鉴别,我感觉,要进一步深化顶层设计和综合施策,在系统集成上再上水平,要进一步强化压力测试,在扩大开放和凝聚更高智慧上再上水平,要进一步细化对标国际最高标准,在法律的系统性、覆盖性上再上水平。要紧紧围绕政府职能转变,以更活的放、更好的管、更优的服务,在建立与开放型经济新体制相适应的一级地方政府治理体系上,脚踏实地地推进简政放权、放管结合与优化服务,坚持问题导向、深化系统集成,细化创新举措,实现全面突破。尽早实现政府职能再造五大根本目标。

政府职能再造,掀开了2017年中国(上海)自由贸易区新形势下的"精耕"大幕。浦东新区聚焦政府自身建设、按照自贸试验区的改革要求,规划了近期深化政府职能转变的基本目标。并把打造透明政府、责任政府、效能政府、诚信政府、法治政府的试验任务精准分解,以明确路线图、责任人和时间表,为政府职能再造鸣锣开道。

透明政府,就是要完善权力清单和信息公开,就是要明晰权力边界和提升公信;就是要维护公众三权(知情权、参与权、监督权);形成公众"看得到、听得懂、信得过"的权力运行政府透明平台。责任政府,就是要确定分类明细的行政责任事项、完善责任清单;就是要责任到位、覆盖公共安全领域;就是要压力测试、保障金融安全,形成消除市场缺位盲区的政府担当平台。效能政府,就是要整合、完善全产业链的创新政策和制度体系,提升系统效率;就是要继续循序探索业界共治法人机构和国际化分职人员队伍建设,提升开放效果;就是要深入推进政府机关既定的成员瘦身安排,提升政府效能,形成凸显社会各界智慧的效能平台。诚信政府,就是要强化第三方评估机制;就是要科学设计问卷调查,建立社会评议机制、完善政府诚信指数;就是要提升政府诚信行政的公众满意度,形成社会各界信赖、放心的信誉平台。法治政府,就是要完善公众在法规文件制定审查环节的参与权;就是要加强推进证照分离改革进程中的依法行政能力建设;就是要落实法治保障的系统维护、执行,形成保障社会各界依法行政的法治平台。

综上所述,建设更高水平的"政府职能再造区"就是要坚忍不拔地聚焦制度创新,把打造透明、责任、效能、诚信、法治政府的五个目标精准细化为相应试验阶段的分类量化目标,为中国(上海)自由贸易区的时代特色只争朝夕、再续辉煌。

三、用好"放管服",推进"精耕细作试验田"再突破

在2016年末举行的中国共产党上海浦东新区代表大会上,与会代表以中共上海市委提出的"浦东要四个走在前列"要求,凝聚共识,就是紧紧围绕政府职能转变,用更活的放、更好的管、更优的服务,在建立与开放型经济体制相适

应的一级地方政府治理体系上,脚踏实地地推进简政放权、放管结合与优化服务,试验更多的制度创新,努力彰显改革开放试验田的推广价值。

新形势下的上海自由贸易区具有再出发的特有基础条件,有基础在未来三年的时间里实现政府职能再造区的转型阶段目标。当前,特别要领会好"上海自由贸易试验区是国家试验区,不是地方自贸地,是创新高地,不是政策洼地,是苗圃,不是盆景,不忘初衷,深化改革,以自我革新的胸怀,脚踏实地的作风,坚定不移、百折不挠深化改革创新各项工作"的精神。可以以"八个注重"来检验未来的工作。第一,注重构建并完善与国际通行规则运行并相适应的制度体系。第二,注重并实现放管结合循序溶入事中、事后监管制度体系。第三,注重并实现信息共享平台功能开发,主推政府行政能力的系统提升。第四,注重政府机构设置上的精员简政,推动运行效率优化。第五,注重并畅通央地协同的联系、衔接机制,优化层级联通效应。第六,注重并提高用户体验的获得感与满意度的环比指标建设。第七,注重并实施重大项目、示范项目分期重点突破的部署。第八,注重完成并细化政府转型绩效指标体系的层次衔接和重心下移、体现绩效为先。总而言之,治理创新更需要新视野、新境界、高起点、高标准,只有撸起袖子加油干,才能"快马加鞭未下鞍",创新再上一层楼。

同时,新形势下的上海自由贸易区需要在提升系统集成效应的基础上形成重点突破的点、线、面、块的系统推进模块。2017 年可以在以下五个方面先行集中进行试验。第一,在加快构建与国际通行规则运行相配套的制度体系方面,把推动建立境外投资综合服务平台作为系列突破选择点选项,即加快该平台的"3.0 版"建设,实现平台功能在信息＋备案＋服务的基础上,向资本、项目上对接拓展。打造企业境外投资保障体系,帮助企业规避风险,为企业提供权益保障服务。第二,在落实"放管结合"的理念、完善事中及事后监管制度方面,把优化综合执法制度、提高服务效率作为突破选择点选项,整合区级政府部门间相近的执法职能,整合执法主体,探索推进重点领域跨部门分类综合执法和专业领域系统内综合执法,做实基层,加强各条线派驻执法机构力量在块上的优化综合联动,试验属地管理。第三,在完善信息共享平台功能,以信息化建设推动政府行政能力提升方面,把推动设立"首席绩效官"作为系列突破选择点的选项,试点推进网上督查案,借鉴国际上有效经验,进行"首席绩效官"运行试验,负责相应环节工作,减少政策审批决策过程的时间,提高环境和社会的综合成效。第四,在创新政府机构设置、理顺权责关系,提升政府运行效率方面,把理顺优化行政决策与行政执法间的相互关系、探索推进"法定机构"试点作为扩大试验系列突破选择点的选项,以陆家嘴金融城法定机构试点为基础,在2017年内,在专业性、技术性较鲜明的经济服务领域和重点发展领域,选择相关政府部门或有关单位,深化探索试验"职能法定＋企业化运作"的法定机构组织形式,提升政府经济服务的精准化水平及效率。第五,在加强央地协同、推进政府管理创新和转变职能方面,把完善"双授权"制度作为系列突破选择点的选项,推广上海市人大赋予浦东综合配套改革地方性立法权的经验和国际上相关国家国家层面向地方层面进行等效授权的做法,赋予浦东相应领域的地方立法权或等效管辖权。总而言之,今后每年都要安排系列突破的"点、线、面、块"的组合布局,实现制度创新的"放、管、服"的全面突破。为上海自贸试验区的"再出发"吹响集结号,打胜有把握之战。

弘扬中国(上海)自由贸易区的时代特色需要更加超凡的勇气和胆略,这正是新形势赋予上海的历史使命,也是中国(上海)自由贸易区的生命所在。

第二节　关于推动自贸区金改创新继续稳步向前的建议

2017年3月5日,习近平总书记在参加十二届全国人大五次会议上海代表团审议时指出,上海要解放思想、勇于突破、当好标杆,大胆试、大胆闯、自主改,在深化自由贸易试验区改革上有新作为,努力把上海自由贸易试验区建设成为开放和创新融为一体的综合改革试验区。

一、上海自贸区外汇管理和金融改革面临的新情况

首先,自贸区先行先试的外汇管理和金融改革政策大部分已向全国复制推广,特色和优势不再明显。上海自贸区成立以来,在经常项目收付管理、资本项目外汇资金意愿结汇、跨境双向人民币资金池、融资租赁、大宗商品外汇交易、银行外汇衍生产品投资、境外借款等方面先行先试的很多制度为企业在自贸区开展业务提供了实实在在的便利。但现在大部分政策已经在全国复制推广,自贸区的特色和优势逐渐消失。相反,有些在其他自贸区先行先试的政策却没有在上海复制推广,比如在天津自贸试验区试点的经营性租赁业务收取外币租金政策、在广东和天津自贸区实施的融资租赁海关异地监管制度等。

其次,自贸区金融改革政策持续性和一致性的预期有所减弱。大量企业,尤其是大型的央企和外商投资企业,对于政策的连续性和推进持观望的态度,选择不在自贸区投资设立企业,或是设立后并未开展实际的业务经营,抑或是对于已出台的各项政策不积极使用,造成相应资源的浪费。有一家全球跨国公司的亚太总部本来已经从某国搬到上海,由于政策变化,又搬回了原地。

第三,自贸区部分企业结售汇手续繁琐,业务量下滑明显。2016年下半年以来,中国人民银行和国家外汇管理局加强了各类资金出境的管控力度,自贸区原先具备优势、广受企业欢迎的各类金融产品,如跨境双向人民币资金池、自由贸易(FT)账户融资业务等都受到不同程度的限制,过于繁琐的结售汇手续导致自贸区部分企业新增业务暂停,存量业务也基本处于停滞状态,业务运行受到极大影响。

二、推动上海自贸区金融改革创新继续向前的几点建议

首先,探索若干"点"上的重点突破,寻求自贸区下一步金融改革创新的"制度红利"。一方面,建议将在其他自贸区已经实施的政策尽快在上海复制推广,比如经营性租赁收取外币租金、融资租赁海关异地监管等。另一方面,借助自贸区下一个三周年改革启动的契机,在若干"点"上探索新的"制度红利"。具体建议:(1)依托自贸区平台,在已经建立的上海金融综合监管体制下,选取若干家总部位于上海的国内金融机构,在金融业混业经营方面先行先试,为国家整体金融监管体制的改革探索和积累经验。(2)借助浦东金融服务局、自贸区管委会等平台推荐一批优质自贸区客户,尤其是大型的跨国公司,在材料简化、税收优惠等方面实行一系列的便利化政策,为它们将境外地区总部逐步转移到上海打造良好的营商环境。(3)建议外管局允许合格境外投资者在一定的额度范围内参与国内外汇市场交易。人民银行认可的合格境外投资者已经可以通过银行间债券市场参与国内债券市场交易,如果继续打通外汇交易市场渠道,则既有利于境内外汇差的收窄,又有利于人民币国际化的推进。

其次,坚持外汇管理的"双面观",提升管理政策的科学性。外汇管理应坚持外汇管理的"双面观",避免"一刀切"。对那些恶意逃汇、骗汇的虚假贸易行为应坚决予以制止,而对那些正常贸易背景下的资金进出在合规合法的情况下应该给予优先审批、及时放行。同时,今后在制定政策时,加强出台前相关

形势的研判,注重出台后的跟踪、协调和维持,以提升企业对政策一致性和持续性的信任度。

第三,继续推进政府自身的职能改革,提升和完善跨部门的协同机制和系统集成机制。自贸区相关政策的落地,需要人行、外管局、海关、税务等相关机构和部门配套同步的政策和实施细则来实施,尤其是基层和一线的具体经办部门,需要有一整套较为详尽的操作流程,以确保政策的落地更为顺畅和协调。比如,对于转口贸易等货物流与资金流不匹配的中介型货物贸易,在外汇资金的使用和日常管理中,外管局和海关等部门应建立实时的沟通和协调机制,并给予企业一定的政策指导。

此外,考虑到金融风险的特殊性,在已经建立的事中事后监管系统——"三位一体"跨境金融安全网的同时,改革举措出台前就事先评估其对金融安全的影响,特别是对当前国内国外复杂形势下的改革,建立一种专家快速反应评估机制:对可能存在的安全隐患进行数据模拟和论证,对预估到的潜在风险建立应对方案,在守住不发生区域性系统性风险底线的前提下深化改革、推进创新。

第九章 深化上海自贸区金融改革中负面清单模式和先行先试"投贷联动"的建议

金融改革是上海自贸区制度创新的重点内容。而金融服务业对外开放又是金融改革的重点内容。作为一种市场准入管理方式,负面清单管理模式在当前世界各国推进金融服务业对内对外开放中被越来越普遍采用。因此有必要对深化上海自贸区金融改革中的负面清单模式进行深入研究。

当前在深化上海自贸区改革中强调要通过金融创新支持"一带一路"建设。针对"一带一路"建设中资金供求矛盾,也有必要研究将"投贷联动"从科技领域拓展到"一带一路"的必要性和可行性。

Chapter 9　Proposals for Deepening Negative List Mode in Financial Reform of Shanghai Free Trade Zone and the Initiation of Venture Load

As a management approach of market access, the negative list mode is gaining prevalence in various countries around the global in their financial service home and abroad. Chapter 9 probes into the negative list mode in deepening financial reform of Shanghai Free Trade Zone.

Venture Load is an approach of loan service, dominated by commercial banks and combining shareholders' rights with creditors' rights. Chapter 9 studies the path along with venture load expanded from technological sector to "one-belt-one-road" construction.

第一节　以负面清单管理模式促进上海自贸区金融业对外开放[①]

一、我国金融服务业仍有进一步开放的必要

金融服务业对外开放与金融服务业准入相对应,是指通过降低金融服务业准入条件,外国金融机构可通过独资、合资、兼并等方式进入一国银行、证券与保险产业和其他金融服务业。

金融服务业对外开放覆盖银行业、保险业、证券业和其他行业,其方式包括跨境提供、境外消费、商业存在和自然人存在等。跨境提供(Cross-border supply)是指从一成员方境内向任何其他成员方境内提供服务,这也是国际贸易理论中所谓的"跨国界可贸易型服务"。如一国银行向另一国借款人提供贷款服务;一国保险公司向另一国投保人提供进口货物运输保险服务。

境外消费(Consumption abroad)是指在成员方境内向来自任何其他成员方的金融服务消费者提供服务。如一国银行对外国人的旅行支票进行支付的服务。

商业存在(Commercial presence)是指一成员方的服务提供者,通过任何其他成员方境内的商业存在提供服务。这种跨国金融服务是目前数量最多、规模最大的形式,为全球性金融机构拓展业务、进一步渗透的重要战略手段。

自然人存在(Presence of Nature Persons)是指一成员方的服务提供者,通过在任何其他成员方境内的自然人提供的服务。这类金融服务多为与银行、保险和证券有关的辅助性金融服务,例如风险评估、顾问咨询、经纪代理等,是金融服务贸易中不可缺少的部分。

加入世界贸易组织(WTO)后,我国金融服务业整体上有了较高的开放度,但仍然存在一定的管制,体现为受限制和不承诺所占比例较高。

从目前金融行业开放的具体情况来看,我国银行业开放程度显著提高,竞争力不断增强。以加入世贸组织为时间分界,我国银行业开放大致可以分为两个阶段。第一阶段从改革开放之初至加入世贸组织前(1979—2001 年)。

[①]　本节为上海金融办课题内容,为中国(上海)自由贸易试验区金融服务业对外开放负面清单指引的公布提供了帮助。

这一阶段的开放主要是配合国民经济的发展和引进外资,开放措施带有"试点"特征,没有开放时间表。第二阶段则是从加入世贸组织至今(2001年至今)。这一阶段我国认真履行承诺,逐步开放外资银行经营人民币业务的地域范围和客户对象范围。其中重要的举措是2014年12月20日《国务院关于修改〈中华人民共和国外资银行管理条例〉的决定》的公布。这次条例修改是在全面深化改革的新形势下,对外资银行主动实施进一步开放的措施。修订后的条例适当放宽外资银行准入和经营人民币业务的条件,为外资银行设立运营提供更加宽松、自主的制度环境。在此之前,银监会已修订发布《外资银行行政许可事项实施办法》,简化外资法人银行设立分行、开办衍生产品交易和信用卡等业务方面的行政审批程序和准入要求。

我国证券业的开放度相对较低,主要限制是商业存在。自1995年第一家中外合资证券公司中金公司成立以来,我国持续推进证券业对外开放。从境内公司发行B股、H股到境内公司同时发行A股、H股,从外资机构设立驻华代表处、合资证券公司到境内证券经营机构设立境外分支机构、合资证券公司,从合格境外机构投资者制度到合格境内机构投资者制度、人民币合格境外机构投资者制度、"沪港通"制度,从《内地与香港关于建立更紧密经贸关系的安排》及其补充协议到《海峡两岸经济合作框架协议》及其后续金融合作的会谈,我国证券业走过了一条"以我为主、循序渐进、互利共赢"的开放道路,在促进资本市场优化资源配置、服务经济和社会发展方面发挥了不可替代的作用。尽管我国证券业已全面履行加入世贸组织的承诺,但仍然是世界上少数存在对外开放限制性措施的经济体之一。目前,大部分新兴市场经济体实现了证券业对外开放,俄罗斯、印度尼西亚、菲律宾、巴西、阿根廷、智利、墨西哥等国家和地区对外资参股证券公司均未设定持股比例限制,泰国、印度、韩国等原先已有的限制条款也已全部取消。

我国保险业的开放较早,但在市场准入上仍有诸多限制。从2004年12月11日开始,我国根据加入世贸组织的承诺放开保险业对外资的业务和地域限制,除了对寿险公司有外资持股比例不超过50%及设立条件限制外,对外资没有其他限制。非寿险公司则除了设立条件以外,没有其他限制。尽管近年来我国保险业发展迅速,但由于发展的历史短、基础差、底子薄、整体水平不高,与发达国家或地区相比还存在较大的差距。保险业的总资产、保费收入、保险深度和保险密度等方面与世界平均水平相差悬殊,更进一步的开放仍然是有必要的。

二、负面清单管理对金融服务业开放的意义

　　负面清单管理模式,是一个国家在引进外资的过程中,对某些与国民待遇不符的管理措施,以清单形式公开列明;明确企业不能投资的领域和产业,从而在开放市场的同时,保护部分敏感产业。实施负面清单管理制度可以防止政府官员在投资审批和许可的过程中临时性的决定或自由裁量权,给投资者提供更大的确定性。负面清单模式体现了政府规制理念和方法的进步,从以市场准入的审批与限制为主,到以市场准入的规制为主;从积极干预转变为通过法律手段规制。同时,这种管理模式还可以让外资企业在进入前先对照清单实行自检,对其中不符合要求的部分进行整改,从而提高外资进入的效率。

　　美国在 20 世纪 80 年代最早使用了列表形式的"负面清单",通过签订双边投资协定(BIT)和自由贸易协定(FTA)在全球范围推行外商投资负面清单管理模式,并已成为衡量贸易自由化和一国经济开放程度的有用基准。欧盟则主要以"正面清单"的形式对外签署双边与多边投资协定。负面清单管理模式的核心是对列入清单内容的取舍问题,但是放弃的内容将会产生多大的风险,在没有经过经济测试或实践检验之前谁也无法预料。因此,负面清单拟定时需要在分析统筹的基础上,科学决策;实施后,则需要根据实际情况进行调整修订。负面清单的内容直接关系到东道国的开放程度和对外资的吸引力;如果内容过长,限制过多,就会影响外国投资者的投资热情;但是如果内容过短,该限制的没有限制,东道国可能会面临更多的风险。因此,清单内容的取舍是一个博弈均衡的结果。美国、澳大利亚等发达国家负面清单中对制造业领域限制较少;如美国仅列入了核能和矿业两个产业,澳大利亚负面清单的行业则以服务业为主,此外仅将渔业与珍珠业、采矿业列入。韩国仅将生物制品、电力、天然气、印刷、农业和畜牧业列入其工业领域清单中。日本在日澳自由贸易协定的负面清单中则对造船和船舶发动机、制药业、皮革制造、矿业、石油工业等制造业领域进行了限制,还列入了供热和供水、建筑业以及农林渔业等;此外,各国在服务业领域主要是将金融、运输、通信、广播和专业服务等列入清单。

　　作为一种市场准入管理方式,负面清单管理模式在当前世界各国推进金融服务业对内对外开放中被越来越普遍采用。我国金融服务业对内对外开放

采用负面清单管理模式有多重意义。

一是有利于建立更加公平的竞争机制。近年来,随着金融机构业务综合性的增强,金融服务业细分市场的业务趋同性明显上升,泛资管时代已经来临。但金融服务业监管部门仍处于"三分天下"的状态,原有的监管部门各自设计的监管规则,对泛资管时代下金融服务业的新特征缺乏及时的回应。这就导致对金融服务业细分领域相似业务的监管要求不尽相同,为套利行为提供了空间。在这样的背景下,推出统一的"负面清单",有助于明确监管部门的职责边界,为金融机构提供一致、平等、公平、有序且更加广阔的发展平台,以激发创新动力,提升服务能力。

二是有利于形成更加健康的金融市场。一方面,负面清单能明确理财业务、同业业务和影子银行的投资禁止领域,优化资金渠道设置,规范过桥资金融通行为,强化金融产品与实体经济的联系,缩短企业融资链条,降低企业融资成本。另一方面,负面清单释放的经营空间,能吸引包括外资和民营资本在内的更加多元的市场主体进入金融服务业,增强金融服务业市场的竞争性和包容性,推动金融机构探索特色化、差异化的发展道路。

三是有利于建立非歧视性的金融服务业准入制度。出于安全性考虑,我国金融服务业市场准入限制设置的目标在于对金融机构的保护,这导致政策较偏向于资产丰厚和准备金充足的国有大型金融企业。未来,我国应通过深化改革进一步释放市场活力,建立针对中小规模金融实体的非歧视性准入制度。而降低金融服务业准入壁垒的改革应与金融服务业存量改革相配合。因为,如果不对原有的金融服务业进行改革,即使降低准入壁垒进行增量改革,由于受原有的金融服务业存量的牵制无法向纵深推进,也无法实现提升金融主体竞争意识、增加市场活力的目的。

四是有利于推进服务型政府经济职能的转型。金融开放向纵深推进将对服务型政府的经济职能提出新的要求。在发展中国家市场经济发展初期,政府需要充分发挥市场的作用,并对市场作用的范围、程度及具体方式进行保护性发展。当其进入"中等收入陷阱"的转型期时,政府将完成从管理型向服务型的转变。金融管理是政府经济职能的重要组成部分。改善金融压抑和金融扭曲的市场环境和推进现代金融市场体系的建立,将是我国服务型政府经济职能的重要组成部分。通过负面清单管理模式推进金融服务业对内对外开放,将进一步推动我国政府金融管理职能向适度性、规范性、统一性、效能性、服务性以及透明性转变。

三、负面清单对金融稳定的影响

以负面清单管理模式推进金融服务业对内对外开放并非仅有好处而无弊端。这种金融监管由正面清单向负面清单模式的转变会给金融稳定、金融法律适应性及金融监管能力带来挑战,也会给金融消费者权益的保护带来冲击。

第一,对金融稳定带来挑战。金融市场主体负面清单外事项自主决定的实质是金融自由化。金融自由化在带来金融深化的同时,也给金融体系的稳定性带来挑战。以美国2008年次贷危机为例,导致次贷危机爆发的一个重要原因就是监管真空,即金融创新产生了不在负面清单范围内的金融产品和金融机构。监管真空在金融产品方面突出表现在以信用衍生产品为主的场外衍生产品上,在金融机构方面突出表现在没有建立起监控对冲基金的监管体制。不受监管限制的信用衍生产品和对冲基金快速膨胀所产生的泡沫必然给金融稳定带来威胁。

第二,给金融消费者保护带来冲击。金融消费者权益保护是金融监管的两大核心目标之一。金融服务业负面清单外的金融市场主体、金融业务和产品的自主发展,尤其是金融创新的自主发展,使得监管部门在短时间内无法对创新型机构、产品和业务对消费者的利弊作出准确判断并采取监管措施,从而无法有效保护金融消费者的利益。分析2008年美国次贷危机可以发现,严重侵害消费者利益的次贷产品都是在金融创新名义下创造出来的。

第三,给金融法律适应性及金融监管能力带来挑战。金融服务业负面清单管理模式建立后,对于清单外事项,由于缺乏法律依据,监管部门不能就市场准入进行限制或禁止。然而,不受限制或禁止的市场准入并非不存在风险,这就需要加强对金融市场主体、业务和产品市场准入后的事中和事后监管。在法治原则下,事中和事后监管也需要法律明确授权,因此金融法律能否快速适应准入后事中和事后的监管要求就显得至关重要。与此同时,准入性监管撤销后,需要金融监管部门在事中和事后监管中及时发现风险并采取措施,这对金融监管能力提出了更高的要求。

因此,通过负面清单管理模式推进金融服务业对外开放需要在体制机制、法律和技术等方面给予保障:一是建立健全金融服务业系统性的监管体系;二是加强金融服务业监管法律规则体系的建设;三是加强金融服务业在实体层面的市场准入监管;四是加强金融服务业在程序层面的市场准入监管;五是加快培育适应负面清单的金融市场参与者;六是加强金融科技在金融事中和事后监管中的应用。

四、上海自贸区对负面清单管理的实践与经验

《中国(上海)自由贸易试验区总体方案》指出,上海自贸区的总体目标之一是"加快探索资本项目可兑换和金融服务业全面开放",也就是在自贸区内要率先加快金融服务业对外开放力度。在金融服务业对外开放上的先行先试,充分体现了上海自贸区在我国金融开放选择渐进性道路中,充当压力测试平台的角色。上海自贸区成立以来,对金融服务业扩大开放采取的是"正面清单+负面清单"的模式。自2013年起,自贸试验区负面清单这一制度创新已经有四年多的实践,先后出台了2013年和2014年上海版《负面清单》,以及2015年和2017年国家版《负面清单》。对于每一版清单扩大开放的领域,上海积极跟进,争取率先落地;对于每一版清单依旧保留的限制,上海积极沟通,研究试点可能。清单有力地推动着上海金融业的对外开放进程,并取得许多丰硕的成果。

——2015年10月,根据修订后的外资银行管理条例,马来西亚联昌银行上海分行率先获得人民币业务资格,突破了外资银行获准经营人民币业务须满足最低开业时间的原有规定,人民币业务经营显著提速;

——2015年2月,在银监会的大力支持下,上海华瑞银行股份有限公司作为首批获批的民营银行之一,落户上海自贸试验区;

——2016年第四季度,根据"CEPA补充协议十"框架,申港证券和华菁证券在上海自贸试验区先后成立,并在业务范围获得多牌照的竞争优势;

——2016年12月,星展银行、汇丰银行和渣打银行,这三家上海的外资法人银行首次参与我国地方政府债券承销,合计承销1.8亿元,以试点的形式突破2015版《负面清单》的限制,为2017版《负面清单》正式放开相关限制提供了经验;

——2017年6月21日,MSCI宣布将中国A股纳入其国际指数,此举对于资金流入中国股市有着积极正面的影响,为全球资金流入中国资本市场铺平了道路。

虽然上海自贸区通过负面清单管理扩大了金融服务业对外开放,但还需

要进一步完善负面清单的管理模式,以推进上海自贸区金融服务业对外开放。

完善上海自贸区金融服务业对外开放负面清单管理模式,首先需要编制负面清单文本,其意义主要有三个方面:

一是业界有殷切期待。在 2015 年国家版《负面清单》中,涉及金融服务业特别管理措施 15 项,占 12.3%。在 2017 年国家版《负面清单》中,涉及金融服务业特别管理措施 14 项,占 14.7%。国家版清单的特点是全行业覆盖、统一适用于现有的 11 个自贸试验区,格式和内容上保持了统一性,但在透明度和操作性方面留有探索空间。

随着"一带一路"建设的实施,相关贸易和投资合作会产生大量配套的金融服务需求,也为金融业扩大开放带来难得的机遇。而上海作为国际金融中心,金融市场的广度和深度尚显不足,制度环境便利有待改善,金融监管框架也还有较大提升的空间,市场也对改革创新提出了更高、更新的要求。许多金融机构及业界专家都表示,金融改革是上海自贸试验区与其他自贸试验区最显著的不同,也是上海的特有优势,上海自贸试验区同时也是国际金融中心建设的核心区,因此上海既有需要也有能力先行一步,单独针对金融服务业编制一张行业特色更鲜明、操作性更强的文本,进一步扩大开放度和透明度。

二是国外有成熟案例。作为一种国际惯例,为综合性较强的投资协定编制操作指引,有利于提升投资者服务效率、更好地保护投资者权益。例如,美国 2007 年出台《外国投资与国家安全法》(FINSA),2008 年又出台了其实施细则——《外国人兼并、收购和接管规则》,之后进一步制定《外国投资委员会国家安全审查指南》等操作性规定,形成层次分明的法规体系。英国在 1986 年由撒切尔政府领导推动了被称为"第一次金融大爆炸"的伦敦金融业改革,其核心就是结合负面清单管理理念,大幅度减少金融业监管,每年都会公布相关白皮书和实施法案,从而给英国金融市场注入了活力,并使外国金融机构大举进入,提升并巩固了伦敦作为国际金融中心的地位。

三是国家有统筹安排。2015 年 10 月,"金改 40 条"明确提出要"不断扩大金融服务业对内对外开放,对接国际高标准经贸规则,探索金融服务业对外资实行准入前国民待遇加负面清单管理模式"。2015 年 11 月,李克强总理到上海考察时明确要求"研究提出金融服务业负面清单"。国家发改委、商务部、一行三会对于上海也提出了相应的要求,支持上海在这方面率先试点,走出一条新路,丰富负面清单管理模式探索的内涵。

　　根据"金改 40 条"精神及上海市领导的相关要求,对上海自贸区金融服务业对外开放负面清单文本进行了研究,在广泛借鉴国内外实践案例的基础上,提出了编制上海自贸区金融服务业对外开放负面清单文本的四点思路。

　　一是增加清单表述,提高操作性与有效性。已发布的外商投资准入负面清单、市场准入负面清单都只有序号、领域、特别管理措施等三个表述字段,比较简洁,但公众希望能增加表述字段。措施来源、国内法规定、效力层级等字段最受公众关注,可以较大程度提高清单的透明度。

　　二是拓展清单内容,提升公平性与完整性。一方面,从环节方面进行拓展,借鉴中韩自贸协定案例,把市场准入限制和国民待遇限制统一到一张负面清单里。另一方面,从机构方面进行拓展,结合功能监管理念,把传统金融业机构之外,从事金融业务的典当行、第三方支付机构等新型持牌机构纳入覆盖范围。

　　三是建立评估制度,实现创新性与试验性。以负面清单年度评估为基础,归集可行的改革建议,形成政策创新储备,加强与中央有关部委的沟通协调。政策创新储备虽然不对外发布,但可以很好地起到效果评估和创新沟通的作用。

　　四是开展政策试点,把握对等性与可控性。编制负面清单并不是负面清单管理模式的全部内容,还须依托清单推动改革,更好地发挥清单的衍生效应。上海将以金融服务业负面清单为基础,在自由贸易账户这一新兴账户体系的支持下开展先行探索。如在全国率先探索推进外资金融机构准入后的国民待遇;探索自由贸易账户下自贸试验区与其他国家(地区)金融领域的对等开放;探索全面推广负面清单管理模式后的金融安全审查框架;结合业界自律共治与负面清单效果评估,推进金融政策改革创新;探索金融领域对内外资金融机构市场准入的一体化管理。

　　通过研究,现已编制形成三份负面清单文本材料:《上海自贸试验区金融服务业对外开放特别管理措施(负面清单)》(讨论稿)、使用说明和政策创新储备表。其中,与现有清单相比,"讨论稿"体例具有三方面的特征:一是从表述字段看,增加了行业、政府层级、措施来源和措施描述四个字段;二是从领域类型看,引入了 10 个规范分类,并分成市场准入限制与国民待遇限制两个部分,分类更加科学、更加清晰;三是从覆盖主体看,新增覆盖其他金融机构的 4 项措施以分别对应第三方支付机构、金融信息服务企业、评级企业和典当行。"讨论稿"具体内容包括两个部分,其中外资投资设立金融机构管理(市场准入限制)部分涉及 7 个领域、40 项措施;外资准入后业务管理措施(国民待遇限制)部分涉及 3 个领域、13 项措施,两部分合计 10 个领域、53 项措施。

2017 年 6 月 28 日,基于上海自贸区金融业对外开放负面清单文本材料,上海自贸区管委会和上海市金融办发布《中国(上海)自贸试验区金融服务业对外开放负面清单指引(2017 年版)》,在国内引起较大反响。《指引》由表单和使用说明组成。表单部分包括两个部分,其中外资投资设立金融机构管理(市场准入限制)部分涉及 7 个领域、42 项措施,外资准入后业务管理措施(国民待遇限制)部分涉及 3 个领域 7 项措施,两部分合计 10 个领域、49 项措施。各领域具体内容如下:

一是股东机构类型要求。对参与设立本国金融机构的外资股东机构类型作出限定。共涉及 13 项措施,主要是要求银行、金融租赁公司、消费金融公司、货币经纪公司、基金公司、期货公司、保险公司、信托公司等的外资股东应为金融机构或者相应的专业机构。

二是股东资产规模要求。对参与设立本国金融机构的外资股东资产规模作出限定。共涉及 6 项措施,主要是对最近一年年末总资产额等指标设立了最低门槛。

三是股东经营业绩要求。对参与设立本国金融机构地外资股东经营业绩作出限定,可把部分经营能力较弱的外资机构排除在市场准入外。共涉及 6 项措施,如:对参与设立本国金融机构的外资股东信用评级作出限定;要求国际评级机构最近 2 年对其长期信用评级为良好。

四是资本金要求。对外资参与设立的本国金融机构资本金真实性和充裕性提出要求。共涉及 2 项措施,主要是对保险公司、基金公司的资本金要求。

五是股权结构限制。对根据国外法律成立的机构拥有本国金融机构的股权份额作出限定。共涉及 10 项措施,主要是对证券公司和基金公司的外资持股比例上限作了特殊要求。

六是分支机构设立与运营要求。对外资金融机构设立分支机构提出内部运营资金规模等方面要求。共涉及 3 项措施,主要是对银行、保险公司和金融租赁公司设立分支机构作了营运资金等方面要求。

七是其他金融机构准入限制。共涉及 2 项措施,如:资信调查与评级服务公司为限制类。

八是业务范围限制。对外资参与设立的本国金融机构业务范围作出限定。共涉及4项措施，主要是对从事代理支库业务、外资保险经纪公司不得从事许可名单之外的其他经纪业务等作了部分限制。

九是运营指标要求。对外资参与设立的本国金融机构经营指标作出限定。涉及1项措施，为外国银行分行须满足人民币营运资金充足性、境内本外币资产余额、流动资产负债比要求。

十是交易所资格限制。对外资参与设立的本国金融机构进入本国金融市场交易的资格作出限定。共涉及2项措施，分别是：不得成为证券交易所和期货交易所普通会员以及不得申请开立期货账户；不得申请开立A股证券账户。

使用说明对于编制依据、技术说明、例外规则、执行标准和评估制度等事项作了说明，并针对资金自由转移等金融开放后的金融审慎例外规则等风险监管措施进行了解释，坚持负面清单管理与资本项目可兑换、人民币国际化、利率市场化、金融市场开放等更深层次的金融改革相衔接，实现金融改革与风险防控的良性互动。

五、基于负面清单管理模式的扩大上海自贸区金融业对外开放的建议

根据《负面清单》（讨论稿）文本内容，结合中美、中欧双边投资协定谈判及"十三五"我国金融体制改革的内容，提出进一步结合"金改40条"在上海自贸区进行先行先试的四个方面建议。

一是进一步扩大金融机构的市场准入。首先，放宽所有权和经营范围限制，为外资银行、券商和基金管理公司与我国境内本土机构平等竞争逐步创造条件。允许外资银行收购我国境内本土银行超过20%（单个外资股东）或25%的股权（多个外资股东），但分别不超过30%和49%；允许外资证券公司在我国设立拥有100%股权的证券分支机构、拥有与我国境内本土证券公司等同的完整证券许可，以及收购我国境内本土证券公司不超过50%的股权；允许外资基金管理公司在我国设立拥有100%股权的基金管理分支机构，拥有与我国境内本土基金管理公司等同的完整基金管理许可，以及收购我国本土基金管理公司不超过50%的股权。其次，简化分行和支行扩展及业务拓展程序。允许外资银行每年提交多项分行和支行设立申请，从而以更加透明有

序的方式促进本地法人银行的分支网点扩展。

二是进一步利用FT账户推动金融服务业对外开放。首先,利用FT账户提高区内本土证券机构的国际竞争力,包括允许在FT账户下开展原普通账户已开展的业务,通过FT账户给予证券公司自营业务和资管业务自由可兑换额度,利用FT账户在区内发行私募债。其次,利用FT账户提供跨境金融服务。在自贸区内试点进一步扩大跨境金融服务的双向开放,即无需通过设立分支机构就可以提供跨境金融服务。但考虑到这种跨境金融服务双向开放所存在的风险,因此建议这种形式的跨境金融服务必须注册或取得授权,并且只能通过自贸区FT账户体系进行。

三是重点推进证券市场、银行间市场等金融市场对外开放。首先,放宽债券市场准入限制,逐步赋予外资银行与中资银行在债券市场中同等的权利,降低外资银行准入标准,加快审批外资银行和证券公司在银行间债券市场上承销国债、央行票据、金融债和公司债的申请。其次,扩大自贸区跨境资产证券化和放宽自贸区债券发行主承销商资质,尽快研究出台相关政策,赋予大型外资银行对不同类型债券的承销或者主承销资格,以便给予外资银行在跨境资产证券化领域参与创新的机会。最后,调整中国外汇交易中心银行间市场中的拆借限额,取消我国境内所有银行拆借额只能为其资本金两倍的限制。

四是以上海建设国际保险中心为目标推进保险业对外开放。首先,实现跨境保险外汇资金的自由结售汇。其次,支持双边协定国家尤其是"一带一路"沿线离岸保险业务,豁免签有双边协定国家的无中国利益的离岸保险产品备案、事前注册要求,允许直接引进并以英语条款注册在其他市场已经运作成熟的离岸保险产品,豁免"一带一路"沿线地区离岸保险产品备案、事前注册要求;调整有关保险财务制度,允许在偿付能力监管范围内实行轧差收付,允许与我国签有双边协定国家的中介以扣除中介费用的方式收取外汇保险净保费。最后,支持自贸区国有大型保险公司创新寿险外币保单。在自贸区内对大型国资保险机构给予外汇长期寿险业务试点资格,放开外币保单投保人和产品的限制,并相应放宽配套的外币保险资产投资政策,以实现资产负债的匹配。对境内居民购买外汇长期寿险产品,适度突破个人购汇额度限制,给予每年每人不超过一定限额的专项额度,作为扩大个人资本项下可兑换额度的一个新突破口。

第二节　建议上海自贸区先行先试"投贷联动"，支持"一带一路"建设①

一、发展"投贷联动"业务对"一带一路"建设的意义

所谓投贷联动是一种以商业银行为主、将股权和债权相结合的融资服务方式。通常认为这种方式主要为了解决商业银行向科技型中小企业发放贷款中所存在的收益和风险不对称，通过投贷联动用股权投资的收益去覆盖信贷发放中的风险。

近年来上海投贷联动发展较为迅速。截至 2017 年第二季度末，上海辖内科技型企业科技金融贷款存量客户数 5 012 户，较 2016 年末增加 709 户，增长 16％；贷款余额 1 995.48 亿元，较 2016 年末增长 33％，高于同期辖内银行业各项贷款增速 18 个百分点。其中科技型中小企业贷款存量客户数 4 617 家，占 92％，贷款余额 1 045.17 亿元，较 2016 年末增长 25％。投贷联动业务方面，截至 2017 年第二季度末，上海辖内机构投贷联动贷款余额为 46.5 亿元，较 2016 年末增长 78％。内部联动投资总额 15 237.3 万元，较 2016 年末增长 113％。

与科技信贷类似，金融支持"一带一路"建设也存在着金融机构收益和风险不对称的情况。众所周知，"一带一路"建设资金缺口大，如据亚洲开发银行测算，亚洲及太平洋地区到 2030 年基础设施建设需求总计将超过 22.6 万亿美元（每年 1.5 万亿美元）。同时"一带一路"沿线国家投资风险也较大，根据中国社科院发布的"2016 年度中国海外投资国家风险评级"报告，"一带一路"沿线国大多为中等风险级别（A-BBB），仅新加坡一国为低风险。虽然目前国内金融支持"一带一路"建设的方式有银行信贷、PPP、债券、投资基金等，但主要方式仍然是银行信贷业务。基于多方面的原因，这些银行信贷不可能收取较高利息，但要承担较高风险。因此为解决支持"一带一路"建设中这种收益和风险不对称情况，一方面应充分发挥开发性金融机构和政策性金融机构在"一带一路"建设中的作用，另一方面也可试点"投贷联动"模式。

---

① 本节主要建议已获得中共上海市委领导同志批示。

二、发展"投贷联动"业务支持"一带一路"建设的主要障碍

实际上国内一些银行已意识到"投贷联动"在支持"一带一路"建设中的意义并已开展类似"投贷联动"的业务。如中国工商银行广东分行牵头募集的广东省丝路基金设立方案中就提出为基金投资项目提供"股权＋债权"、"融资＋跨境金融服务"的一体化综合金融服务。在这种商业银行通过产业基金进行投资并贷款的方式中,商业银行通常认购优先级股权,并约定退出年限和退出方式;基金发起人和管理人(比如政府或大型央企)认购劣后级股权,承担基金项目的最大风险。这种形式的融资模式本质上是通过发起人较少的资金投入,吸引和撬动更多的资金进入。在项目遭受损失时,优先级投资者将优先获得资金保障,一般情况下本金将获得兜底;项目盈利时,优先人按事先约定的比例适当参与分红。由此看出,在优先劣后的结构化设计安排中,商业银行承担的风险是可控的,对应的收益也是有限的。这种模式虽然从形式上看商业银行分享了企业的成长,但从本质上仍为承担有限风险的债权投资,实际上是"名股实债",并不是真正的"投贷联动"业务。

当前影响银行发展"投贷联动"业务支持"一带一路"建设的主要障碍来自制度规定。我国《商业银行法》第 43 条规定:"商业银行不得向非银行金融机构和企业投资,国家另有规定的除外。"2016 年 4 月以前,国家开发银行是国内唯一一家持有人民币股权投资牌照的银行,其下属子公司——国开金融有限责任公司,可开展直投业务,并与母公司贷款业务实现联动。2016 年 4 月,银监会、科技部和人民银行联合发布《中国银监会、科技部、中国人民银行关于支持银行业金融机构加大创新力度开展科创企业投贷联动试点的指导意见》,允许试点银行在境内设立具有投资功能子公司,开展专门针对科技创新型企业的银行集团内部的投贷联动。但针对"一带一路"建设尚无支持"投贷联动"的相关政策。

三、发展"投贷联动"业务支持"一带一路"建设的建议

（一）在上海自贸区开展"投贷联动"业务支持"一带一路"建设的试点

虽然在支持"一带一路"建设中有必要发展"投贷联动"业务,但毕竟"投贷联动"业务在国内是一个新事物,全面铺开和过快发展会导致金融风险,所以建议银监会、商务部、中国人民银行首先选择在上海自贸区试点,允许自贸区内一些银行设立投资子公司,开展"投贷联动"业务支持"一带一路"建设。选

择在上海自贸区试点的主要原因有：一是上海自贸区深化改革的主要任务是构建成为服务国家"一带一路"建设、推动市场主体走出去的桥头堡，这需要通过"投贷联动"等举措的先行先试，增强自贸区金融服务"一带一路"建设的功能；二是上海自贸区已经通过自由贸易账户体系建设不仅可以提供包括跨境融资、跨境并购、跨境理财、跨境发债等在内的本外币一体化金融服务，而且可以对支持"一带一路"建设的"投贷联动"业务进行事中事后监管，防范金融风险。

（二）加大制度创新力度解决"投贷联动"发展瓶颈

试点一年来，我国在支持科技创新领域中的"投贷联动"取得一定成效，但也有许多瓶颈问题。因此建议在制定"投贷联动"业务支持"一带一路"建设的试点方案中，一方面应总结科技创新领域中"投贷联动"的经验教训，另一方面应根据"一带一路"建设中资金融通需求的实际情况，进一步加大制度创新的力度以解决"投贷联动"发展的瓶颈。如根据现有的《商业银行资本管理办法》，银行被动持有的股权两年处置期内风险权重为400%，若超过处置期，风险权重为1 250%。投资子公司对"一带一路"建设的直接股权投资显然不能沿用该政策。因此建议参照商业银行贷款五级分类和风险拨备政策，对投资项目分成5个风险档次，并设定与贷款五级分类基本一致的风险拨备率。

第十章 加快建设上海金融综合监测预警平台的建议[①]

2016 年 7 月,上海市政府办公厅印发的《发挥上海自贸试验区制度创新优势开展综合监管试点探索功能监管实施细则》要求适时研究建立上海金融综合监测预警平台。通过上海金融综合监测预警平台可以全面掌握金融业态发展情况,有效防范区域性、系统性风险的发生,上海金融综合监测预警平台的建设已经从互联网金融专项整治工作起步,从类金融机构监测分析平台建设,逐步提升监测预警能力。除上海外,当前许多地方政府也都非常重视区域金融风险防控预警平台的建设,其中北京、厦门和广州在一些方面已走在上海前面,值得上海加以借鉴。

Chapter 10　Proposals for Accelerating the Construction of Shanghai Financial Early Warning Platform for Comprehensive Monitoring

Shanghai Financial Early Warning Platform for Comprehensive Monitoring displays the development of all activities within the financial sector so that regional or systematical risks could fall into efficient control. The construction of Shanghai Financial Early Warning Platform for Comprehensive Monitoring started from the special overhauling of internet finance and the construction of a monitoring and analyzing platform for non-bank financial intermediaries. Currently, the platform has gradually and considerably enhanced its ability

---

① 本章主要建议获得上海市委领导批示。

for monitoring and early warning. Chapter 10 makes proposals for Shanghai, on reference of experience of Beijing, Xiamen and Guangzhou.

第一节　北京建设"打击非法集资监测预警平台"经验借鉴

一、互联网时代建设"打击非法集资监测预警平台"所面临的挑战

防范和预警互联网金融领域的非法集资事件已成为监管部门打击非法集资活动中的难点。实现对非法集资的防范和预警需要对企业的非法集资行为进行研判和量化。有关非法集资的数据是广泛可用的,所缺乏的是非法集资监测数据的采集和从数据中提取知识的能力。

(一) 跨网络、跨单位、跨平台的非集信息采集及汇聚困难

在打击非法集资活动中,需要整合地方金融管理部门内网、政务外网和专网的相关数据,采集和汇聚从技术角度有一定的难度。各单位数据孤立,没有统一有效整合及利用,而且不容易协调。

(二) 跨网络、跨单位、跨平台数据的质量和数量难以保证

非法集资风险评估是一个跨领域和多数据来源的复杂问题,多方面的数据采集和多角度的特征分析是最终模型能够完成准确预警的重要保障。所以在平台建设中需要保障线下举报、线上数据采集,与其他政府部门、第三方机构数据对接的工作质量,确保有足够多、较高质量的数据进入后续的分析挖掘环。

(三) 非法集资风险的数据、分析、研判难以量化

在平台建设中,需要建立量化的评估标准,针对采集、对接到的各种数据字段构建非法集资信息的量化评估模型,通过各种维度指标的综合加权,确定每个监管对象的综合风险指数,并且分级预警,以便在海量的非法信息中识别出影响力大、危害度高、老百姓痛恨、管理部门头疼的重点打击对象。

(四) 非法集资风险涉及行业多,非法集资的风险点复杂

非法集资风险存在众多领域,业务类型涵盖 P2P 借贷平台、小额贷款公司、股权投资机构、交易场所等各个新兴金融业态,而且不同行业的风险点各不相同。从业务角度分析起来比较困难。

针对以上挑战,北京的"打击非法集资监测预警平台"围绕金融领域大数

据与监管业务,强化基于业务服务的大数据基础技术研究和应用适配,创新基于大数据技术增强监管能力的创新现代业务应用模式,探索、培育和挖掘满足金融领域应用特征的新业态、新模式,支撑和促进经济社会发展。该平台上线于 2015 年 5 月,运行两年多以来取得了明显成效。

二、平台建设的总体原理

大数据监测预警非法集资平台从海量的互联网信息中提取涉及非法集资的相关信息,大数据中心 7×24 小时对企业数据、政府数据新闻、舆情数据等进行动态监测。通过对大数据中心多个数据源的数据,在内存式计算系统上进行分布式计算,经过数据清洗、数据集成、数据变换、数据规约等一系列预处理过程,把数据集合统一转换成可供分析的结构化数据。

大数据监测预警非法集资平台在综合利用上述跨部门数据资源的基础上,以大数据和云计算为技术支撑,利用机器学习和神经网络技术,构建"冒烟指数"分析模型,从海量数据中筛选出与企业非法集资风险高度相关的几类指标,构建"冒烟指数"模型。"冒烟指数"分数越高,该企业非法集资风险就越高。

大数据监测预警非法集资平台包括金融风险大数据管理系统和金融风险大数据分析挖掘系统,分别对数据进行管理和存储,对接其他政府部门的不同数据并对数据进行分析和挖掘。

非法集资分析模型子系统主要包含系统所需要的计算模型,包含主动发现模型、全面排查模型、网贷行业风险分析模型、投资理财风险分析模型、私募模型、预警模型等;监测预警子系统是通过数据采集和加工并通过模型计算后最终通过量化指标"冒烟指数"来展示企业的风险,通过金融风险分析方法,构筑金融风险防控体系。

三、金融风险分析大数据中心

金融风险分析大数据中心为大数据监测预警非法集资平台提供数据支撑,从海量的互联网信息中 7×24 小时不间断提取企业的非法集资相关信息,围绕非法集资的监测预警,建设金融风险大数据中心,每日数据量更新达5 000 万条。

舆情数据采集站点超过 2 万个,新闻数据 12.08 亿条,论坛 8.6 亿条,微博

163.1 亿条,微信公众号数据 2.96 亿条;工商数据覆盖 4 500 万家企业和 1 亿家工商个体户;法院数据 15 亿条,采集站点超过 3 800 个,覆盖 1 000 万家涉诉企业;招聘数据覆盖主流招聘网站;投诉数据对接了"12345"热线、"打击非法集资"公众号、邮箱举报、"金融小卫士"等渠道举报数据;金融行业数据覆盖了网贷、私募、众筹、小额贷款公司、交易中心、融资租赁等行业。

此外,该大数据中心还采集 ICP 备案数据,同时建立了非法集资高风险企业库。

四、"冒烟指数"

北京地区"打击非法集资监测预警平台"的特点在于其推出"冒烟指数"。"冒烟指数"的最初构想来源于"森林开始冒烟是要发生火灾",通过烟与火的形象比拟来推断冒烟指数与非法集资企业的关系,即从集资类企业冒烟指数高低来判断其从事非法集资类业务的倾向性。

"冒烟指数"可实现大数据重塑金融监管流程:通过爬虫技术收集监测企业公开的互联网数据信息,基于海量大数据风险信息,凭借机器学习、知识图谱、自然语言处理、云计算等技术,通过两次非法集资风险点比对、一次人工专家干预等一系列步骤,得出综合风险评分。也就是说通过大数据挖掘的手段对研究范围内的企业进行及时有效的综合风险筛查与预测,并为监管机构提供差异性处理策略的依据。

"冒烟指数"的突出优势在于:一是降低对现场检查、汇报数据的依赖,变被动监管为主动监测,破解地方监管与开放主体的难题。二是预警监测有效前置,可根据冒烟指数的程度采取关注、警示、约谈等监管措施,即防患于未然,提高监管措施前瞻性、及时性。

非法集资监测预警平台作为金融风险监管平台的一部分,可以凭借在大数据打击非法集资风险监测预警方面积累的业务知识和实践,以技术驱动监管创新为理念,落实建设全国性互联网金融风险监测预警云平台,对金融风险进行全覆盖、全行业的常态化监测预警。以满足市场需求和解决现实问题为导向,运用大数据分析和数据挖掘技术实时处理与互联网金融风险相关的信息,以达到金融风险常态化监测预警的目的,属于金融科技的应用方向之一。

国外已经把监管科技成功地应用在大量量化业务、信息业务、风险识别,形成一系列敏捷实用的管理工具如立法/监管差距分析、合规性、健康检查、活动监控、风险数据仓库、风险报告自动化生成等。包括：技术驱动型监管创新，利用大数据和人工智能技术实现监管的日常化和智能化，并在一定程度上实现从分析到预测，及时防范金融风险。数据共享和开放，通过数据共享和开放，实现多数据源的关联分析，通过关联关系的挖掘从而发现金融风险和违法线索。通过更多的实时监控管理，实时和系统嵌入式合规和风险评估工具允许通过自动化收集，评估和呈现数据的方法，自动化生成报告，从而进行更加先发制人和主动的风险管理。

北京在建设"打击非法集资监测预警平台"中借鉴国际经验也推出了"冒烟指数"。其"冒烟指数"模型是在利用金融风险分析大数据中心数据的基础上，以大数据和云计算为技术支撑，从海量数据中筛选出与企业非法集资风险高度相关的几类指标，构建针对5大领域17个行业的分析模型。主要从合规性指数、收益率偏离指数、投诉举报指数、传播力指数、特征词命中指数共5个维度的多项数据对监控对象计算分析，利用不同的机器学习方法，经过训练后建立起风险预警模型，最终得出的非法集资风险相关度指数即"冒烟指数"。

根据冒烟指数的得分来进行分级预警，分数越高，则该企业非集风险就越高。如果指数为80—100区间，则应向公安部门移交线索；指数为60—80区间，则意味着其非法集资的风险非常高，需要重点关注、约谈整改；指数为40—60区间，则需要监管部门重点监测、规劝改正。

五、主要成效

大数据监测预警非法集资平台已被北京市金融工作局运用到2015年和2016年北京市打击非法集资专项整治行动中，并取得显著的成效。

截至2016年末，承建该平台的拓尔思公司共向北京市金融工作局提供各类监测报告共500余份，监测北京市各类企业3000多家，分布于全市16个区，报送50余家高非法集资风险的企业。大大提高北京市金融局防范、处置、化解非法集资的工作效率，大大降低北京市非法集资的案发数量和非法集案件的处置成本。

在2016年北京市互联网金融风险专项整治行动中，大数据监测预警非法集资平台协助北京金融局排查了近17万家互联网金融机构的运营风险，为有关部门采取相应措施提供了有力依据。

"冒烟指数"作为利用大数据监测预警非法集资平台的核心技术，以及打击防范领非法集资犯罪域内比较权威的评判标准,已经亮相于各大主流媒体并被多本专业书籍应用。

第二节　厦门金融风险预警平台建设的经验借鉴

厦门金融风险预警平台建设主要由厦门市金融办牵头,在厦门市美亚柏科信息股份有限公司和厦门大学的技术和学术支持下完成,于 2016 年末上线。该平台的主要特点有三个方面:一是平台将高发、易发非法集资的互联网金融企业作为重点监测对象,采用网上舆情监测抓取关键词的模式来尝试融入场外配资、私募基金监管等一系列新功能,努力建立一个立体化、社会化、信息化的监测预警体系;二是预警平台将开发金融风险随手拍 App,通过社区综合管理网格化信息员及市民群众收集信息,发挥网格化管理和基层群众自治的经验和优势,群防群治;三是探索"存证云"监管模式,将 P2P 网贷平台的所有交易合同和标的信息进行实时电子化存证,匹配资金存管银行的相关数据,在资产端和资金端两个层面开展实时监测,形成全过程、全覆盖、全方位的综合监测预警体系。

一、风暴指数:实时预测预警预防的大数据利器

厦门金融风险预警平台设计了"风暴指数"模型,对互联网金融企业是否存在风险隐患进行实时评估。"风暴指数"包括五个维度:企业不可信指数、特征性指数、资金流指数、收益率指数、投诉率指数。

企业好评度由数据说了算。平台通过"网络爬虫"技术,广泛从企业网站、网络论坛、自媒体上海量收集关于企业的信息数据,包括企业注册地址与实际地址是否相符、企业是否有很多投诉和负面信息等。平台自动将这些信息数据与工商、公安、法院等管理部门的数据比较,对企业作出综合评价,例如企业主是否有非法集资前科、在司法机关是否有不良记录等。

资金流是监管的核心指标之一。厦门市金融办要求本市注册成立的互联网金融企业必须跟平台对接、必须在银行进行资金存管。平台将企业存管到银行的资金,与平台提取的企业信息进行匹配,按照专家团队研发的评估模型进行评分,分析出风险值。评估结果按分值分为五个等级,针对不同等级采取对应的处置策略,比如对风险值高的企业及时提示监管部门关注。

监管部门通过平台可以对某家企业作出综合判断,也可以掌握全市企业的风险排名。平台重在跨部门、跨区域协作,推动各监管单位共同承担整治责任,共同落实整治任务。

二、天罗地网:天地对接的穿透式监管

厦门金融风险预警平台一方面运用大数据技术手段加强信息监测与风险预警,一方面编织"天罗＋地网",通过天地对接O2O模式,推动风险防控从被动响应向主动预防转变,做到早发现、早介入、早处置。

(一)"天罗"

平台对线上数据(包括互联网金融特征大数据、互联网金融企业项目存证数据、互联网金融企业银行资金存管数据)进行每周7×24小时不间断的实时监测,对特征性信息及时预警。

(二)"地网"

广泛发动社区网格员及市民群众收集信息。警方对现有的"110随手拍"App升级,市民可以随手拍摄互联网金融企业的照片,包括企业经营场所、广告宣传单、会议活动现场等,通过App上传。打着互联网金融旗号进行非法集资的企业,往往存在实际经营与注册地址不符、虚假宣传等情况,市民"随手拍"可以协助警方准确分析研判。"地网"充分发挥网格化管理和基层自治优势,贴近一线开展预警防范工作,形成立体化、社会化、信息化的防控体系。

三、发挥科技能量和优势

"存证云"是美亚柏科公司的核心技术,也是斩断互联网犯罪的一项利器。美亚柏科公司有近千台服务器,具备采集上百亿数据的优势,拥有"存证云""搜索云"核心技术,能对P2P网贷平台的所有交易合同与标的信息进行实时电子化存证,匹配资金存管银行的相关数据,在资产端和资金端两个层面开展实时监测。"存证云"系统直接对接司法鉴定机构,平台交易一旦出现问题,保存的数据就可以作为司法证据。作为厦门市金融办首批备案试点企业,鲸鱼宝的总交易额已达145亿元,注册用户数为245万人。鲸鱼宝已全面开放资金流和信息流数据,接入存证云系统,鲸鱼平台的交易凭证、银行资金流信息和用户交易信息都会自动上传存证云系统和厦门市金融风险防控预警平台,鲸鱼存证的合同数据以及银行的资金流数据会进行匹配对比,有效防范资金

流转风险,保障平台运营安全。

<h2 style="text-align:center">第三节　广东省地方金融风险监测防控
平台建设经验借鉴</h2>

2017 年 6 月,广东省地方金融风险监测防控平台揭牌成立,将利用大数据技术和登记清算手段实现对地方金融业态的全面监管,辅助金融监管部门实现及早发现、及时预警、有效处理的目的。该平台定位为广东省重大的地方金融基础设施,辅助政府监管平台,作为全省唯一的金融风险防控平台,是全省防范区域性金融风险的重要抓手。

该平台借鉴了北京、厦门等地的成功经验,但也进行了一些改进,具有两大特点:一是建立了第三方电子合同存证子系统,该系统主要是在电子合同签署过程中,通过使用第三方 CA 机构颁发的数字证书进行电子签名并加盖时间戳,确保电子合同合法有效和签署者身份真实,实现合同的不可篡改和签订的不可抵赖;二是该平台不只是监测,还有预警和防控功能,目前,国内很多平台只是监测预警,通常在发现问题之后就交给经侦等有关部门,进行查处或吊销营业执照等,在第一时间减少投资人损失。

一、全国首个省级金融防控平台

为有效防范和打击非法金融活动,防控区域性金融风险,提升政府部门对地方金融业态的风险监测分析能力,广东省政府依托广清中心建设广东省地方金融风险防控平台,是国内首个省级地方金融风险防控平台。平台正在打造"4＋1"创新监管模式,从而辅助地方政府贯彻落实中央指示,做好金融工作,维护金融风险。平台利用国际先进的 TBC＋ABC 技术(即区块链双链并发技术)、人工智能、云计算以及大数据开发了非法集资风险监测预警、非现场监管、网络舆情监测、第三方电子合同存证和统一清算系统。

该平台率先在南沙试点。作为国家战略级自贸区,南沙过去一段时间加大金融机构引入力度,但金融、类金融的大量入驻,将带来较大的金融防控挑战。试点风险防控平台,可以直观发现企业的风险隐患,有效减轻工作难度。在试点期间,发现一家融资租赁公司存在关联风险,控股股东公司涉嫌非法传销,为此将该公司列为重点监控企业,及时进行了处置。

二、覆盖范围广,具有防控功能

从地域来看,相较于其他区域的风险防控平台,广东省地方金融风险防控平台是全国首个被省级人民政府批准设立的重要金融基础设施,覆盖范围更为广泛,已经可以覆盖全省 21 个地级市,在地级市层面还可延伸覆盖至区、镇、街乃至社区、村委,从而构建多层次的金融风险防控体系。在实现金融风险防控目标的同时,着力打造成为全省地方金融大数据库及信用体系建设平台。

从行业领域来看,广东省地方金融风险防控平台覆盖领域更为全面。此前国内已开发上线的金融风险监测平台主要聚焦在互联网金融行业,而该平台还涵盖地方交易场所、私募基金、小额贷款、融资担保、融资租赁等多个行业。针对每一个细分的领域,平台都设置了不同的风险监测预警模型,使不同细分行业的风险特点更符合实际情况。2017 年上半年,广东省地方金融风险监测防控平台与广州商品交易所签署业务合作协议。双方就统一清算、交易信息登记服务等内容达成一致意见。按照广东省和广州市政府的要求,辖区内交易场所近期都将接入广东省地方金融风险监测防控平台。

此外,广东省地方金融风险防控平台监管功能更为完善,全方位挖掘风险信息,实现"监控＋预警＋处置"有效联动。在防控手段上,通过平台监测、打分,一旦出现风险,被认定为高危、高风险的企业,金融监管部门可第一时间暂停新开户、冻结资金以及限制资金进出等防控措施。

三、已取得明显成效

广东省地方金融风险监测防控平台正在以每周 1 000 家的速度进行全省接入,计划在 2017 年底,实现 100 家存在风险隐患的平台对接广清中心统一资金清算系统,1 000 家 P2P、小额贷款企业接受非现场监管信息实时监控,10 000 家类金融机构纳入非法金融活动监测预警系统监控范畴。在重点接入金融业态方面,非法集资以及传销的打击任务较为严重,因此,该平台将分步骤接入不同的金融业态,目前的重点是 P2P、交易场所、私募基金三个业态的接入,未来也将继续完善覆盖区域内的融资租赁,以及对打着电子商务名义进行传销的少量企业的监测防控。

截至 2017 年 7 月 20 日,广东省地方金融风险防控平台已经有 1 652 家网络借贷平台、交易场所等地方类金融机构。

第四节　加快建设上海金融综合监测预警平台的几点建议

借鉴上述北京、厦门、广州经验，建议采取以下措施加快推进上海金融综合监测预警平台建设：

一、推出上海互联网金融和非法集资的"冒烟指数"

上海互联网金融和非法集资活动的潜在金融风险仍然较大，提高金融风险预警能力十分重要，因此建议学习借鉴北京的技术手段；尽快推出上海互联网金融和非法集资的"冒烟指数"。

二、充分发挥市民在获取信息中的作用

在上海金融综合监测预警平台建设中提出要利用四种信息源：金融管理与市场运行信息、社会公共信用信息、行业协会自律信息、媒体舆情与投诉举报信息。对于其中的媒体舆情与投诉举报信息，可以借鉴厦门开发金融风险随手拍 App 的经验，通过社区综合管理网格化信息员及市民群众收集信息。

三、加强平台的防控功能

即借鉴广东经验，上海金融综合监测预警平台不仅有监测预警功能，还应有防控功能。

第十一章 立足核心功能区金融工作创新，促进改革政策落到实处的综述与建议①

三年多来，上海自贸试验区的改革创新理念和 100 多项制度创新成果，分领域、分层次在全国复制推广。上海自贸试验区制度创新，激发了市场创新活力和经济发展动力，区内新注册企业已有 4 万家，超过自贸试验区挂牌前 20 多年的总和。以浦东 1/10 的面积，创造了新区 3/4 的生产总值；以上海 1/50 的面积，创造了全市 1/4 的生产总值，反映出制度创新是驱动经济发展的持续动力。这些成果，是金融监管部门和自贸区金融工作部门践行"大胆闯、大胆试、自主改"，"探索不停步、深耕试验区"的智慧结晶。

Chapter 11   A Review and Several Proposals for Basing Upon Financial Innovation in Core Functional Area and Promoting the Implementation of Reform Policies

Over three years, the creative conception for reform of Shanghai Pilot Free Trade Zone and over 100 institutional innovations have been learned and spread on the national scale in different regions and levels. Among these, some achievements of financial reform are results of "take bold moves in experimenting and innovating" and "keeping on exploring and deep-cultivation of the Pilot Free Trade Zone", supported by financial supervising authorities.

---

① 本章若干政策建议分别刊登在《中国(上海)自由贸易试验区金融工作月报》2017 年 1—6 月各期的"专家建言"板块，获得上海自贸区管委会和浦东新区领导批示。

2017年以来,中国(上海)自由贸易试验区金融服务局(浦东新区金融服务局),为做好促进金改政策落到实处的服务工作,采取了两项工作措施:一是与上海立信会计金融学院合作,共同编发每月一期的《中国(上海)自由贸易试验区金融工作月报》,力求实现"全景展示、动态扫描、权威解读、问题分析"的目标要求,注重研究、推广金融创新案例,真实反映各界呼声和需求,及时反馈自贸区金融工作中的问题和建议,为领导层提供决策参考;二是与上海"一行三会"合作,分别在自贸区各个片区开展"企业满意度调查",努力摸清金改政策在实施过程中存在的问题,积极把握市场主体在金改政策落地实施上的需求,协调处理其中的典型问题,为金改政策的落地实施,创造性地开展工作,取得显著成效。

第一节　依托《金融工作月报》,提供决策咨询建议

《中国(上海)自由贸易试验区金融工作月报》是由中国上海自由贸易试验区金融服务局经济处与上海立信会计金融学院金融法律与政策研究中心联合编辑的一份内部决策咨询信息专报,每月一期,呈送有关领导参阅。自创刊以来已经编发13期,2017年双方合作编发已经完成第6期。《月报》每期主要包括"最新数据"、"政策速递"、"案例解读"、"动态集锦"、"各地金改综述"、"企业满意度调查"、"专家建言"、"参阅信息"等专栏。《月报》积极贯彻习近平总书记提出的"大胆试、大胆闯、自主改"的要求,定位于成为展现上海自贸区金融改革创新成果的重要载体,对标国际最高标准,不断探索、复制、推广上海自贸区金融创新成果,为将"盆景"变成"苗圃"而积极努力。

《月报》2017年以来的6期,在"专家建言"、"案例解读"、"企业满意度调查"等栏目文章中的分析和建议,涉及自贸区金融综合改革的对策建议、外汇资金管理政策的研究分析、类金融机构风险的防范建议、融资租赁行业的问题与对策、打造服务"一带一路"的金融市场的思考和建议等,受到有关领导和专家的肯定和好评。

一、通过"制度创新",推动"法治理念"落到实处

三年实践证明,在解决改革的合法性这一敏感问题上,上海自贸区取得成功试验。改革伊始,通过"释法主动服务改革"、"因地调整法律适用"模式,改

变了我国以往"破法改革"、"违法改革"的老问题,取得很好的成效。在接下来的深化改革中,上海自贸区要通过紧抓"制度创新",率先试验,推动"法治理念"进一步落实到实处:

(1)将作为国际惯例做法的"负面清单"管理模式,转变为我国法律体系中的具体法律规则,落实"负面清单"争议解决的规则和机制。

(2)将"法无禁止即可为"这一私法原则,通过立法方式,扩展到公法范围,并界定这一原则适用的"法"、"禁止"、"可为"的内涵和外延。

(3)与"金融法律特区"模式相结合,通过国家特别立法和上海地方立法,以"先立法、后改革"的方式,将金融改革等中央事权有计划、分步骤、部分地授予自贸区进行制度创新、先行先试。以此,为自贸区改革发展打开更大空间,为我国法治国家战略,提供可复制、可推广的制度改革和建设的成功经验。

二、对标"最高标准",实施"跨境绿色"发展战略

2016年7月18日,金砖国家新开发银行在银行间市场成功发行总额30亿元、期限5年的人民币绿色金融债券,募集资金主要用于支持巴西、中国、印度和南非的四个绿色可再生能源项目,体现了金砖银行致力于推动金砖国家基础设施和可持续发展环保项目,以及对推动全球绿色经济增长与发展的努力和贡献。

中国在2016年仅用一年时间就成为全球最大的绿色债券市场,成为全球绿色债券市场的领导者。但是,根据国务院发展研究中心金融研究所的预测,中国绿色产业的年均投资需求在2万亿元以上,而财政资源只能满足其中的10%—15%,因而融资缺口巨大,达1.7万亿元以上。因此,探索绿色债券的跨境发行及其相关机制,积极利用国际绿色债券市场,应该是弥补我国国内绿色金融市场资源有限性的一个重要途径。

就上海自贸区来说,可以自贸区债券市场为依托,发挥"在岸的离岸市场"(即债券在中国境内发行,适用中国在岸的法律、监管和结算体系,但投资的资金却来自离岸)的优势,积极研究创新,为我国金融机构、绿色企业发行跨境绿色债券、获得离岸融资提供平台和机制。由此,结合上海国际金融中心和科创中心建设和"一带一路"战略,在上海自贸试验区实行"绿色金融"国际化发展的双向改革措施,探索形成"绿色金融认证"的国际自律规则,结合FT账户功能拓展,引导境内、外机构在自贸区试点发行"跨境绿色金融"产品,等等。

三、类金融机构风险的主要特点及其防范的对策建议

一般而言，所谓类金融机构，是指我国"一行三会"管辖范围以外的具有金融性质的各类企业，包括但不限于小额贷款公司、融资租赁公司、商业保理公司、股权投资机构、融资性担保公司、典当行、各类互联网金融企业等。与"一行三会"监管的正规金融机构相比，类金融机构一般就是中小金融机构。

在类金融机构中，互联网金融由于"互联网＋"的推动，单个经营平台业务具有覆盖范围广、涉众人数多等特点，近年来风险事件多发，社会反响巨大。我们的风险防范建议是：

其一，加强法律法规制度建设，明确央地监管分工和职责，完善事前、事中和事后监管法律法规体系。区别不同的类金融机构，制定和实施不同的监管制度。从近年来互联网金融风险事件多发情况来看，一个非常重要的原因就是存在监管职责划分不明确、相关法律法规不完善、产生监管盲区等问题。

其二，建立金融风险预警防范系统和金融危机处理系统，把类金融机构的风险防范纳入系统的监测范围。

其三，加强自律管理和业界自治制度建设，对类金融机构和市场活动采取"软硬兼施"的综合治理模式，通过法律法规明确类金融机构的行业协会等自律组织，承担起应有的自律管理职责，发挥自律规范"软法"的协同治理效应。

四、我国融资租赁行业管理中的问题与对策

近年来，我国融资租赁业步入了前所未有的发展阶段，在服务实体经济和供给侧结构性改革及经济转型升级等方面发挥的作用日益凸显，成为继银行、证券和信托后的第四大金融工具。截至2016年末，全国融资租赁企业总数达7 120家，其中金融租赁59家，内资租赁204家，外资租赁6 857家，融资租赁余额约53 300亿元，其中金融租赁20 400亿元，内资租赁16 200亿元，外资租赁16 700亿元。上海的情况是，至2016年末，共有融资租赁企业2 090家，其中内资18家，外资2 065家，金融租赁7家。

一个有趣的现象是，无论在全国还是上海，从租赁公司数量来看，外商融资租赁在整个融资租赁业中占据主导地位。但从租赁规模来看，内资租赁与外资租赁相差不大，主要原因在于外资租赁公司开业率低。

总体而言，我国融资租赁行业对国民经济的行业覆盖面和市场渗透率仍低于发达国家水平，不能适应引导外资参与我国价值链和产业结构优化、推动

我国企业参与全球价值链竞争等方面的现实需要,主要原因在于法律法规不健全、管理体制不适应、发展环境不完善等突出问题。

1. 调整管理体制,完善法律法规

我国融资租赁行业存在着商务部门和银监部门依据不同的法律法规,分头监管外商融资租赁公司和金融租赁公司的现象。而且,各地在执法上也存在差异,不利于租赁物的登记、公示和保全,租赁公司的合法权益难以得到有效保障。

建议调整国家对融资租赁公司和金融租赁公司的管理体制,由同一个监管部门实行统一监管。比如,考虑到融资租赁公司具有较强的金融属性,可以由中国银监会统一行使监督管理职权;同时,参照商务部 2013 年《融资租赁企业监督管理办法》、2005 年《外商投资租赁业管理办法》和中国银监会 2014 年《金融租赁公司管理办法》,由国务院制定统一的《融资租赁法》,确立统一适用于内、外资融资租赁企业的管理制度和具体规则。

2. 解决注册地与经营地分离现象,实施属地化管理

上海市商务委的调查数据显示,上海各区县均存在融资租赁企业注册地与经营地分离的现象,有些区县特别严重。例如,浦东新区(自贸试验区保税片区以外区域)存在注册地与经营地不一致的企业有 110 家,占反馈企业总数的 61.4%。又如,虹口区 13 家外资融资租赁企业中有 12 家存在注册地与经营地分离现象。这一现象,给属地化管理造成极大困扰。

建议出台相关政策,要求融资租赁企业公开其注册地和经营地的详细地址,明确监管职责和规则,由注册地和经营地协同监管,以经营地为主。

3. 扩大租赁资产范围,明确不动产融资租赁规则

根据《外商投资租赁业管理办法》(2005 年商务部令),租赁财产为各类动产、交通工具及其附带软件等无形资产,并不包括不动产。虽然大多数外商投资融资租赁公司的租赁财产均为医疗器械、车辆、发电设备、机床设备、飞机发动机等动产,但随着市场需求的不断变化,将租赁资产从动产扩大到不动产的呼声越来越高,有少数外商投资融资租赁公司开展了城市道路、管网、污水处理站、工厂厂房等不动产的融资租赁业务。

建议结合管理体制的理顺,在出台统一的《融资租赁法》时,将不动产纳入租赁财产范围,并且明确具体规范。以此,允许内外资的融资租赁公司依法从事此类业务,避免发生违约纠纷时面临无法获得法律保障的风险。

4. 调整税收政策，以与国际标准衔接

融资租赁行业存在的主要问题是售后回租业务承租人纳税时无法抵扣租赁利息支出、经营性租赁业务以收到的全部价款及价外费用作为销售额而不得扣减融资成本、差额征税政策仅允许扣除对外支付的借款利息及发行债券利息而与借款直接相关的顾问费和手续费等费用不能抵扣等，造成实际税负成本较高，阻碍参与国际竞争。

建议国家调整税收政策，与国际上同行做法相衔接，以促进融资租赁行业更快发展，提高参与国际市场竞争的能力。

5. 规范触网经营，防范和化解风险

约三分之一的融资租赁企业的主要融资渠道仍为传统的银行贷款，而部分外商投资融资租赁企业开始尝试资产证券化、互联网融资平台等融资渠道和方式。

融资租赁企业与互联网融资平台合作中，无论何种方式，都缺乏相关法律依据，致使在项目真实性判断、排除重复抵押、租赁物所有权保护、资金监管等方面，存在风险隐患。因此，建议通过出台相关法律政策措施，明确操作规范，防范相关风险。

第二节　开展"企业满意度调查"，促进金改政策落到实处

习近平总书记视察时强调，上海自由贸易试验区是块大试验田，要播下良种，精心耕作，精心管护，期待有好收成。2017年以来，浦东新区金融服务局通过走访调研、现场辅导等做法，积极践行总书记的上述要求。其主要做法是，在自贸区各个片区分别开展"企业满意度调查"，摸清企业到自贸区金改政策实施的具体情况，掌握企业对金改政策实施的具体诉求，协调处理部分企业在用好自贸区金改政策过程中遇到的具体问题，受到自贸区各类企业的普遍欢迎和高度评价。同时，这种调查研究和政企沟通机制，在金融服务局已经制度化和常态化，为提高工作的针对性、时效性和有效性提供了一个好抓手。

一、搭建政企沟通平台，"问诊"企业疑难杂症

2017年2月，浦东金融服务局经济处在自贸区企业满意度调查工作中发

现,新的"营改增"政策对再保险企业的日常经营管理影响较大。在与上海保监局自贸试验区保险监管处共同召开的"上海自贸试验区再保险企业座谈会"上,再保险企业集中反映了纳税中跨境业务增值税代扣代缴备案手续繁琐、跨境再保险业务免税收入细则不明确、开具大额发票困难、跨境再保险转分保业务中不能免税以及存在重复缴税、巨灾超赔业务增值税征收时间不合理等方面的难题。

为帮助再保险企业解决上述难题,3月,浦东金融服务局组织再保险企业代表与市税务局三分局和上海保监局保险监管处面对面沟通交流,由税务部门与保险监管机构共同"问诊"再保险企业纳税中的困难,为企业开出有针对性"药方",取得良好的会议效果。

应该说,政企沟通平台的搭建,架起了政府与企业之间主动沟通的桥梁,有利于金改政策落地实施和解决企业具体问题,是一种值得复制推广的有效做法。

二、加强金改政策宣讲培训,促进金改政策落地实施

2017年4月间,浦东金融服务局经济处与上海银监局自贸区银行业务监管处开展了两次企业调研活动,参与调研企业包括金桥片区的民营类金融机构与制造类企业和国资背景的大中型央企。企业反映的主要问题:一是与外省市相比,上海的贸易便利化还不够;二是企业对自贸区新政策及业务不清楚;三是境内资金流出困难;四是融资租赁企业的信贷政策偏紧;五是股权投资管理类企业注册登记较为困难;六是企业与企业之间、企业与政府之间信息不对称。

上述问题的出现,有两个方面的原因:一是企业自身关注、学习不够;二是政府部门对金改政策宣讲不够。金融监管部门和自贸区相关部门,应该建立一种有效的金改政策宣讲培训制度,确保吸引企业投资、服务企业发展的金融扶持政策、便利措施等,让市场主体及时掌握,做到熟知、理解、会用,产生实效,实现金融创新服务实体经济的政策目标。

2017年5月4日,浦东新区金融服务局经济处和上海银监局自贸区监管处联合调研张江片区企业和金融机构融资情况和投贷联动事宜,共有13家企业、金融机构参与,企业主要为科技研发类企业。研发企业反映尽管在企业发展初期与PE、VC和银行都有接触,可以得到一定的股权和信贷融资支持,也

能得到政府部门的履约贷、科技贷、双自联动信用贷和新能源等政策资金扶持,但总是感觉不够"解渴",尚有资金缺口。

企业资金缺口比较大,有多方面原因。一是银行所在的集团公司可在自贸区内设立投资公司,与该银行自贸区支行一起合作投贷联动;二是可挖掘银行的存量客户做投贷联动(先贷后投);三是银行可以与外部的 PE 和 VC 企业做投贷联动。其前提是,做好风险控制和隔离,资金使用合规,信息分享,独立决策。

三、助力绿色科技企业融资,促进人民币国际化发展

上海奥威科技开发有限公司是一家绿色科技企业,成立于 1998 年,注册资本 6 000 万元人民币,位于自贸区张江片区。企业主要从事超级电容器的开发、生产和销售。其自主研发的绿色环保型超级电容器,有效地弥补了传统蓄电池充放电时间长、寿命短的缺陷,广泛用于轻型车、电动公交车的牵引等领域。2002 年,公司开始研制车用超级电容。2004 年,世界首辆超级电容城市客车在上海诞生。2006 年 8 月,上海公交 11 路超级电容客车示范线开通。凭借国际领先的技术指标,沪产超级电容客车通过了欧盟 RoHS 及 CE、UL 认证,并出口至保加利亚和以色列。此时,企业发现其国际化的快速发展,需更多的低成本融资支持。

于是,2014 年以来,金融局金融服务窗口密切跟踪企业发展与融资需求,并多次组织银行、融资租赁、融资担保、代理记账等多家金融机构赴企业召开现场座谈会,为企业设计整体融资方案。在金融服务窗口持续的协调推动下,南京银行历经一年半的内部沟通与审批,基于企业良好的发展前景和整体经营情况,最终于 2017 年初给予企业 1 000 万元信用贷款,为企业发展解了燃眉之急。

2015 年 5 月 12 日,企业受商务部邀请,陪同习近平总书记拜访白俄罗斯明斯克中白工业园。奥威科技的车用超级电容产业化应用项目正式落户中白工业园区,企业是中白工业园首批入驻公司中唯一一家上海企业,将与白俄罗斯企业合作,在明斯克建设年产 100 万台超级电容器产业基地,为电动城市客车和储能式有轨电车提供核心部件。此项目未来 5 年将为"一带一路"带动近百亿元规模产业链。企业通过在当地建设超级电容产业化基地,为未来进一步拓展欧洲市场奠定基础。

　　一般来说，国际市场订单往往以美元或欧元为结算币种。在汇率波动较大的背景下，企业可能因此面临较大的汇兑损益，且跨境资金结算和结售汇手续繁琐。因此，金融服务窗口结合自贸区金融政策，借助自贸区独有的本外币一体化等政策优势，建议企业以人民币为主要结算币种，提高企业资金使用效率。并协调人民银行跨境业务主管部门给予企业一定指导。经过三个月后，企业最终签订合同，并且以人民币来结算。

　　奥威科技的故事，成为政府部门服务科技企业发展、促进人民币国际化的一个成功案例。

第三节　打造服务"一带一路"的金融市场中心的思考与建议

　　创新是引领发展的第一动力。上海自贸试验区作为全国第一家自贸试验区和改革高地，坚持以开放倒逼改革，始终把制度创新作为核心任务。在接下来的深化改革中，上海自贸区在推进国际化和绿色化发展的制度创新中，要注意与上海科创中心和服务"一带一路"建设的整体性和协同性，实现无缝对接和有机联动。

　　习近平总书记提出共建"丝绸之路经济带"和"21世纪海上丝绸之路"的重大倡议，不到四年时间，全球100多个国家和国际组织积极支持和参与"一带一路"建设，联合国大会、联合国安理会等重要决议也纳入"一带一路"建设内容，使得"一带一路"建设成为我国对外开放的重要方向，对上海国际金融中心建设是新的战略性机遇。

　　上海具有金融要素市场齐全的优势，要把服务"一带一路"作为金融对外开放的重要契机，依托自贸区金融改革优势，在不断提升服务"一带一路"能力的同时，推动上海金融市场在国际化和绿色化方向上快速发展。提出五个方面的具体建议：一是把上海自贸试验区建设成为金融服务"一带一路"的桥头堡。二是推出针对性政策措施，积极扩大金融市场对"一带一路"国家和地区的开放度。三是构建金融市场"走出去"、"引进来"的有效机制，打造市场网络体系，提高国际化程度。四是推进自贸区债券市场的国际化和绿色化发展。五是加强"一带一路"金融研究和人才培养合作，培育"一带一路"金融合作发展的良好环境。

同时,上海自贸区在自由贸易港区建设中,应该积极探索金融市场服务"一带一路"战略,构建跨境绿色债券市场机制。

一、探索绿色债券的跨境发行,弥补国内绿色金融的资源缺口

绿色金融是指能产生环境效益以支持可持续发展的投融资活动;而绿色债券,作为绿色金融体系的重要组成部分,是指将募集资金用于支持符合条件的绿色产业项目的债券。与普通债券相比,绿色债券所募集资金应投入节能环保、空气治理与防污染、新能源、新型城镇化等环境友好型项目,并应使项目能真正实现节能减排等绿色目标。据《中国绿色债券市场现状报告 2016》统计,在 2016 年,全球绿色债券发行规模达到 810 亿美元(约人民币 5 590 亿元)。对比发现,在相同债券评级下,绿色债券的发行利率略低于同类型非绿色债券的发行利率,这将极大地激励跨境绿色债券发行和国际绿色债券市场发展。

2016 年,中国以人民币 2 380 亿元的规模、占全球总量 39％的比例,成为全球最大的绿色债券市场和全球绿色债券发行的领导者。但是,我国绿色债券几乎都是国内市场发行的人民币债券,而拓展国际市场的跨境绿色债券才刚刚起步。如前所述,中国绿色产业的年均投资需求在 2 万亿元以上,而财政资源只能满足其中的 10％—15％,融资缺口巨大。因此,探索绿色债券的跨境发行及其相关机制,积极利用国际绿色债券市场,应该是弥补我国国内绿色金融市场资源有限性的一个重要途径。

国家"十三五"规划中明确提出"发展绿色金融,建立绿色发展基金"。2016 年,中国人民银行、财政部等七部门联合发布《关于构建绿色金融体系的指导意见》,提出了支持和鼓励绿色投融资的一系列激励措施。中国在担任G20 主席国期间倡议设立了绿色金融研究小组,2016 年 G20 杭州峰会上,在我国倡导下,绿色金融被首次纳入 G20 议程,并首次发布《G20 绿色金融综合报告》,提出了七个供 G20 和各国政府自主考虑的主要可选措施,以提升金融体系动员私人部门绿色投资的能力。其第五项即为"开展国际合作,推动跨境绿色债券投资"。

二、研究金融业界的软法之治,服务自贸区金融国际化与绿色化发展

无论是在国内还是国际市场上,绿色债券发展的关键,是如何保证发行绿

色债券的企业真正把所募集资金投入绿色项目,避免出现劣币驱逐良币的现象。这就要求,在绿色债券发行中和发行后,由权威的第三方专业机构,对拟发行的绿色债券进行"绿色认证",对已发行的绿色债券进行"绿色评估",即对资金用途和节能减排效益进行评估。而且,在国际绿色债券市场上,被普遍接受的对绿色债券认证和评估所依据的标准、原则,不是主权国家制定的法律制度,即硬法规范,而是属于金融业界的自愿性的自律规范,即法律学上的软法规范。国际金融市场的软法治理,是一个需要系统、深入研究的现象和课题。

1. 当前国际债券市场关于绿色概念、绿色认证的标准和规范

国际金融界关于绿色债券认证的软法规范体系,主要有两个:一是国际资本市场协会(International Capital Market Association, ICMA)2014 年推出、2016 年 6 月最新修订的"绿色债券原则"(Green Bond Principles, GBP);二是由气候债券倡议组织(The Climate Bonds Initiative, CBI)2015 年 11 月发布的新修订的"气候债券标准"(Climate Bonds Standard, CBS)。两项标准交叉援引、互为补充,CBS 对 GBP 在低碳领域的项目标准进行细化,并补充第三方认证等具体的实施指导方针。GBP 和 CBS 一起,构成国际绿债市场执行标准的坚实基础。

在国内市场上,现行有效的关于绿色债券的标准和规范主要包括:2015 年 12 月 22 日同时发布的由中国金融学会绿色金融专业委员会编制的《绿色债券支持项目目录(2015 年版)》和中国人民银行《在银行间债券市场发行绿色金融债券的公告》(〔2015〕第 39 号),2015 年 12 月 31 日国家发改委发布的《绿色债券发行指引》。《公告》侧重于对绿色债券审批与注册、第三方绿色债券评估、绿色债券评级以及信息披露等提供具体参考标准,而《指引》则侧重于细化绿色项目的分类与界定,以及鼓励对绿色债券的优惠措施。另外,上交所 2016 年 3 月 16 日发布的《关于开展绿色公司债券试点的通知》、深交所 2016 年 4 月 22 日发布的《关于开展绿色公司债券业务试点的通知》,都从绿色公司债券挂牌交易实务的角度,对前述标准进行了补充和细化。

比较发现,国际市场的两份标准文件为市场主体自发形成、自愿参与,体现了"自下而上"的市场导向;我国实行的绿色标准,由政府部门制定,体现了"自上而下"的顶层设计。两类绿色标准在不同的导向下,形成国际与国内标准在项目范围、资金管理要求、信息披露标准以及优惠措施等方面存在一些差异。特别是,国际金融市场显示出显著的软法治理的特征,我国拓展国际绿色

债券市场,就必须认真研究和把握这一特征。

2."软法之治"在国际金融市场治理中的理论和应用

"软法"研究和实践的兴起,使得"法"的概念在国家法基础上得到扩展和深化。法律学者倾向于将"软法"定义为虽然不具有法律约束力,但却会在实践中产生某种实际效果的行为规范。确认软法在国家和社会治理中的地位和作用之后,我国软法研究的开拓者提出了新的"法"的概念,即"法是体现公共意志的、由国家制定或认可、依靠公共强制或自律机制保证实施的规范体系",无论是国家管理还是社会自治领域,都正在从一种单一的硬法或者软法之治,转向软硬并举的混合治理模式。

在国际金融领域,软法通常被认为是一种不具有法律约束力但又具备某种实际效果的行为规范,其具有制定主体多元、表现形式多样、调整范围广泛的特征。国际金融软法"突出表现为国际金融标准制定机构制定和发布的各类国际金融标准",其存在和发展的原因在于"既有条约规则作用有限、金融监管实践复杂多变、关涉敏感主权问题、缺乏争端解决机制,是软法在全球金融治理扮演重要角色的原因"。因此,要研究软法规制在国际金融市场应用的理论和实践,特别是绿色债券市场"软法之治"的现实情况和具体内容,为促进上海自贸区跨境绿色债券市场的软法之治提供借鉴。

3. 国内外绿色债券标准和规范的主要差异

国际国内两类绿色债券标准的差异,主要表现在债券种类、项目范围、资金管理和激励机制等方面。

(1) 绿色债券种类。GBP 和 CBS 两项国际标准对绿色债券都是按照资金用途和追索方式来分类,包括绿色用途债券(Green Use of Proceeds Bond)、绿色收益债券(Green Use of Revenue Bond)、绿色项目债券(Green Project Bond)和绿色证券化债券(Green Securitized Bond)。而国内标准和规范,则是按发行主体进行分类,便于管理。其中,人民银行《公告》针对金融机构发行的绿色金融债券,主要为绿色证券化债券;上交所和深交所《通知》所指的绿色企业债券,主要包括绿色收入债券和绿色项目债券;而发改委《指引》,则可适用于所有的债券品种。

(2) 绿色项目范围。国际和国内绿色标准对绿色项目范围的界定,既有重合,又各有侧重。GBP 概括性地归纳了八大类绿色项目;CBS 对 GBP 的分类,尤其是低碳领域的分类进行了细化。人民银行及发改委的两项绿债标准都以 GBP 为参照,结合国内产业特点与行业分类习惯进行了修正;交易所试点绿色公司债的项目,主要参照"绿金委"《目录》设定,同时认可其他相关机构的标准,如发改委的《指引》。

尽管国际和国内绿色项目在大类划分有较多重叠,但是各类目的具体内容却有许多不同,值得结合实践进行深入研究。

(3)资金管理要求。不同标准,各有侧重。绿色债券的目标是利用债券融资工具,将所得资金用于资助符合规定条件的绿色项目或为这些项目进行再融资,因而需要对资金使用进行跟踪和管理。在债券发行后,也需要定期对于资金使用、项目进展以及相应的环境影响评估进行报告和披露。

GBP 规定绿色债券资金在专门账户中进行管理,或者通过其他适当的方式进行跟踪,并通过正式的内部流程对资金使用情况进行报告。此外,发行人还应至少提供一年一次的报告,披露其绿色债券发行情况、标的项目进展,以及环境和可持续发展影响。对于环境影响,GBP 鼓励发行人接受独立第三方评估、审计和认证等。CBI 对 GBP 的补充要求,强调独立第三方的作用,对第三方认证的流程设定标准,并对其评估、审计和认证程序进行监督。

(4)政策激励机制。政策激励的配合是我国绿色债券标准体系"自上而下"管理导向的一个重要体现。与国外标准体系由市场自发形成不同,我国绿色债券标准具有鲜明的"顶层设计"的特征:政策目标是推动市场和管理体系发展的首要力量,因此也有基础实现政策间的协调配合,从而强化绿色债券市场优化资源配置的作用。而由国际市场自发形成的 GBP 和 CBS 等自愿性绿色债券标准体系则不具备这样的条件。

三、以上海自贸区向自由贸易港区转型升级为契机,建设自贸区跨境绿色债券市场

我国金融机构在海外市场发行跨境绿色债券,已有少量成功案例;但是,我国绿色企业赴国际市场直接发行绿色债券、获得海外融资,至今尚未起步。2016 年 11 月 3 日,中国银行成功完成境外 5 亿美元绿色资产担保债券(GCB)发行。该期债券是中国首笔资产担保绿色债券,由中国银行伦敦分行发行,为 3 年期美元固定利率品种,在伦敦证券交易所上市。此次发行充分体现"绿色"和"跨境"两大主题,在资金用途和担保资产层面具有"双重绿色属性",兼顾了国内外绿色债券市场准则和最佳实践。资产担保债券(Covered

Bond)属于欧洲资产证券化的传统模式,已有 200 多年成功经验,中国银行此次绿色资产担保债券(GCB)的成功发行,既是我国资产证券化实践首次尝试欧洲 CB 模式,又是我国金融机构拓展国际绿色债券市场的良好开端,具有里程碑意义。

我国拓展国际绿色债券市场、实施绿色金融国际化战略、服务"一带一路"建设的实现路径和基本策略,有以下三个方面:

(1) 把握"软法之治"规律,拓展国际绿色债券市场。我国金融业界要利用我国作为绿色债券发行大国的优势性,把握国际金融市场软法之治的特殊性,积极参与、伺机主导绿色债券国际规则的形成和优化,促进我国更多金融机构和绿色企业通过发行国际或者跨境绿色债券筹集海外资金,提供理论依据和体制支持。

(2) 拓展自贸区债券市场功能,形成在岸跨境债券市场。我国可拓展自由贸易试验区在金融综合改革方面的平台和体制功能,如以上海自贸区债券市场"熊猫债"为依托,发挥"在岸的离岸市场"的优势——即债券在中国境内发行,适用中国在岸的法律、监管和结算体系,但投资的资金却来自离岸,推出改革和创新措施,实施绿色金融的国际化功能,为我国金融机构、绿色企业创造出在岸发行跨境绿色债券、获得离岸融资的更多机会。

(3) 整合债券市场平台、加大债市开放力度,打造国际化的人民币债券市场。上海国际金融中心建设,人民币国际化发展,人民币要成为国际储备货币,都需要一个规范有序、较为发达的外资高度参与的人民币债券市场。

上海自贸区的全面深化改革中,可以通过整合交易所市场、银行间市场和自贸区市场三个交易平台,整合 QFII(合格境外投资者)、RQFII(人民币合格境外投资者)、合格机构进入内地银行间债券市场(央行合格机构计划),以及近期推出的"债券通"等现有的允许境外投资者进入境内债券市场的各类计划,实施制度创新措施,提升市场基础设施,创新债券市场产品和交易规则,构建起境外机构和资金进出自由、畅通无阻的真正国际化的人民币债券市场。以此,才能更好地促进上海国际金融中心建设和服务"一带一路"建设。

按照习近平总书记最近提出的,全面深化改革"注重系统性、整体性和系统性",努力开拓创新,就一定能够尽快把上海自贸区建设成为更加自由化、国际化、绿色化的自由贸易港区。

第十二章　推动科技创新,学习先进经验的若干启示与建议

中国(上海)自贸区成立以来,浦东新区大力加强信息共享,共享成果不断显现,已形成大量可具借鉴的案例。因此有必要总结浦东实践,并将其经验复制推广到上海政务云建设中。

此外通过调研座谈及实地考察,发现贵州省在大数据、区块链以及工业园区土地利用等方面取得明显成效,因此有必要对其经验进行梳理并研究对上海的启示。

Chapter 12　Insights and Proposals on Pushing Technological Innovation and Learning From Successful Practices

Since the establishment of China(Shanghai) Free Trade Zone, Pudong District has been strengthening share of information, leading to the springing-up of achievements and a great number of cases to borrow experience from. Chapter 12 summarizes the practice of Pudong District, and brings up proposals for accelerating the construction of Shanghai Government Services Cloud.

With information collected through discussion and investigation, Chapter 12 also reviews successful practices in big data, block-chain and land utilization of industrial parks of Guizhou Province before making proposals for policy making.

第一节　总结浦东实践，加快上海政务云建设①

近年来，我国政务信息化不断推进，但"三坎四疾"仍然客观存在。所谓"三坎"，即"跨条块资源集成难、跨部门信息共享难、跨领域业务协同难"；所谓"四疾"，即"信息自留地不易根除、条块信息交换不很通畅、技术支撑体系不够完备、制度规范标准不很健全"。"三坎四疾"在相当程度上阻碍了政务信息化的深入推进，制约了政府治理能力现代化的提升。

中国（上海）自贸区成立以来，浦东新区大力加强信息共享，共享成果不断显现，已形成大量可具借鉴的案例。同时，从浦东的实践和上海乃至全国的情况看，有关瓶颈问题仍然存在，原因较多，值得梳理，破解策略必须谋划。

一、政务云着力信息共享——浦东新区的探索与实践

浦东新区以制度规范体系、新型体系以及组织保障体系为抓手，以政务云建设为支撑，以共建共享为特色，深入开展从"e 政务"向"i 政务"迈进的实践，着力探索破解"三坎四疾"之策，取得了初步的阶段性实质突破。

（一）通过新的顶层设计，谋求新的共识

近一年来，浦东新区陆续发布一系列具有指导性的制度、意见、办法和实施细则，形成在规划计划、应用推进和制度规范方面的总体谋划，构建"一二三四"的格局。

一个规划："iPudong 2020"——《浦东新区智慧城市及信息化"十三五"规划》，它在七个方面与"十二五"期间有比较明显不同。两个意见：《浦东新区关于加强信息化建设的若干意见》（简称"浦东信息化十八条"）和《浦东新区进一步加强社会信用体系建设的若干意见》。三个办法："政务信息资源共享管理办法"、"CIO 制度（政府首席信息官制度）实施办法"和"网络与信息安全管理办法"（正在完善中）。四个标准、规范或实施细则："政务信息资源动态目录体系编制规范"、"政务信息统一编码规则"、"电子印章应用规则"、"信息化项目绩效评估实施细则"等。谋求新共识正在落到实处。

此外，浦东新区还发布《浦东新区智慧城市专项资金管理办法》，对财政出

---

① 本章的相关建议获得中共上海市委领导、上海市人民政府领导批示。

资的信息化项目明确"四个统一"（统一申报、统一审批、统一验收、统一运维），防止出现新的信息孤岛。

（二）建设浦东政务云，形成政务信息资源共享新架构

政务云是符合当前"互联网＋"时代潮流的新型政务体系。经过近一年的合力建设，政务云体系初具规模，支撑信息资源共享效果开始显现。

浦东政务云由区级公共云、部门（街镇、园区）专有云和条块结合的混合云组成（与有些地方的表述有所不同），概括为"1533 工程"，即：一体化政务云数据中心、5 个区级政务信息共享交换枢纽平台、30 个左右的区级行业政务平台和 300 个左右的业务应用系统。浦东政务云体系已经覆盖全区绝大多数部门和街镇、园区，支撑着网上政务大厅、综合监管平台和其他几十个行业综合性平台的有效运转。政务云体系所归集的数据，已经从起步之初的几百万条迅速"井喷式"增加到目前的七八千万条并继续快速增长。只要通过浦东协同工作平台设立的"共享发起"端口，各部门都可以向体系发出特定事项和信息的共享请求，体系会迅速反应，相关部门依照相应的规则给予共享回复。通过市、区网上政务大厅对接，条线系统也开始在区级政务云体系落地并共享。

浦东新区还在编制"1＋2"的政务云信息安全管理制度：一个办法，《网络与信息安全管控管理及应急处置办法》；两个规定，《政务信息资源共享商业机密保护规定》和《政务信息资源共享个人隐私保护规定》。这些办法和规定均将在年内出台。

（三）率先制定"信用联动奖惩 80 条"，成为综合监管的先导性制度安排

信用体系建设，既是专类工作，也是政务云支撑信息共享的先导性领域。浦东新区信用体系建设概括为"1214"工程：即 1 个意见，即《浦东新区进一步加强社会信用体系建设实施意见》，明确浦东新区社会信用体系建设总体要求；2 个办法，即《浦东新区公共信用信息管理暂行办法》、《浦东新区失信企业"黑名单"管理办法（试行）》；1 个平台，即浦东新区公共信用信息服务平台；4 个细则，即浦东新区公共信用信息归集、查询、使用、安全管理细则。

值得关注的是，浦东新区迅速落实国务院 33 号文件精神以及国家层面信用联合奖惩的合作备忘录要求，率先拟定《浦东新区守信联合激励和失信联合惩戒实施方案》、《守信联合激励措施清单》和《失信联合惩戒措施清单》（简称"信用联动奖惩 80 条"）。根据专家和各部门的修改意见，浦东 CIO 办公室组织专题会议讨论修订，即将提交区政府常务会讨论通过后正式实施。浦东新

区这个"80 条",是区域政府加强市场综合监管的重要制度性安排,具有典型和示范的价值,值得进一步推进。

二、加快上海政务云建设的三点建议

(一) 适时对浦东的探索与实践作深度梳理和全面评价

浦东的探索与实践,浦东新区自诩是"深一脚浅一脚探索,跌跌撞撞中前行",取得初步的阶段性突破。但是,是否已经成为一种模式? 是否可以借鉴? 还有哪些问题? 需要哪些有力措施? 这些方面,仅仅靠浦东新区自身难以有更好的答案。市有关部门应适时对浦东的做法进行深度梳理和全面研判,对浦东新区遇到政务云建设的突出问题给予核心的政策支持和指导。

(二) 尽快高标准高水平启动上海政务云体系建设

上海市已经拟定"电子政务云建设方案"。9 月 5 日,国务院印发《政务信息资源共享管理暂行办法》(国发 2016-51 号);9 月 14 日,上海市长杨雄召开市政府常务会议,专题研究政务云和协同办公平台建设。据了解,国内已经有不少城市声称建成了政务云。建议走出去学习,尽快优化方案,按照杨雄近期的要求,尽快启动政务云建设。浦东的实践也表明,统筹性顶层设计是必须的,"边谋划、边建设、边应用、边完善"也是必须的,而不一定要"都想明白再动手"。

(三) 探索地方立法保障政务信息资源共享

政务信息资源共享的"三坎四疾","部门主义"是根源之一。所以,必须通过地方立法予以保障。目前,有关政务信息资源共享的法律条文,大都分散在多个单行法律、部门规章和地方规范性文件中,还没有将政务信息资源管理上升为一种体制和机制,因而缺乏整体性考虑。建议上海立法机关深入研究信息资源管理立法框架,本着自上而下、急需先立的原则,启动相关立法程序。首要问题,应该就"管什么"、"谁来管"和"怎么管"的问题进行立法。建议比照陆家嘴金融城管理体制改革实践,探索立法保障分层次推进的试验。

第二节　贵州大数据、区块链和园区发展对上海的启示

2017 年 7 月,上海"区块链思维下上海科创中心的系统集成建设研究""上海工业园区开发中的土地合理使用"专项学校调研组前往贵州省学习调研

与交流。调研期间，贵州省领导会见调研组一行，介绍贵州省"大扶贫、大数据、大生态"三大战略实施的情况。通过调研座谈及实地考察，大数据、区块链以及工业园区土地利用等方面在贵州省取得的成效印象深刻，梳理了相应启示和方向建议。

一、国家大数据（贵州）综合试验区建设情况

作为我国第一个大数据综合试验区，贵州省把大数据作为全省各方面、各领域发展的重要牵引和支撑，在大数据管理体制、标准制定、创新应用、载体建设等方面大胆试验，积极探索，取得了诸多可复制、可推广的成果。

（一）创新管理体制

贵州省成立以省长为组长的国家大数据（贵州）综合试验区建设领导小组，下设办公室，成立省政府直属正厅级参公事业单位省大数据发展管理局，设立省大数据产业发展中心，成立国有全资的云上贵州大数据产业发展公司，组建省大数据产业发展研究院和大数据专家咨询委员会，形成了"一领导小组一办一局一中心一企业一研究院"的发展机制。

与大扶贫的"指挥长制"和大生态的"河长制"对应，建立大数据的"云长制"，各地州、各直属部门一把手就是"云长"，对本地大数据发展工作负责。

（二）建立制度标准

围绕大数据，贵州省出台一系列地方性法规，比如《贵州省大数据发展应用促进条例》《贵州省政务数据资源管理暂行办法》《贵州省政府数据资产管理登记暂行办法》《贵阳市政府数据共享开放条例》等。

同时，大数据产业的部分关键共性标准得以确立。比如成立了全国首个大数据标准委员会——贵州省大数据标准化技术委员会。发布了《政府数据分类分级指南》等四项大数据地方标准，与全国信息安全标准化技术委员会进行合作，在贵阳对"政府数据的基础元数据、数据质量、数据分类技术标准"等三项标准进行试点，参与《信息技术、数据交易服务平台、交易数据描述》等两项国家标准的制定。国家统计局批准在贵州试行《贵州省大数据产业统计报表制度》。

（三）推广数据应用

创立"云上贵州"——省市县三级全覆盖的政府数据共享交换平台和数据开放平台，建成人口、法人单位、自然资源和空间地理、宏观经济等四大基础信

息共享数据库,包括 7 760 万条基础数据。建设健康卫生、社会保障、食品安全、信用体系、城乡建设、生态环保、社区治理等一批主题数据库和部门云,并与四大基础数据库全面共享。2017 年 5 月,"云上贵州"系统平台在全国率先接入国家数据共享交换平台。

开展政府治理大数据创新应用,实施"数据铁笼"、贵阳"社会和云"、大数据综合治税、"智慧法院"、贵阳公安块数据指挥中心、"东方祥云""电梯应急处置服务平台""贵州省大数据产业地图""电子政务云"、党建红云"两学一做"学习教育云平台等重点工程,有效提升了政府治理能力和公共服务水平。

(四) 加快载体建设

贵州大数据综合实验区展示中心、贵阳大数据交易所、贵州电子商务综合平台、中国南方数据中心示范基地、大数据电子信息产业园区……大数据流通和交易服务平台的加快建设,为大数据产业的发展提供了有力支撑。中国国际大数据产业博览会、中国电子商务创新发展峰会、2017 中国国际大数据挖掘比赛等诸多活动的成功举办,推进大数据国内外的交流合作,提升了贵州大数据战略的影响力。

二、贵阳市区块链发展和应用推进工作情况

贵州以实施大数据战略行动、建设国家大数据(贵州)综合试验区为指引,立足于贵阳市开展区块链技术发展和应用创新试点工作,大胆探索区块链技术在政务、民生、商务等方面的发展和应用。

(一) 谋划顶层设计

2016 年 12 月,在全国率先发布《贵阳区块链发展和应用》白皮书,首次提出主权区块链、块数据和"绳网结构理论",在贵阳市开展区块链技术和应用发展的总体规划和顶层设计。2017 年 2 月,成立贵阳市区块链发展和应用推动工作指挥部,统筹贵阳市的区块链发展,并探索研究区块链技术应用发展的省市联动工作机制。

做好组织保障的同时,积极开展技术研发,抓好标准制定。围绕"基础标准""政用标准""民用标准""商用标准"等方向,做好标准化工作的顶层设计,联合中国电子技术标准化研究院,共同推进《区块链应用指南》《区块链系统测评和选型规范》《基于区块链的数据共享开放要求》《基于区块链的数字资产交易实施指南》等标准研制。

（二）建设产业园区

科学规划建设区块链创新发展基地，吸引区块链研发及应用企业入驻基地，形成产业集聚效应。建立主权区块链开源技术平台、测试认证平台、监管沙箱平台和跨链集成平台等，打造贵阳区块链创新发展全产业链体系。建成贵阳区块链体验交流中心，展示区块链建设成果。

（三）突出应用场景

把区块链应用场景摆在突出位置，出台《贵阳区块链应用场景推进工作规程》，在技术反腐、精准扶贫、社会诚信等领域部署"数据铁笼""双龙数链""身份链""画版"等一批应用场景。

三、贵州省开发区建设及工业园区土地利用情况

虽然起步晚、底子薄，但是，近年来贵州依托贵安新区、贵阳国家高新技术产业开发区等"1+7"国家级开放创新平台，在扩大开放、深化改革、园区建设等方面后发快进，实现了新的跨越。

（一）开发区建设整体情况

贵州省商务厅 2016 年《全省对外开放工作情况报告》显示，贵州省级以上开发区 74 个，较"十一五"时期增加 59 个。"十二五"期间，开发区累计完成营业总收入 2.4 万亿元，年均增长 35%；累计完成工业总产值 2.5 万亿元，年均增长 41%。

（二）开发区管理手段正在加强，体制机制需进一步理顺

一方面，为了改善营商环境，更好地服务开发区企业，贵州省正在打造开发区集成服务平台，采用大数据手段，提供开发区智慧云服务，实现开发区信息共享、流程再造，克服现有开发区管理手段有限、信息碎片化的情况。另一方面，近几年制定了《贵州省开发区条例》《贵州省安顺经济技术开发区管理条例》《贵阳综合保税区管理条例》等地方性法规，优化了投资环境，增强了对外来投资者的吸引力。但是，与全国各省市开发区面临的共性问题相似，由于开发区属于非独立的行政单位，在协调处理与所在区、县、镇的财政、社会、环境、人口等各种关系方面，仍需要进一步理顺体制机制。

（三）低效工业用地实施宽松期内上浮租金政策

贵州省开发区建设一般按照首期建设面积 10 平方公里，起步面积 3 平方公里设计实施。为避免同质化竞争和重复土地开发建设，在 74 个省级以上开

发区中确定46个重点开发区,明确开发区1—2个主导产业。对于开发区已转让的工业用地,如果受让企业未按照合同约定进行土地开发,或者建设投资未到达约定要求的,开发区管理部门继续给予3年的宽松期进行培育,宽松期内按该块土地平均市价土地租金150%收取。3年期满仍未达到要求的,则从开发区清退该企业。

调研期间,贵州省领导在会见调研组时指出,上海先进的管理理念、高端的人才等都是贵州发展大数据、区块链和开发区建设亟须的,希望两地决策咨询部门深度交流、密切合作,希望调研组多关注贵州发展,通过调研对贵州省的发展多提宝贵意见和建议。调研结束时,上海市调研组向贵州省领导提交《建议贵州依托"中国天眼",打造更具中国元素的"天文圣地"》的建议。贵州省何力副省长阅后作出批示:"感谢上海参事调研组对贵州发展的关注和支持,特别是对我省工作提出的宝贵建议。请黔南州和平塘县政府研究。"

近几年来,贵州大数据和区块链发展虽然保持了良好的势头,但发展过程中也面临基础设施建设亟待加强、人才短缺、管理经验不足等瓶颈。有些制约因素如行业技术应用人才的缺乏也是当前上海发展区块链面临的难题。此外,调研组在对上海区块链相关企业实地调研过程中了解到,上海区块链发展中还面临生态环境缺失、对大数据和区块链思维层面的认识不足、顶层设计系统集成不够等问题。调研组认为,作为我国第一个国家大数据综合试验区,贵州省在大数据管理体制、区块链顶层设计、数据应用场景开发等方面先行先试的很多做法,对上海大数据和区块链的发展具有很好的借鉴作用,尤其是在区块链技术研发、标准制定、扶持措施等方面,上海应统筹协调,加强引导,以科创中心建设为载体,加大政策支持力度,积极探索大数据和区块链技术在政务、民生、商务等方面的场景应用和系统集成。

另外,关于工业园区土地利用,贵州正在准备实施工业用地弹性出让,计划先在遵义市试点。调研中也了解到,最近贵州省正在研究与发达省份合作共建工业园区的具体意见,以弥补开发区外向型经济短板,指导和助推贵州"飞地经济"大发展。自2013年来上海对口帮扶遵义以来,经贸合作和园区共建一直是帮扶的重点。现在,两地合作共建的"漕河泾遵义科创绿洲产业园区"为东西部产业合作探索了新的经验。调研中,贵州方面希望以上海对口帮扶遵义为纽带,在大数据、区块链、工业园区开发等方面,进一步深化贵州省与上海市的合作,以实现资源共享、互利共赢。

附录:2016 年上海国际金融中心大事记

1月1日,"指数熔断"机制于正式实施。1月4日是实施"指数熔断"机制的首个交易日,当日沪深300指数于13时13分超过5%,引发第一次熔断,暂停交易15分钟,13时34分触及7%的关口,暂停交易至收市。1月7日,沪深300指数于9时42分跌幅扩大至5%,触发熔断线,暂停交易15分钟后仅3分钟,沪深300指数快速探底,最大跌幅7.21%,触及熔断阈值。这是2016年以来第二次提前收盘,同时也创造了休市最快纪录。7日晚间,上海证券交易所、深圳证券交易所、中国金融期货交易所发布通知,为维护市场稳定运行,经证监会同意,自1月8日起暂停实施指数熔断机制。

1月4日,中保投资公司正式成立,首期发行的400亿元基金投向海外市场。中保投资公司落户上海自贸区,注册资本12亿元人民币,股东单位共46家,包括27家保险公司、15家保险资产管理公司以及4家社会资本,单一持股比例不超过4%。

1月21日,上海市政府举行新闻发布会,介绍《国家税务总局关于支持上海科技创新中心建设的若干举措》相关情况。10项举措立足于支持上海"四个中心"建设和"双自"联动发展,着力体现更高的政策站位、更宽的国际视野、更广的受益范围,紧密贴合上海经济社会发展和税收征管服务实际,突出了营造有利环境、破解问题瓶颈、体现上海特点三方面定位。

1月29日,上海清算所推出中国信用债指数,包括银行间信用债综合指数、银行间高等级信用债指数、银行间中高等级信用债指数、银行间高收益信用债指数、银行间区域(上海)信用债指数共5类,有助于及时、全面反映我国信用债市场,以及不同信用等级、不同待偿期的信用债价格及收益率总体走势。

2 月 24 日，为进一步推动银行间债券市场对外开放，便利符合条件的境外机构投资者依法合规投资银行间债券市场，中国人民银行发布 2016 年 3 号公告，引入更多符合条件的境外机构投资者，取消额度限制，简化管理流程。根据《公告》，在中华人民共和国境外依法注册成立的各类金融机构，上述金融机构依法合规面向客户发行的投资产品，以及养老基金、慈善基金、捐赠基金等中国人民银行认可的其他中长期机构投资者，均可投资银行间债券市场。

2 月 26—27 日，二十国集团（G20）财长和央行行长会议在上海举行。这是中国担任 2016 年 G20 主席国后主办的首次 G20 财长和央行行长会议。国务院总理李克强向会议发表视频讲话，人民银行行长周小川和财政部部长楼继伟共同主持会议。会议主要讨论当前全球经济形势、增长框架、投资和基础设施、国际金融架构、金融部门改革、国际税收合作、反恐融资、绿色金融及气候资金等议题，并发表联合公报。

2 月 27 日，外交部部长王毅、上海市市长杨雄分别同金砖国家新开发银行行长卡马特签署金砖银行总部协定和金砖银行总部安排的谅解备忘录，就银行在华法律地位、特权、豁免及便利等事项作出相关安排。这两份文件的签署，为金砖银行在华顺利开展业务提供法律和机制上的重要保障。

3 月 1—2 日，二十国集团（G20）框架下普惠金融全球合作伙伴（GPFI）2016 年第一次外部研讨会在上海召开，会议由中国人民银行举办。中国、土耳其和德国共同担任 GPFI 联合主席。外部研讨会围绕普惠金融全球趋势、打通金融服务"最后一公里"，政府和私人部门在普惠金融中的作用等展开讨论，重点讨论数字普惠金融、普惠金融数据采集和指标更新等议题。

3 月 25 日，经国务院批准，中国互联网金融协会在上海正式成立，标志着我国互联网金融规范发展进入新的阶段。上海市市长杨雄、中国人民银行副行长潘功胜出席协会成立大会并为协会揭牌。上海市常务副市长屠光绍出席并致辞。中国互联网金融协会是中国人民银行会同有关部门组建的全国性互联网金融行业自律组织，承担着制定互联网金融经营管理规则和行业标准，促进从业机构业务交流和信息共享，建立行业自律惩戒机制等重要职责。协会首批单位会员有 400 多家，包括银行、证券、基金等金融机构，也包括其他互联网金融从业机构、征信服务机构、互联网企业、互联网金融研究机构等，基本覆盖互联网金融的主流业态和新兴业态。

3 月 25 日，SWIFT 与跨境银行间支付清算（上海）有限责任公司签署合

作备忘录,明确双方在人民币跨境支付系统(CIPS)项目上的合作意向,包括使用 SWIFT 网络及金融报文服务作为安全、高效、可靠的渠道,迅速将 SWIFT 全球用户社群接入 CIPS。

4 月 15 日,国务院印发《上海系统推进全面创新改革试验加快建设具有全球影响力的科技创新中心方案》。《方案》着眼当前和长远,提出分阶段的改革发展目标:到 2020 年,形成具有全球影响力的科技创新中心的基本框架体系。到 2030 年,着力形成具有全球影响力的科技创新中心的核心功能。同时,围绕建设具有全球影响力的科技创新中心总体目标定位,部署建设上海张江综合性国家科学中心、建设关键共性技术研发和转化平台、实施引领产业发展的重大战略项目和基础工程、推进张江国家自主创新示范区建设四方面重点任务。

4 月 19 日,"上海金"集中定价合约正式挂牌交易,基准价为人民币 256.92 元/克。这是全球首个以人民币计价的黄金基准价格,也是继 2014 年上海黄金交易所国际板推出之后,中国黄金市场国际化发展的又一标志性事件。"上海金"定价业务,是指在上海黄金交易所的平台上,以 1 公斤、成色不低于 99.99%的标准金锭为交易对象,以人民币/克为交易单位,通过多轮次"以价询量"集中交易的方式,在达到市场量价相对平衡后,最终形成"上海金"人民币基准价格。

5 月 18 日,国内首家保险交易所——上海保险交易所股份有限公司创立大会召开,会上产生第一届董事会。共有 91 家发起人股东最终参与到上海保交所的设立中,共认缴股本 22.35 亿元。同时,此次保交所也吸纳保险社团组织入股。上海保险交易所将着重探索和发挥助力盘活保险存量、支持用好保险增量两方面作用,重点搭建国际再保险、国际航运保险、大宗保险项目招投标、特种风险分散的"3+1"业务平台。

6 月 2 日,"上海中小微企业政策性融资担保基金"成立暨管理中心揭牌仪式举行。会上,基金管理中心与 6 家商业银行、4 家同业担保机构签订战略合作协议,并与 3 家企业签订贷款担保意向协议。基金资金来源于市区两级财政和部分商业银行,首期筹集资金 50 亿元,主要为处于成长期的科技型、创新型、创业型、吸纳就业型、节能环保型和战略性新兴产业、现代服务业、"四新"和"三农"等领域的中小微企业提供融资性担保、再担保等服务。

6 月 6 日,上海支付结算综合业务系统自贸区业务正式上线,这是人民银

行上海总部支持上海自贸区建设,服务实体经济、服务贸易与投资便利作出的一次重要创新与尝试。

6 月 8 日,全球中央对手方协会注册成立大会暨中央对手方高峰论坛在上海举行,标志着全球中央对手方协会法人实体在上海注册成立并落户上海。

6 月 12—13 日,2016 陆家嘴论坛在上海举行。本届论坛以"全球经济增长的挑战与金融变革"为主题。论坛就供给侧结构性改革、中国保险业改革新起点、全球经济增长前景与宏观政策协调、中国金融对外开放、互联网金融创新和风险防范、绿色金融和普惠金融等多个议题进行讨论。

7 月 12 日,在中国银行统一部署及各家主承销商配合下,金砖国家新开发银行在上海成功举办人民币绿色金融债券的投资者推介会。这是多边开发银行首次获准在中国银行间债券市场发行人民币绿色金融债券,也是新开发银行在资本市场的首次亮相。

7 月 17—18 日,全球范围内最具影响力的金融科技峰会朗迪峰会(LendIt)在上海成功举办首届朗迪金融科技峰会,关注金融科技行业各领域的未来发展,包括借贷、支付、抵押、区块链、保险及财富管理等。

8 月 15 日,经国家外汇管理局批准,上海清算所正式将期限在 1 年以内(含)的美元对人民币普通欧式期权交易纳入中央对手清算业务,成为全球首家为场外市场外汇期权交易提供中央对手清算服务的清算机构。

8 月 29 日,上海国企交易型开放式指数基金在上海证券交易所成功上市交易,成为国内首只以上海国企改革为投资主题的 ETF,并成为规模最大的主题指数型股票 ETF。上海国企 ETF 由汇添富基金推出,以中证上海国企指数为标的指数,全面覆盖上海国企改革优质个股,首募规模 152 亿元。

9 月 2 日,上海清算所完成我国首单 SDR 计价债券——世界银行(国际复兴开发银行)2016 年第一期特别提款权计价债券的登记确权。

9 月 26 日,全球最具影响力的国际金融中心排名——由英国 Z/Yen 公司编制的全球金融中心指数(GFCI)首次在上海发布。伦敦、纽约、新加坡、香港位列前 4,上海位列全球第 16,较上年同期回升 5 位,与 2016 年 4 月发布的指数持平,是中国大陆在全球排名最高的金融中心城市。

10 月 12 日,由自贸大宗(上海)信息服务有限公司、惠付金融信息服务(上海)有限公司以及万事达卡联手打造的大宗商品跨境金融服务平台在上海自贸区正式启动。该平台是构建上海自贸区内的一体化、全数字化交易服务

平台的一项重要举措。

11月16日,上海银行股份有限公司在上海证券交易所正式挂牌上市,成为第23家A股上市银行,发行价格为每股17.77元。

11月28日,中国人寿集团与旗下多个子公司共同出资120.1亿元成立国寿成达(上海)健康产业股权投资中心(有限合伙),是国内规模最大的旗舰型大健康产业股权投资基金。

12月7—8日,全国商业保理行业协会联席会议第一次会议暨商业保理合作发展研讨会在上海召开,共同探讨商业保理模式创新与发展机遇,进一步推动国内商业保理业政策顶层设计制定、业务实践探索、人才保障和跨区域合作等。

12月8日,上海票据交易所开业仪式在上海举行。票据交易系统顺利上线,并开始无纸化票据交易、托收和清算。这是中国票据发展史上的里程碑事件,将推动票据市场真正成为规范、统一的货币市场组成部分,完善中国金融基础设施,优化货币政策传导机制。

12月8日,上海市财政局首次通过财政部政府债券发行系统在上海自贸区顺利发行30亿元3年期地方债。其中,汇丰银行(中国)、渣打银行(中国)、星展银行(中国)3家外资银行中标1.8亿元,这是外资银行首次参与我国地方债承销业务。

12月26日,中国信托登记有限责任公司正式揭牌。注册资本30亿元,落户上海自贸试验区,股东成员包括中央国债登记结算有限责任公司、中国信托业协会、中国信托业保障基金有限责任公司,以及18家信托公司。公司成立后,将成为全国唯一的信托产品集中登记平台、统一发行交易平台和信托业运行监测平台。

12月29日,上海股权托管交易中心“科技创新板”第四批23家企业集体挂牌,挂牌企业总数达102家。此次挂牌企业均为科技型实体企业,分布于先进制造和信息技术行业。其中,11家企业获得“高新技术企业”、“专精特新”、“小巨人”、“双软企业”等相关称号。

参考文献

中国人民银行上海总部货币政策分析小组:《2016 年中国区域金融市场报告》(上海卷)。

国家外汇管理局国际收支分析小组:《2016 年中国国际收支报告》。

中国人民银行货币政策分析小组:《中国区域金融运行报告(2017)》。

中国外汇交易中心暨全国银行间同业拆借中心研究部:《2016 年银行间市场运行报告》,《中国外汇市场》,2017 年第 1 期。

梁峰、李欣:《2016 年货币市场回顾及未来走势展望》,《中国外汇市场》2017 年第 1 期。

章小波、黄毅:《2016 年人民币外汇衍生品市场发展情况与走势前瞻》,《中国外汇市场》2017 年第 1 期。

2016 年 1—12 月上海黄金交易所市场综述,《中国外汇市场》2016 年第 2 期—2017 年第 1 期。

2016 年 1—12 月上海期货交易所市场综述,《中国外汇市场》2016 年第 2 期—2017 年第 1 期。

应勇:《全力以赴落实好自贸区建设》,http://www.ifsp.org.cn,2017-3-23。

陈雨露:《"一带一路"与人民币国际化》,《中国金融》2015 年第 19 期。

上海市人民政府发展研究中心赴捷克、奥地利学习调研团:《在服务"一带一路"国家战略中实现上海外向型经济创新转型》,《科学发展》2016 年第 7 期。

张红力:《金融引领与"一带一路"》,《金融论坛》2015 年第 4 期。

周延礼:《"一带一路"建设中的保险服务》,《中国金融》2016 年第 24 期。

徐静:《"一带一路"国家战略中上海的定位与切入口研究》,《科学发展》

2016 年第 3 期。

　　刘乃全、李鲁、刘学华:《上海服务"一带一路"国家战略的定位和路径探析》,《经济与管理评论》2015 年第 5 期。

　　曹凝蓉、李伟平、张瑞怀:《金融支持"一带一路"设想》,《中国金融》2015 年第 21 期。

　　范祚军、温健纯:《基于资金融通视角的"一带一路"金融切入》,《区域金融研究》2016 年第 7 期。

　　祁敬宇:《应对"一带一路"金融需求推进金融创新》,《农业发展与金融》2016 年第 3 期。

　　张湧:《上海自贸区与一带一路、科创中心等关系的初步思考》,http://sjr.sh.gov.cn,2015-6-30。

　　沐清、马勋先:《"风暴指数＋天罗地网"守护百姓钱袋子——揭秘福建省厦门市金融风险防控预警平台》,《长安》2016 年第 11 期。

　　《中国区块链技术和应用发展白皮书(2016)》,中国区块链技术和产业发展论坛,2016 年 10 月。

　　贵阳市人民政府办公室:《贵阳区块链发展与应用白皮书》,2016 年 12 月。

　　《区块链技术发展现状与展望》,《自动化学报》2016 年第 4 期。

　　《区块链:从数字货币到信用社会》,中信出版集团 2016 年版。

　　《区块链社会:解码区块链全球应用与投资案例》,中信出版集团 2016 年版。

　　布比(北京)网络技术有限公司:《布比区块链产品白皮书》,2016 年 8 月。

　　吴大器主编:《2016 年上海国际金融中心建设蓝皮书》,上海人民出版社 2016 年版。

　　《德勤中国区块链发起人秦谊:理性看待区块链》,《新理财》2016 年第 10 期。

　　商务部:《关于外商投资举办投资性公司的规定》(2015 年修正本),2015 年 10 月。

　　国家发展改革委办公厅:《关于促进股权投资企业规范发展的通知》,2011 年 11 月。

　　上海市金融服务办公室、上海市商务委员会、上海市工商行政管理局:《关

于上海市开展外商投资股权投资企业试点工作的实施办法》,2010 年 12 月。

《国家发展和改革委员会、商务部外商投资产业指导目录》(2015、2016、2017 年修订)。

证监会:《私募投资基金监督管理暂行办法》,2014 年 8 月。

《上海市创新改革试验的 10 项先行先试改革举措》,http://www.scio.gov.cn/32344/32345/33969/34349/zy34353/Document/1473430/1473430.htm。

《证券教父转身 PE,管金生要做的平行基金是个什么鬼?》,http://stock.qq.com/a/20160608/030652.htm。

中国科学技术发展战略研究院:《中国创业风险投资发展报告 2016》,经济管理出版社 2016 年版。

中国科学技术发展战略研究院:《中国创业风险投资发展报告 2015》,经济管理出版社 2015 年版。

清科研究中心:《中国股权投资市场 2015 全年回顾不展望》,2016 年 1 月。

CB Insights & KPMG:《2015 年全球风险投资数据报告》,2016 年 1 月。

The National Venture Capital Association,2016 National Venture Capital Association Yearbook,March 2016.

WORLD INVESTMENT REPORT——Investor Nationality: Policy Challenges,2016.

吴大器:《制度创新,需要改革的勇气与胆略》,《文汇报》,中国新闻名专栏,2014 年 1 月 20 日。

吴大器:《未来两年,上海自贸区含金量值得期待》,东方网微访谈,2015 年 1 月 26 日。

王志彦:《育苗圃,不栽盆景,推进制度创新》,《解放日报》2017 年 1 月 17 日。

宋宁华:《制度创新的辐射面还要扩大》,《新民晚报》2017 年 1 月 19 日。

上海浦东改发院:《中国(上海)自由贸易试验区建设三周年总结报告》,2017 年 1 月。

中国(上海)自贸区金融服务局(上海市浦东新区金融局)经济处、上海立信会计金融学院金融法律与政策研究中心:《中国(上海)自由贸易试验区金融工作月报》,2017 年第 1—6 期。

图书在版编目(CIP)数据

2017年上海国际金融中心建设蓝皮书/吴大器主编.
—上海:上海人民出版社,2017
ISBN 978-7-208-14918-2

Ⅰ.①2… Ⅱ.①吴… Ⅲ.①国际金融中心-研究报
告-上海-2017 Ⅳ.①F832.751

中国版本图书馆 CIP 数据核字(2017)第 295713 号

责任编辑 屠玮涓
封面设计 陈 楠

2017 年上海国际金融中心建设蓝皮书
吴大器 主编
世 纪 出 版 集 团
上海人民出版社出版
(200001 上海福建中路 193 号 www.ewen.co)
世纪出版集团发行中心发行 常熟市新骅印刷有限公司印刷
开本 720×1000 1/16 印张 18.25 插页 2 字数 283,000
2017 年 12 月第 1 版 2017 年 12 月第 1 次印刷
ISBN 978-7-208-14918-2/F·2506
定价 58.00 元

编　后　记

《2017 年上海国际金融中心建设蓝皮书》是 2006 年首卷之后的第十二卷。本文的文稿，第一编由吴大器、肖本华负责，主要作者为第一章肖本华、朱文生，第二章张红，第三章李雪静、沈晓阳，第四章李雪静，第五章马颖、马强等；第二编由吴大器负责，主要作者为第六章吴大器、张学森、孟令余、沈晓阳等，第七章吴大器、殷林森、邵丽丽、张天枢、李鲁、高希杰等；第三编由吴大器、张学森负责，主要作者为第八章吴大器，第九、十章肖本华，第十一章张学森，第十二章吴大器等。吴大器、张学森、肖本华对本书编写作了统稿。吴大器作最后审定。

本书编著的第二编得到上海市人民政府参事室主任王新奎教授的悉心指导，专此鸣谢。

本书编著得到社会各界，尤其是金融界同仁的支持参与，特别是上海立信会计金融学院人的努力，编委会在此一并表示感谢。同时还要感谢上海人民出版社屠玮涓编审的帮助与支持，也真诚欢迎来自各界的批评。